Durm/Kremer/Ramb/Sager/Wirfler

Prüfungstraining zum Diplom-Finanzwirt Laufbahnprüfung 2022/2023

Steuern und Finanzen in Ausbildung und Praxis

Band 12

6. Auflage

2022
HDS-Verlag
Weil im Schönbuch

HDS
Verlag

Bibliografische Information der Deutschen Nationalbibliothek
Die Deutsche Nationalbibliothek verzeichnet diese Publikation
in der Deutschen Nationalbibliografie; detaillierte bibliografische Daten
sind im Internet über http://dnb.de abrufbar.

Gedruckt auf säure- und chlorfreiem, alterungsbeständigem Papier

ISBN: 978-3-95554-820-9

www.hds-verlag.de
info@hds-verlag.de

Einbandgestaltung: Peter Marwitz – etherial.de
Layout: HDS-Verlag
Druck und Bindung: WIRmachenDRUCK GmbH

Printed in Germany
2022

HDS-Verlag Weil im Schönbuch

Die Autoren

Martin Durm, Dipl.-Finanzwirt, ist seit 1998 Dozent an der Landesfinanzschule bzw. Hochschule für Finanzen Rheinland-Pfalz in Edenkoben und unterrichtet schwerpunktmäßig Bilanzsteuerrecht. Er ist Autor im Bereich der Abgabenordnung und Bilanzsteuerrecht.

Thomas Kremer, Dipl.-Finanzwirt, ist Dozent an der Hochschule für Finanzen Rheinland-Pfalz in Edenkoben und unterrichtet schwerpunktmäßig in den Fächern Steuern vom Einkommen und Ertrag sowie Umsatzsteuer. Außerdem führt er Seminare und Prüfungstrainings zur Vorbereitung auf das Steuerberaterexamen durch und ist Autor verschiedener steuerrechtlicher Fachbeiträge.

Jörg Ramb, Dipl.-Finanzwirt, ist seit Juli 2001 Dozent an der Hochschule für Finanzen Rheinland-Pfalz in Edenkoben und als Autor im Bereich Bewertungsrecht/Erbrecht/Erbschaftsteuerrecht und Umsatzsteuerrecht tätig.

Silke Sager, Juristin und Dozentin an der Fachhochschule für Finanzen in Edenkoben. Sie ist Autorin verschiedener steuerrechtlicher Fachbeiträge.

Norbert Wirfler, Dipl.-Finanzwirt ist Dozent an der Hochschule für Finanzen Rheinland-Pfalz in Edenkoben. Seine fachlichen Schwerpunkte liegen in den Bereichen Besteuerung der Gesellschaften und Steuern vom Einkommen und Ertrag einschließlich der Körperschaftsteuer.

Vorwort zur 6. Auflage

Das Lösen von Klausuren zur Vorbereitung auf die Laufbahnprüfung des gehobenen Dienstes der Finanzverwaltung ist ein effektives und wertvolles Training. Dieser Band ist bestens geeignet, den Finanzanwärter auf seine Laufbahnprüfung vorzubereiten.

Die Ausbildung der Steuerbeamten ist grundsätzlich im Steuerbeamten-Ausbildungsgesetz (StBAG) geregelt. Einzelregelungen zu Ausbildung und Prüfung enthält die Ausbildungs- und Prüfungsordnung für die Steuerbeamten (StBAPO). Während des Hauptstudiums ist aus jedem Gebiet der schriftlichen Laufbahnprüfung mindestens eine fünfstündige Aufsichtsarbeit zu fertigen (§ 18 Abs. 7 StBAPO). Nach § 33 Abs. 3 Satz 2 StBAPO besteht die Laufbahnprüfung aus einem schriftlichen und einem mündlichen Teil. Die schriftliche Prüfung umfasst Aufgaben aus folgenden Gebieten (§ 38 Abs. 1 Nr. 3 StBAPO):

a) Abgabenrecht,
b) Steuern vom Einkommen und Ertrag,
c) Umsatzsteuer,
d) Bilanzsteuerrecht, Betriebliches Rechnungswesen und Außenprüfung sowie
e) Besteuerung der Gesellschaften.

Im Hauptstudium und insbesondere in der schriftlichen Laufbahnprüfung ist das Anfertigen von Klausuren wesentlicher Bestandteil der Erfolgskontrolle. Teil A des Bandes enthält ausgewählte fünfstündige Klausuren, die als Übungs- bzw. Prüfungsklausuren zur effektiven Prüfungsvorbereitung unerlässlich sind. Durch das Üben der Klausuren soll ein Zeitgefühl vermittelt werden, da jede Klausur unter einer Zeitbegrenzung gelöst werden muss. Sie sollten daher versuchen, die Klausuren innerhalb der vorgegebenen Zeit und nur mit den vorgegebenen Hilfsmitteln zu lösen.

Den Abschluss der Laufbahnprüfung bildet die mündliche Prüfung (§ 44 StBAPO). In Teil B wurden deshalb Prüfungsgespräche der wichtigsten Prüfungsfächer in Form von Protokollen aufgenommen.

Alle Klausuren und Prüfungsfragen entsprechen dem neuesten Rechtsstand.

Die 6. Auflage wurde komplett überarbeitet.

In der Hoffnung, dass dieser Band eine wertvolle Hilfe für Sie darstellt, wünschen wir Ihnen für Ihre Laufbahnprüfung viel Erfolg. Für Anregungen und Kritik ist der Verlag jederzeit dankbar (E-Mail: info@hds-verlag.de).

Edenkoben, im Juni 2022 **Die Autoren**

Inhaltsverzeichnis

Die Autoren ... V
Vorwort zur 6. Auflage ... VII
Bearbeiterübersicht ... X
Abkürzungsverzeichnis ... XI

A. Klausuren ... 1

Fall 1: Übungsklausur aus dem Gebiet Steuern vom Einkommen und Ertrag ... 1
Fall 2: Prüfungsklausur aus dem Gebiet Steuern vom Einkommen und Ertrag ... 16
Fall 3: Übungsklausur aus dem Gebiet Bilanzsteuerrecht und Betriebliches Rechnungswesen ... 37
Fall 4: Prüfungsklausur aus dem Gebiet Bilanzsteuerrecht und Betriebliches Rechnungswesen ... 51
Fall 5: Übungsklausur aus dem Gebiet Abgabenrecht ... 65
Fall 6: Prüfungsklausur aus dem Gebiet Abgabenrecht ... 81
Fall 7: Übungsklausur aus dem Gebiet Umsatzsteuer ... 96
Fall 8: Prüfungsklausur aus dem Gebiet Umsatzsteuer ... 107
Fall 9: Übungsklausur aus dem Gebiet Besteuerung der Gesellschaften ... 118
Fall 10: Prüfungsklausur aus dem Gebiet Besteuerung der Gesellschaften ... 132

B. Mündliche Prüfung ... 145

I. Mündliche Prüfung aus dem Gebiet Steuern vom Einkommen und Ertrag ... 145
II. Mündliche Prüfung aus dem Gebiet Bilanzsteuerrecht und Betriebliches Rechnungswesen ... 151
III. Mündliche Prüfung aus dem Gebiet Abgabenrecht ... 157
IV. Mündliche Prüfung aus dem Gebiet Umsatzsteuer ... 163
V. Mündliche Prüfung aus dem Gebiet Besteuerung der Gesellschaften ... 169

Schlusswort ... 175
Stichwortverzeichnis ... 177
Weitere Bücher des HDS-Verlags ... 181

Bearbeiterübersicht

Teil A.

Fall 1–2	Kremer
Fall 3–4	Durm
Fall 5–6	Sager
Fall 7–8	Ramb
Fall 9–10	Wirfler

Teil B.

I.	Kremer
II.	Durm
III.	Sager
IV.	Ramb
V.	Wirfler

Abkürzungsverzeichnis

Abs.	Absatz
AB	Anfangsbestand
A.	Abschnitt
a.E.	am Ende
AfA	Absetzung für Abnutzung
AG	Aktiengesellschaft
AK	Anschaffungskosten
ANK	Anschaffungsnebenkosten
AO	Abgabenordnung
Art.	Artikel
ARAP	Aktiver Rechnungsabgrenzungsposten
AV	Anlagevermögen
AVP	Aufwandsverteilungsposten
BA	Betriebsausgabe
BewG	Bewertungsgesetz
BFH	Bundesfinanzhof
BFH/NV	Nicht amtlich veröffentlichte Entscheidungen des BFH (Zeitschrift)
BGB	Bürgerliches Gesetzbuch
BMF	Bundesministerium der Finanzen
BMG	Bemessungsgrundlage
BStBl	Bundessteuerblatt
Buchst.	Buchstabe
Bucht.	Buchtechnische
BV	Betriebsvermögen
BW	Buchwert
BZSt	Bundeszentralamt für Steuern
BVO	Betriebsvorrichtung
DBA	Doppelbesteuerungsabkommen
d.h.	das heißt
EB	Endbestand
EFG	Entscheidungen der Finanzgerichte (Zeitschrift)
EStDV	Einkommensteuer-Durchführungsverordnung
ESt	Einkommensteuer
EStG	Einkommensteuergesetz
EStH	Einkommensteuer-Hinweise
EStR	Einkommensteuer-Richtlinien
EU	Europäische Union
EuGH	Europäischer Gerichtshof
FA	Finanzamt
ff.	fortfolgende
FG	Finanzgericht

GbR	Gesellschaft bürgerlichen Rechts
GdE	Gesamtbetrag der Einkünfte
GG	Grundgesetz
gem.	gemäß
GF	Geschäftsführer
GmbH	Gesellschaft mit beschränkter Haftung
GmbHG	Gesetz betreffend die Gesellschaften mit beschränkter Haftung
GuV	Gewinn- und Verlustrechnung
GewSt	Gewerbesteuer
GrESt	Grunderwerbsteuer
GruBo	Grund und Boden
GWG	Geringwertige Wirtschaftsgüter
H	Hinweis
HB	Handelsbilanz
HGB	Handelsgesetzbuch
HK	Herstellungskosten
HS	Halbsatz
i.d.R.	in der Regel
i.H.d.	in Höhe der/des
i.H.v.	in Höhe von
i.S.d.	im Sinne des
i.S.v.	im Sinne von
i.V.m.	in Verbindung mit
IAB	Investitionsabzugsbetrag
InsO	Insolvenzordnung
IStR	Internationales Steuerrecht (Zeitschrift)
JÜ	Jahresüberschuss
KapESt	Kapitalertragsteuer
KG	Kommanditgesellschaft
KiSt	Kirchensteuer
Kj.	Kalenderjahr
KSt	Körperschaftsteuer
KStG	Körperschaftsteuergesetz
LStDV	Lohnsteuer-Durchführungsverordnung
LStR	Lohnsteuer-Richtlinie
lt.	laut
Mio.	Million
MwSt	Mehrwertsteuer
MwStSystRL	Mehrwertsteuersystemrichtlinie
ND	Nutzungsdauer

o.ä.	oder Ähnliches
OFD	Oberfinanzdirektion
OHG	Offene Handelsgesellschaft
PV	Privatvermögen
R	Richtlinie
RAP	Rechnungsabgrenzungsposten
Rn.	Randnummer
Rz.	Randziffer
s./S.	siehe/Satz
s.a.	siehe auch
s.o.	siehe oben
SGB	Sozialgesetzbuch
SoBA	Sonderbetriebsausgabe
SoBE	Sonderbetriebseinnahme
SoBV	Sonderbetriebsvermögen
sog.	sogenannte/r
SolZ	Solidaritätszuschlag
stb	steuerbar
StBAPO	Ausbildungs- und Prüfungsordnung für die Steuerbeamten
StGB	Strafgesetzbuch
stpfl.	steuerpflichtig
Stpfl.	Steuerpflichtiger
TW	Teilwert
TWA	Teilwertabschreibung
Tz.	Text-/Teilziffer
u.a.	unter anderem
UmwStG	Umwandlungssteuergesetz
UR	Umsatzsteuer-Rundschau (Zeitschrift)
UStAE	Erlass zur Anwendung des UStG
UStDV	Umsatzsteuer-Durchführungsverordnung
UStG	Umsatzsteuergesetz
USt-IdNr.	Umsatzsteuer-Identifikationsnummer
UStR	Umsatzsteuer-Richtlinien
UV	Umlaufvermögen
VA	Verwaltungsakt
VAZ	Voranmeldungszeitraum
VdVgM	Verschaffung der Verfügungsmacht
vGA	verdeckte Gewinnausschüttung
vgl.	vergleiche
VollzA	Vollziehungsanweisung
VSt	Vorsteuer
VZ	Veranlagungszeitraum

WG	Wirtschaftsgut
ZM	Zusammenfassende Meldung
ZPO	Zivilprozessordnung
zvE	zu versteuerndes Einkommen
ZVG	Gesetz über die Zwangsversteigerung und die Zwangsverwaltung
zzgl.	zuzüglich

A. Klausuren

Fall 1

Übungsklausur aus dem Gebiet Steuern vom Einkommen und Ertrag

Bearbeitungszeit: 5 Stunden
Hilfsmittel:
Beck'sche Bände
- Steuergesetze
- Steuerrichtlinien
- Steuererlasse

BGB und HGB

A. Sachverhalt

I. Persönliche Verhältnisse

Kai Kramer (K), geboren am 15.05.1967, ist geschieden und wohnt in einer eigenen Stadtvilla in Saarbrücken. Er gehört keiner hebeberechtigten Religionsgemeinschaft an. K hat zwei Söhne: Max (M), geboren am 01.07.1996, wohnt in einem angemieteten Ein-Zimmer-Appartement in Berlin und studiert dort an der Humboldt-Universität Zahnmedizin. Paul (P), geboren am 24.02.1988, lebt mit seiner Lebensgefährtin in Kaiserslautern und steht längst auf eigenen Beinen. Zu ihrer Mutter, die vor Jahren in ihre südamerikanische Heimat zurückgekehrt ist, haben M und P keinerlei Kontakt mehr.

II. Steuerliche Verhältnisse

1. Grundstücksverkauf

K führte ehemals ein gewerbliches Einzelunternehmen, für das er am 30.09.2011 die Betriebsaufgabe erklärt hatte. Der daraus resultierende Aufgabegewinn wurde nach den Regelungen des § 16 EStG zutreffend versteuert. Im Betriebsvermögen des ehemaligen Einzelunternehmens befand sich u.a. ein bebautes Grundstück in Saarbrücken. Grund und Boden hatte K mit Kaufvertrag vom 10.03.2001 zum Kaufpreis von 80.000 € einschließlich Anschaffungsnebenkosten erworben, der Übergang von Besitz, Nutzen und Lasten war am 05.11.2001 erfolgt. Auf dem Grundstück hatte K ein Gebäude errichten lassen, das am 15.12.2003 fertiggestellt und danach zu eigenbetrieblichen Zwecken genutzt wurde. Die Herstellungskosten für das Gebäude in Höhe von insgesamt 450.000 € hatte K im Betriebsvermögen zulässigerweise linear abgeschrieben.

Im Rahmen der Betriebsaufgabe überführte K das Grundstück in sein Privatvermögen, die gemeinen Werte betrugen zu diesem Zeitpunkt für das Gebäude 730.000 € und für den Grund und Boden 180.000 €. Nachdem einige Umbaumaßnahmen, die unstreitig zu nachträglichen Herstellungskosten von insgesamt 30.000 € führten, durchgeführt und am 01.10.2010 beendet waren, vermietete K das Grundstück ab diesem Zeitpunkt in vollem Umfang zu fremden Wohnzwecken.

Mit notariellem Kaufvertrag vom 20.09.2021 veräußerte K das Mietwohngrundstück für insgesamt 790.000 € (Anteil Grund und Boden 20%) an Erwerber E, der die bisherigen Mietverträge fortführte. Der Übergang von Besitz, Nutzen und Lasten erfolgte mit vollständiger Kaufpreiszahlung am 30.11.2021, der Eigentumsübergang auf E wurde am 24.03.2022 im Grundbuch eingetragen. Im Zusammenhang mit der Grundstücksübertragung sind Veräußerungskosten (Makler u.a.) in Höhe von insgesamt 23.000 € angefallen, die K am 18.03.2022 entrichtete. Die Einkünfte des K aus der Vermietung des Grundstücks im Veranlagungszeitraum 2021 betrugen unstreitig 10.000 €.

2. GmbH-Beteiligungen

K war an der A-GmbH, der B-GmbH und auch an der C-GmbH beteiligt. Durch Notarvertrag vom 02.06.2021 übertrug er im Rahmen der vorweggenommenen Erbfolge sämtliche Beteiligungen mit Wirkung zum 01.07.2021 auf seinen Sohn P. Dieser verpflichtete sich in den Verträgen, seinem Vater K ab dem 01.07.2021 eine monatliche Leibrente von insgesamt 1.500 € zu zahlen und übernahm auch die Kosten im Zusammenhang mit den Anteilsübertragungen. Die monatliche Rente entfällt nach den Vereinbarungen im Übertragungsvertrag anteilig auf die jeweiligen GmbH-Beteiligungen nach dem Verhältnis ihrer gemeinen Werte.

2.1 Beteiligung A-GmbH

Die A-GmbH hatte K selbst zum 01.07.2016 gegründet. Das Stammkapital beträgt 50.000 € und ist voll eingezahlt. Der gemeine Wert der übertragenen GmbH-Beteiligung beträgt im Zeitpunkt der Übertragung auf P 75.000 €. Die ausschüttungsfähigen Gewinne der GmbH betragen durchschnittlich 10.000 € im Wirtschaftsjahr. K war Allein-Gesellschafter der A-GmbH und gleichzeitig deren Geschäftsführer. Aus seiner Anstellung als Geschäftsführer der A-GmbH erzielte K im Kalenderjahr 2021 Einnahmen in Höhe von insgesamt 70.000 €. Nach der Übertragung übernimmt P auch die Geschäftsführung der A-GmbH von K.

2.2 Beteiligung B-GmbH

Außerdem hatte sich K ab dem 01.09.2016 mit 180.000 € und damit zu 40% am Stammkapital der B-GmbH beteiligt. Die restlichen 60% hält Sohn P, der auch Geschäftsführer der B-GmbH ist. Der gemeine Wert der von K auf P übertragenen Anteile beträgt 250.000 €.

2.3 Beteiligung C-GmbH

Seit dem 02.11.2008 ist K auch mit 0,8% am Stammkapital der C-GmbH beteiligt. Das Stammkapital der C-GmbH beträgt insgesamt 25.000 €. Sohn P ist auch Geschäftsführer der C-GmbH und hält eine Beteiligung von 52,2 % am Stammkapital. Die restlichen 47 % hält eine fremde dritte Person. Der gemeine Wert der von K auf P übertragenen GmbH-Anteile beträgt 20.000 €.

3. Vermietung Bürogebäude

Seit Januar 2021 vermietet K ein in seinem Eigentum stehendes Bürogebäude zu einem angemessenen Kaltmietpreis von monatlich 2.500 € (umsatzsteuerfrei) an eine gewerblich tätige Personengesellschaft. Die Miete ist von der Gesellschaft jeweils zum Monatsanfang zu entrichten.

Die Errichtung des Gebäudes (Bauantrag am 02.11.2019) wurde vom Vater (geb. 14.04.1947) des K in Auftrag gegeben und zum 01.12.2020 abgeschlossen. Die Herstellungskosten des Gebäudes betrugen 800.000 €, der Grund und Boden hatte 200.000 € gekostet. Dies entsprach auch dem Wert Ende des Jahres 2020, sodass der Verkehrswert des Grundstücks zu diesem Zeitpunkt insgesamt 1 Million € betrug. Mit Wirkung ab dem 01.01.2021 übertrug der Vater das Grundstück auf K. Als Gegenleistung hatte K neben einer Barabfindung von 70.000 € die auf dem Grundstück lastenden Verbindlichkeiten in Höhe von 157.957 € zu übernehmen und seinem Vater darüber hinaus ab 01.01.2021 lebenslänglich regelmäßig wiederkehrende monatliche Leistungen in Höhe von 1.000 € zu zahlen. Außerdem muss K an seine 52 Jahre alte Schwester insgesamt 150.000 € zahlen, die in jährlichen unverzinslichen Raten von 18.750 € jeweils zu Jahresbeginn – erstmals am 01.01.2021 – fällig sind und vereinbarungsgemäß entrichtet werden. K entstanden im Jahr 2021 aus den übernommenen Darlehen Zinsaufwendungen in Höhe von insgesamt 8.000 €, die auch bis zum 31.12.2021 beglichen worden sind.

Die auf das Grundstück entfallenden jährlichen Nebenkosten (außer AfA und Schuldzinsen) von 5.000 € wurden von K im Kalenderjahr 2021 jeweils pünktlich gezahlt. Von diesen Nebenkosten hat K monatlich 375 € auf die Personengesellschaft umgelegt und zusammen mit der Kaltmiete auch immer pünktlich erhalten.

4. Weitere Angaben

Die im Rahmen der Höchstbeträge nach § 10 Abs. 3 und Abs. 4 EStG zu berücksichtigenden Vorsorgeaufwendungen betragen im Veranlagungszeitraum 2021 unstreitig 10.000 €.

K unterstützte seinen Sohn M in finanzieller Hinsicht und übernahm im Jahr 2021 neben der monatlichen Miete für die Berliner Wohnung in Höhe von 400 € zuzüglich 120 € Nebenkosten auch die Beiträge zur Kranken- und Pflegeversicherung für Studenten (Basisversorgung ohne Anspruch auf Krankengeld) in Höhe von monatlich 150 €. M selbst steuerte monatlich 450 € aus einem Mini-Job bei, die er als Aushilfskellner in einer Berliner Szene-Kneipe verdiente. Als finanzielle Reserve besitzt M einen Bausparvertrag, auf dem er ein Guthaben von 8.000 € angespart hat.

K engagiert sich politisch in der CDU und hat in 2021 neben dem Mitgliedsbeitrag von monatlich 30 € auch eine Spende in Höhe von 2.000 € an die Partei geleistet. Außerdem hat er an Weihnachten 2021 spontan 500 € für das Projekt „Ein Herz für Kinder“ überwiesen, nachdem er sich die ZDF-Spendengala im Fernsehen angeschaut hatte.

Im Frühjahr 2021 schaffte K für die Stadtvilla in Saarbrücken neue Türen an. Die von ihm beauftragte Firma, die sowohl die Türen lieferte als auch deren Einbau vor Ort erledigte, stellte K am 12.04.2021 folgende vereinfacht dargestellte Rechnung aus, die dieser per Online-Banking von zu Hause aus umgehend beglich:

Anfahrtspauschale für 3 Arbeitstage	120 €
Lieferung 12 Türen	+ 5.800 €
Einbaukosten vor Ort (3 Arbeitstage)	+ 1.800 €
Nutzungsentschädigung für Maschinen	+ 280 €
Gesamtsumme	**8.000 €**
zuzüglich Umsatzsteuer 19 %	+ 1.520 €
Rechnungssumme	**9.520 €**

Aufgaben:

1. Ermitteln Sie für K die festzusetzende Einkommensteuer im Veranlagungszeitraum 2021. K möchte möglichst wenig Einkommensteuer zahlen.
2. Gehen Sie – nur bei der Beteiligung an der A-GmbH – auch kurz auf die steuerliche Behandlung der wiederkehrenden Zahlungen bei P ein.

Bitte begründen Sie Ihre Ausführungen unter Hinweis auf die einschlägigen gesetzlichen Vorschriften und Verwaltungsanweisungen. Falls steuerliche Wahlrechte bestehen, sind – unabhängig von der Vorgabe der Ermittlung der möglichst niedrigen Einkommensteuer – alle Wahlmöglichkeiten in ihren steuerlichen Auswirkungen für den Veranlagungszeitraum 2021 darzustellen.

Bearbeitungshinweise:

1. Auf persönliche Steuerpflicht und Veranlagungsart ist nicht einzugehen.
2. Gehen Sie davon aus, dass alle erforderlichen Anträge gestellt und alle erforderlichen Nachweise und Unterlagen in ordnungsgemäßer Form vorliegen.
3. Unterstellen Sie ohne weitere Prüfung, dass die Kinderfreibeträge günstiger sind als das Kindergeld und dass das Kindergeld ggf. in zutreffender Höhe an K ausgezahlt wurde.
4. Centbeträge können zugunsten der Steuerpflichtigen auf volle Euro gerundet werden.

B. Lösung

I. Einkünfte aus dem Grundstücksverkauf

Die Veräußerung eines Grundstücks im Privatvermögen führt nach § 23 Abs. 1 Satz 1 Nr. 1 EStG zu einem privaten Veräußerungsgeschäft, wenn der Zeitraum zwischen Anschaffung und Veräußerung nicht mehr als 10 Jahre beträgt. Für Beginn und Ende der Frist ist grundsätzlich das Datum des obligatorischen Geschäfts, also des notariellen Kaufvertrags maßgebend, H 23 EStH [Veräußerungsfrist]. Als Anschaffung gilt nach § 23 Abs. 1 Satz 2 EStG auch die Überführung eines Wirtschaftsguts ins Privatvermögen aus Anlass einer Betriebsaufgabe. Wird das Grundstück nach seiner Überführung ins Privatvermögen innerhalb der 10-Jahres-Frist veräußert, so liegt ein privates Veräußerungsgeschäft vor. An Stelle des Datums des Kaufvertrags ist dabei das Entnahmedatum am 30.09.2011 als Fristbeginn anzusetzen, sodass die 10-Jahres-Frist mit Ablauf des 30.09.2021 endet. Die Veräußerung mit Kaufvertrag vom 20.09.2021 erfolgt somit noch innerhalb der Frist, sodass ein privates Veräußerungsgeschäft i.S.d. § 23 Abs. 1 Satz 1 Nr. 1 EStG vorliegt, das nach § 22 Nr. 2 EStG zu den sonstigen Einkünften zählt.

Der Veräußerungsgewinn ist im Veranlagungszeitraum 2021 zu erfassen, da der Veräußerungspreis nach § 11 Abs. 1 Satz 1 EStG am 30.11.2021 zufließt. Zur Ermittlung des Veräußerungsgewinns sind nach § 23 Abs. 3 Sätze 1 und 3 EStG vom Veräußerungspreis neben den Werbungskosten der anlässlich der Betriebsaufgabe angesetzte Entnahmewert, also nach § 16 Abs. 3 Satz 7 EStG der gemeine Wert von 910.000 €, sowie die nachträglichen Herstellungskosten von 30.000 € abzuziehen. Als Werbungskosten sind die Veräußerungskosten von 23.000 € anzusetzen, unabhängig davon, dass sie erst im Veranlagungszeitraum 2022 abgeflossen sind, H 23 EStH [Werbungskosten]. Der Entnahmewert des Gebäudes zuzüglich nachträglicher Herstellungskosten ist gem. § 23 Abs. 3 Satz 4 EStG um die AfA zu mindern, die während des Zeitraums der Vermietung vom 01.10.2011 bis zum 30.11.2021 im Rahmen der Einkünfte aus Vermietung und Verpachtung als Werbungskosten berücksichtigt wurde. Die im genannten Zeitraum berücksichtigte AfA ist wie folgt zu ermitteln:

Entnahmewert Gebäude		730.000 €
+ nachträgliche Herstellungskosten		+ 30.000 €
AfA-Bemessungsgrundlage (R 7.3 Abs. 6 Satz 1 EStR)		760.000 €
AfA-Satz, § 7 Abs. 4 Satz 1 Nr. 2 Buchst. a EStG 2 %		
(vgl. R 7.4 Abs. 7 Satz 1 Nr. 2 i.V.m. R 7.4 Abs. 10 Satz 1 Nr. 1 EStR)		
AfA 2011:	2 % von 760.000 € = 15.200 € x $^{3}/_{12}$	3.800 €
AfA 2012 bis 2020:	2 % von 760.000 € = 15.200 € x 9 Jahre	+ 136.800 €
AfA 2021:	2 % von 760.000 € = 15.200 € x $^{11}/_{12}$	+ 13 933 €
AfA gesamt		**154.533 €**

Der Veräußerungsgewinn ist gem. § 23 Abs. 3 EStG wie folgt zu ermitteln:

Veräußerungspreis		790.000 €
./. Werbungskosten (Veräußerungskosten)		./. 23.000 €
./. gemeiner Wert 910.000 €		
+ nachträgliche Herstellungskosten 30.000 € =	940.000 €	
./. AfA 01.10.2011–30.11.2021	./. 154.533 €	./. 785.467 €
Veräußerungsverlust § 23 EStG		./. **18.467 €**

Der Veräußerungsverlust darf nicht beliebig mit positiven anderen Einkünften ausgeglichen werden, sondern ausschließlich mit Gewinnen aus anderen privaten Veräußerungsgeschäften, § 23 Abs. 3 Satz 7 EStG.

Hinweis! Umsatzsteuerlich stellt die Veräußerung des Mietwohngrundstücks eine nach § 1 Abs. 1a UStG nicht steuerbare Geschäftsveräußerung im Ganzen dar. Das Unternehmen besteht aus einem einzigen Mietwohngrundstück und mit dem Grundstück gehen auch alle Mietverträge über.

II. Einkünfte aus der Übertragung der GmbH-Beteiligungen

1. Beteiligung an der A-GmbH

1.1 Tätigkeit als Geschäftsführer

Aus seiner Tätigkeit als Geschäftsführer der A-GmbH erzielt K Einkünfte aus nichtselbständiger Arbeit gem. § 19 Abs. 1 Nr. 1 EStG, es liegen Überschusseinkünfte nach § 2 Abs. 2 Nr. 2 EStG vor. Die Einkünfte sind wie folgt zu ermitteln:

Einnahmen § 8 Abs. 1 EStG (lt. Sachverhalt)	70.000 €
./. Arbeitnehmer-Pauschbetrag § 9a Satz 1 Nr. 1 Buchst. a EStG	./. 1.000 €
Einkünfte § 19 Abs. 1 Nr. 1 EStG	**69.000 €**

1.2 Übertragung der Beteiligung

Die Summe der gemeinen Werte aller übertragenen GmbH-Anteile beträgt 345.000 € (75.000 € + 250.000 € + 20.000 €), davon entfallen 75.000 € bzw. 21,74 % auf die A-GmbH. Obwohl eine 100%-ige Beteiligung übertragen wird, liegt keine Teilbetriebsveräußerung i.S.d. § 16 Abs. 1 Satz 1 Nr. 1 Satz 2 EStG vor, da die Beteiligung im Privatvermögen und nicht – wie für die Anwendung der Teilbetriebsfiktion notwendig – im Betriebsvermögen gehalten wird, vgl. R 16 Abs. 3 Satz 6 EStR. Es handelt sich vielmehr um die Übertragung von Privatvermögen gegen wiederkehrende Leistungen unter Angehörigen im Rahmen der vorweggenommen Erbfolge. Dabei liegen unter den Voraussetzungen der Rz. 2 bis 64 des BMF-Schreibens vom 11.03.2010 (Beck`sche Steuererlasse 1 § 10/5) Versorgungsleistungen i.S.d. § 10 Abs. 1a Nr. 2 EStG vor:

- Sohn P ist als Abkömmling des K ein begünstigter Empfänger des übertragenen Vermögens (Rz. 4).
- P soll als Empfänger des Vermögens wenigstens teilweise eine unentgeltliche Zuwendung erhalten. In Fällen der Vermögensübertragung auf Angehörige wird grundsätzlich vermutet, dass Leistung und Gegenleistung nicht kaufmännisch abgewogen sind. Gründe, die für eine Widerlegung dieser Vermutung sprechen, sind vorliegend nicht erkennbar (Rz. 5).
- Bei der Übertragung der GmbH-Beteiligung handelt es sich um eine begünstigte Wirtschaftseinheit i.S.d. § 10 Abs. 1a Nr. 2 Satz 2 Buchst. c EStG, da der übertragene Anteil (hier 100 %) mindestens 50 % beträgt und P von seinem Vater K die Geschäftsführung der GmbH übernimmt (Rz. 7 und 15 ff.).
- Es muss eine Wirtschaftseinheit übergehen, die ausreichend Ertrag bringt, um die Versorgung des Übergebers aus dem übernommenen Vermögen zumindest teilweise zu sichern (Rz. 26). Im Falle der Übertragung einer GmbH-Beteiligung gilt grundsätzlich die Beweiserleichterung, dass die Beteiligungserträge ausreichen, um die wiederkehrenden Leistungen zu erbringen, wenn die GmbH weitergeführt wird (Rz. 29). Da aber im Rahmen einer einheitlichen Vermögensübertragung neben begünstigtem Vermögen weiteres nicht begünstigtes Vermögen in Form der anderen GmbH-Beteiligungen übertragen wird, greift die Beweiserleichterung nicht, sodass die tatsächlichen Erträge der GmbH zugrunde zu legen sind (Rz. 30). Dabei ist auf die ausschüttungsfähigen Gewinne abzustellen, die lt. Sachverhalt jährlich 10.000 € betragen (Rz. 32 letzter Satz). Da die auf die Übertragung der Beteiligung an der A-GmbH entfallenden wiederkehrenden Leistungen nach der konkreten Vereinbarung im Übertragungsvertrag 3.913 € (1.500 € × 12 × 21,74 %) betragen, können sie problemlos aus den Erträgen der GmbH bestritten werden (vgl. Rz. 47).
- K als Übergeber des Vermögens ist ein begünstigter Empfänger der Versorgungsleistungen (Rz. 50).
- Es werden wiederkehrende Leistungen auf die Lebenszeit von K vereinbart (Rz. 56).
- Der Übertagungsvertrag ist lt. Bearbeitungshinweis steuerlich anzuerkennen (Rz. 59 ff.)

Da somit alle Voraussetzungen erfüllt sind, handelt es sich um Versorgungsleistungen, die weder Anschaffungskosten noch Veräußerungsentgelt darstellen (Rz. 3 letzter Satz), sodass insoweit eine unentgeltliche Vermögensübertragung vorliegt, vgl. auch BMF-Schreiben vom 13.01.1993, Rz. 4 (Beck`sche Steuererlasse 1 § 7/3).

Die Versorgungsleistungen stellen bei Sohn P Sonderausgaben nach § 10 Abs. 1a Nr. 2 Satz 2 Buchst. c EStG dar (BMF-Schreiben vom 11.03.2010, a.a.O. Rz. 1), sofern sie nicht mit Einkünften in wirtschaftlichem

Zusammenhang stehen, die bei der Veranlagung des P außer Betracht bleiben. Die Tatsache, dass die Gewinnausschüttungen aus der GmbH-Beteiligung entweder durch den Abgeltungstarif nach § 32d Abs. 1 EStG oder – im Falle eines Antrags nach § 32d Abs. 2 Satz 1 Nr. 3 EStG – durch die Besteuerung im Teileinkünfteverfahren nach § 3 Nr. 40 Satz 1 Buchst. d EStG begünstigt besteuert werden, steht der Abziehbarkeit der Versorgungsleistungen nicht entgegen, vgl. BMF-Schreiben vom 11.03.2010, a.a.O., Rz. 49. Folglich kann P die Rentenzahlungen im Veranlagungszeitraum 2021 nach § 10 Abs. 1a Nr. 2 Buchst. c EStG als Sonderausgaben abziehen, soweit sie auf die Beteiligung an der A-GmbH entfallen. Die Sonderausgaben betragen somit 1.500 € × 6 Monate = 9.000 €, davon Anteil A-GmbH 21,74 % = **1.956 €**.

Korrespondierend dazu erzielt K sonstige Einkünfte nach § 22 Nr. 1a EStG i.H.v. 1.956 €, von denen der Werbungskosten-Pauschbetrag nach § 9a Satz 1 Nr. 3 EStG i.H.v. 102 € abgezogen werden kann (BMF-Schreiben vom 11.03.2010, a.a.O., Rz. 52 letzter Satz), sodass die Einkünfte 1.854 € betragen. **1.854 €**

2. Beteiligung an der B-GmbH

Die Summe der gemeinen Werte aller übertragenen GmbH-Anteile beträgt – wie schon erwähnt – insgesamt 345.000 €, davon entfallen 250.000 € bzw. 72,46 % auf die B-GmbH. Eine Übertragung gegen Versorgungsleistungen scheidet aus, da es sich nicht um eine begünstigte Wirtschaftseinheit i.S.d. § 10 Abs. 1a Nr. 2 Satz 2 Buchst. c EStG handelt. K war weder zu mindestens 50 % an der B-GmbH beteiligt noch als deren Geschäftsführer tätig. Es handelt sich somit um eine (teil-)entgeltliche Vermögensübertragung gegen wiederkehrende Leistungen auf Lebenszeit (BMF-Schreiben vom 11.03.2010, a.a.O., Rz. 65 ff.).

Die Veräußerung der 40%-igen GmbH-Beteiligung gehört gem. § 17 Abs. 1 Sätze 1 und 3 EStG zu den Einkünften aus Gewerbebetrieb, die Mindestbeteiligungsgrenze von 1 % ist erfüllt. Es handelt sich um Gewinneinkünfte nach § 2 Abs. 2 Nr. 1 EStG. Für Beteiligungsveräußerungen gegen Leibrente gelten gem. R 17 Abs. 7 Satz 2 EStR die Regelungen in R 16 Abs. 11 EStR entsprechend, sodass ein Wahlrecht zwischen Sofort- und Zuflussbesteuerung besteht (BMF-Schreiben vom 11.03.2010, a.a.O., Rz. 74).

2.1 Sofortbesteuerung

a) Der Barwert der Leibrente stellt den Veräußerungserlös dar (BMF-Schreiben vom 11.03.2010, a.a.O., Rz. 73, 69). Er wird durch Multiplikation des Jahreswerts der Rente (Anteil B-GmbH) mit dem nach dem Alter des Rentenberechtigten K bei Rentenbeginn (54 Jahre) zu bestimmenden Vervielfältiger ermittelt (vgl. BMF-Schreiben vom 28.10.2020, Beck`sche Steuererlasse 200 § 14/2):

Jahreswert der Rente 1.500 € × 12 × 72,46 % =	13.042 €
x VV (54 Jahre)	14,228
Barwert der Rente	185.561 €
Verkehrswert der übertragenen Anteile	250.000 €

Somit liegt zu 74,22 % eine entgeltliche Anteilsübertragung nach § 17 EStG und zu 25,78 % eine unentgeltliche Anteilsübertragung vor (H 17 (4) [Teilentgeltliche Übertragung] EStH sowie BMF-Schreiben vom 11.03.2010, a.a.O., Rz. 66 Satz 4). Der Veräußerungsgewinn ist gem. § 17 Abs. 2 Satz 1, Abs. 2a S. 1 EStG wie folgt zu ermitteln:

Veräußerungserlös	185.561 €
abzüglich Veräußerungskosten	./. 0 €
Anschaffungskosten § 17 Abs. 2a S. 1 EStG 74,22 % von 180.000 €	./. 133.596 €
Veräußerungsgewinn	51.965 €
davon sind nach § 3 Nr. 40 Buchst. c i.V.m. § 3c Abs. 2 Satz 1 EStG 60 % steuerpflichtig =	**31.179 €**

Da der veräußerte Anteil an der Kapitalgesellschaft 29,63 % (74,22 % von 40 %) beträgt, beläuft sich der Freibetrag nach § 17 Abs. 3 Satz 1 EStG auf 2.690 € (9.060 € × 29,69 %). Er ist jedoch gem. § 17 Abs. 3 Satz 2 EStG um den Teil des Veräußerungsgewinns abzuschmelzen, der den Betrag von 10.718 € (29,69% von 36.100 €) übersteigt, also um 31.179 € ./. 10.718 € = 20.461 €. Somit ist kein Freibetrag zu gewähren. Der steuerpflichtige Gewinn nach § 17 EStG beträgt im Fall der Sofortbesteuerung **31.179 €.**

b) Die in den Rentenzahlungen enthaltenen Ertragsanteile stellen für K sonstige Einkünfte i.S.d. § 22 Nr. 1 Satz 3 Buchst. a Doppelbuchst. bb EStG dar. Der Ertragsanteil beträgt laut der dortigen Tabelle 27 %, da K im Zeitpunkt der Anteilsübertragung das 54. Lebensjahr vollendet hatte (BMF-Schreiben vom 11.03.2010, a.a.O., Rz. 75, 71).

Rente ab 01.07.2021: 1.500 € × 6 Monate = 9.000 € × 74,22 % =	6.679 €
Ertragsanteil 27 % = Einkünfte	**1.803 €**

Der Werbungskosten-Pauschbetrag nach § 9a Satz 1 Nr. 3 EStG ist nicht abzuziehen, da er bereits unter 1.2 berücksichtigt wurde.

2.2 Zuflussbesteuerung

Es gelten die Grundsätze des BMF-Schreibens vom 03.08.2004 (Beck`sche Steuererlasse 1 § 16/1, s.a. BMF-Schreiben vom 11.03.2010, a.a.O., Rz. 74). Der Tilgungsanteil der Leibrente beträgt im Kalenderjahr 2021:

74,22 % der Rentenzahlungen 2021 von 9.000 € (6 x 1.500 €) =	6.679 €
abzüglich Ertragsanteil nach § 22 Nr. 1 Satz 3 Buchst. a Doppelbuchst. bb EStG 27 %	./. 1.803 €
verbleiben als Tilgungsanteil	4.876 €
davon 60 % (Teileinkünfteverfahren § 3 Nr. 40 Buchst. c EStG)	2.925 €
Verrechnung mit 60 % der Anschaffungskosten (§ 3c Abs. 2 Satz 1 EStG), die auf den entgeltlichen Teil entfallen (74,22 % von 180.000 €) x 60 % =	./. 80.157 €
verbleiben zur Verrechnung in VZ 2022 ff.	**77.232 €**

Im Veranlagungszeitraum 2021 ist somit **kein Tilgungsanteil** zu versteuern, sodass die Zuflussbesteuerung für K günstiger ist als die Sofortbesteuerung.

Die in den Rentenzahlungen enthaltenen Ertragsanteile gehören – wie bei der Sofortbesteuerung – zu den sonstigen Einkünften i.S.d. § 22 Nr. 1 Satz 3 Buchst. a Doppelbuchst. bb EStG und betragen unverändert **1.803 €**.

3. Beteiligung an der C-GmbH

Die Summe der gemeinen Werte aller übertragenen GmbH-Anteile beträgt wie oben dargestellt 345.000 €, davon entfallen 20.000 € bzw. 5,8 % auf die C-GmbH. Da die Mindestbeteiligungsquote von 1 % nicht erreicht ist, handelt es sich nicht um eine Veräußerung i.S.d. § 17 EStG. Auch § 20 Abs. 2 Satz 1 Nr. 1 EStG ist nicht einschlägig, da diese Vorschrift gem. § 52 Abs. 28 Satz 11 EStG nur für die Veräußerung von Anteilen gilt, die nach dem 31.12.2008 erworben wurden. Ein privates Veräußerungsgeschäft i.S.d. § 23 Abs. 1 Satz 1 Nr. 2 EStG schließlich liegt ebenfalls nicht vor, da der Zeitraum zwischen Anschaffung und Veräußerung weit über als 1 Jahr beträgt. Somit ist der auf die Beteiligung an der C-GmbH entfallende Veräußerungspreis in Höhe des anteiligen Barwerts der Rente nicht steuerbar.

Unabhängig davon ist der Ertragsanteil der Leibrente nach § 22 Nr. 1 Satz 3 Buchst. a Doppelbuchst. bb EStG zu versteuern (BMF-Schreiben vom 11.03.2010, a.a.O., Rz. 75, 71).

Rente ab 01.07.2021: 1.500 € × 6 Monate = 9.000 € × 5,8 % =	522 €
Ertragsanteil 27 % = Einkünfte § 22 Nr. 1 Satz 3 Buchst. a Doppelbuchst. bb EStG	**140 €**

Der Werbungskosten-Pauschbetrag nach § 9a Satz 1 Nr. 3 EStG ist nicht abzuziehen, da er bereits unter 1.2 berücksichtigt wurde.

III. Einkünfte aus Vermietung und Verpachtung

Hinsichtlich der Vermietung des Bürogebäudes bezieht K Einkünfte aus Vermietung und Verpachtung nach § 21 Abs. 1 Satz 1 Nr. 1 EStG, es handelt sich um Überschusseinkünfte nach § 2 Abs. 2 Nr. 2 EStG, die nach dem Überschuss der Einnahmen über die Werbungskosten zu ermitteln sind.

Ermittlung Einnahmen § 8 Abs. 1 i.V.m. § 11 Abs. 1 Satz 1 EStG

Miete 2.500 € × 12 Monate =	30.000 €
zuzüglich Nebenkosten 375 € × 12 Monate =	4.500 €
Summe Einnahmen	**34.500 €**

Ermittlung Werbungskosten

a) Gebäude-AfA

K hat das Gebäude im Wege der vorweggenommenen Erbfolge teilentgeltlich erworben. Zu den Anschaffungskosten gehören gem. BMF-Schreiben vom 13.01.1993, a.a.O, Rz. 7 und 9:

Abstandszahlung an den Vater (Rz. 7)	70.000 €
Übernahme der Verbindlichkeiten (Rz. 9)	+ 157.957 €

Die an die Schwester zu zahlenden Raten (8 Jahresraten zu je 18.750 €) sind zu kapitalisieren und in Höhe des Barwerts als Gleichstellungsgeld zu behandeln, das ebenfalls zu Anschaffungskosten führt (Rz. 7). Der Kapitalwert gem. § 12 Abs. 3 BewG ergibt sich durch Multiplikation des Jahreswerts der Raten mit dem bei einer Laufzeit von 8 Jahren maßgebenden Vervielfältiger von 6,509 (Gleichlautende Ländererlasse vom 10.10.2010, Beck´sche Steuererlasse 200 § 12/1 Tabelle 2):

Barwert Raten: 18.750 × 6,509 =	+ 122.043 €

Bei den wiederkehrenden Leistungen an den Vater handelt es sich nicht um Versorgungsleistungen, da das übertragene Grundstück keine begünstigte Wirtschaftseinheit i.S.d. § 10 Abs. 1a Nr. 2 EStG ist. Somit stellt auch die Leibrente in Höhe ihres Barwerts Anschaffungskosten des Grundstücks dar. Der Barwert ergibt sich durch Multiplikation des Jahreswerts der Rente mit dem nach dem vollendeten 73. Lebensalter des rentenberechtigten Vaters zu bestimmenden VV von 9,059 (vgl. BMF-Schreiben vom 28.10.2020, a.a.O.).

also monatlich 1.000 € × 12 = 12.000 € × VV 9,059		+ 108.708 €
Summe der Anschaffungskosten		458.708 €
Verkehrswert des Grundstücks		1.000.000€
somit entgeltlich erworben	45,8708 %	
und unentgeltlich erworben	54,1292 %	
AfA-Bemessungsgrundlage für den entgeltlichen Teil		458.708 €
./. Grund und Boden (20 %)		./. 91.742 €
		366.966 €
AfA-BMG unentgeltlicher Teil (§ 11d Abs. 1 EStDV)		
54,1292 % von 800.000 € =		+ 433.034 €
Summe AfA-Bemessungsgrundlage		**800.000 €**

AfA für beide AfA-Reihen 2 % § 9 Abs. 1 Satz 3 Nr. 7 EStG i.V.m. § 7 Abs. 4 Satz 1 Nr. 2a EStG

Ermittlung AfA 2 % von 800.000 €	**16.000 €**

b) Schuldzinsen § 9 Abs. 1 Satz 3 Nr. 1 EStG

Schuldzinsen aus übernommenen Darlehen	8.000 €

Zinsanteil aus Ratenzahlungen an die Schwester (BMF-Schreiben vom 11.03.2010, a.a.O., Rz. 78, 72).

Barwert der Schuld zum 01.01.2021 (s.o.)	122.043 €	
Barwert zum 31.12.2021 18.750 € × VV 5,839 =	./. 109.481 €	
Barwertminderung = Tilgungsanteil	12.562 €	
Jahresrate 18.750 € ./. Tilgungsanteil 12.562 € = Zinsanteil		6.188 €
Zinsanteil aus Rentenzahlungen an Vater (BMF-Schreiben vom 11.03.2010, a.a.O., Rz. 72).		
Jahresbetrag der Rente 2021: 12 x 1.000 € = 12.000 €		
Ertragsanteil 13 %, Vater ist zu Rentenbeginn 73 Jahre alt (Tabelle in § 22 Nr. 1 Satz 3 Buchst. a Doppelbuchst. bb EStG)		
Jahresbetrag 12.000 € x Ertragsanteil 13 %		**1.560 €**
c) Nebenkosten lt. Sachverhalt		5.000 €
Summe Werbungskosten		**36.748 €**
Einkünfte aus Vermietung Bürogebäude		./. 2.248 €
Einkünfte aus Vermietung Mitwohngrundstück (lt. Sachverhalt)		10.000 €
Einkünfte § 21 Abs. 1 Nr. 1 EStG nach horizontalem Verlustausgleich		**7.752 €**

IV. Sonstige Steuervergünstigungen

1. Spenden

Bei der Spende zugunsten der Aktion „Ein Herz für Kinder" in Höhe von 500 € handelt es sich um Zuwendungen zur Förderung steuerbegünstigter Zwecke nach § 52 Abs. 2 AO, die nach § 10b Abs. 1 Satz 1 Nr. 1 EStG (bis zur Höhe von 20 % des Gesamtbetrags der Einkünfte) als Sonderausgaben berücksichtigt werden können. **500 €**

Sowohl Spenden als auch Mitgliedsbeiträge an die CDU werden als Zuwendungen an politische Parteien durch die Steuerermäßigung nach § 34g Satz 1 Nr. 1 EStG begünstigt. Die Steuerermäßigung beträgt gem. § 34g Satz 2 EStG 50 % der Ausgaben, maximal jedoch 825 €. Im vorliegenden Fall betragen die Zuwendungen an die CDU insgesamt 2.360 €, sodass die Steuerermäßigung 50% von 2.360 € = 1.180 €, maximal aber 825 € beträgt. **825 €**

Darüber hinaus können Zuwendungen an politische Parteien gem. 10b Abs. 2 Satz 2 EStG insoweit als Sonderausgaben berücksichtigt werden, als keine Steuerermäßigung nach § 34g EStG möglich ist. Zu beachten ist, dass mit der 50 %-igen Steuerermäßigung von 825 € Zuwendungen von insgesamt 1.650 € abgegolten sind. Der übersteigende Betrag von 710 € kann in voller Höhe als Sonderausgaben berücksichtigt werden, da der Höchstbetrag von 1.650 € nach § 10b Abs. 2 Satz 1 EStG nicht überschritten ist. **710 €**

2. Kinderfreibetrag Max

M ist ein leibliches Kind des K i.S.d. § 32 Abs. 1 Nr. 1 EStG und befindet sich in Berufsausbildung, da er ein Studium absolviert. Da M jedoch mit Ablauf des 30.06.2021 das 25. Lebensjahr vollendet, kann er nur zeitanteilig für die Monate Januar - Juni 2021 als Kind berücksichtigt werden, § 32 Abs. 4 Nr. 2 Buchst. a EStG. Der Freibetrag beträgt gem. § 32 Abs. 6 Satz 1 und Satz 5 EStG somit $^{6}/_{12}$ von 2.730 € + $^{6}/_{12}$ von 1.464 € = 2.097 €. Da die Mutter von M nicht unbeschränkt steuerpflichtig ist, verdoppelt sich der Betrag gem. § 32 Abs. 6 Satz 2 i.V.m. Satz 3 Nr. 1 EStG auf 4.194 €. Die eigenen Bezüge und das eigene Vermögen von M spielen insoweit keine Rolle. Da die Freibeträge für Kinder lt. Bearbeitungshinweis günstiger sind als das Kindergeld, sind die Freibeträge im Rahmen der Veranlagung zu gewähren und das Kindergeld gem. § 2 Abs. 6 Satz 2 EStG zur tariflichen Einkommensteuer hinzuzurechnen. Das Kindergeld beträgt gem. § 66 Abs. 1 EStG (6 x 219 €) + Einmalbetrag 150 € = 1.464 €. **4.194 €**

3. Unterhaltsleistungen Max

Für den Zeitraum nach Vollendung des 25. Lebensjahres kann K seine Aufwendungen für Unterhalt und Berufsausbildung von M im Rahmen der außergewöhnlichen Belastungen geltend machen. M ist als Sohn des K unterhaltsberechtigt (Verwandter gerader Linie) und zählt somit zum begünstigten Personenkreis nach § 33a Abs. 1 Satz 1 EStG. Außerdem besteht für M nach Vollendung des 25. Lebensjahres weder Anspruch auf Kindergeld bzw. Freibeträge für Kinder noch verfügt er über schädliches Vermögen, § 33a Abs. 1 Satz 4 EStG. Das Bausparguthaben ist insoweit unbeachtlich, da es unter der Grenze von 15.500 € liegt, R 33a.1 Abs. 2 Satz 3 EStR.

Die Aufwendungen können gem. § 33a Abs. 1 Satz 1 EStG bis zum Höchstbetrag von 9.744 € abgezogen werden, der sich gem. § 33a Abs. 1 Satz 2 EStG um die Beiträge zur Kranken- und Pflegeversicherung von 1.800 € (150 € x 12) auf 11.544 € erhöht. Da die Voraussetzungen des § 33a Abs. 1 EStG nur für den Zeitraum 01.07.–31.12.2021 vorliegen, ermäßigt sich der Höchstbetrag nach § 33a Abs. 3 Satz 1 EStG um $^{6}/_{12}$ auf 5.772 €. Die Einnahmen aus dem Minijob gehören gem. R 33a.1 Abs. 3 Satz 4 Nr. 6 EStR zu den Bezügen von M, allerdings nur soweit sie auf den Begünstigungszeitraum entfallen, § 33a Abs. 3 Satz 2 EStG. Von den Bezügen in Höhe von 6 x 450 € = 2.700 € ist gem. R 33a.1 Abs. 3 Satz 5 EStR die Kostenpauschale abzuziehen. Die Kostenpauschale ist gem. R 33a.3 Abs. 2 Satz 1 Nr. 1 EStR nur zeitanteilig anzusetzen und beträgt $^{6}/_{12}$ von 180 € = 90 €. Die eigenen Bezüge betragen somit 2.700 € ./. 90 € = 2.610 €. Dieser Betrag ist wiederum nach § 33a Abs. 1 Satz 5 i.V.m. Abs. 3 Satz 1 EStG um den anrechnungsfreien Betrag von $^{6}/_{12}$ von 624 € = 312 € zu kürzen, sodass sich die anzurechnenden Bezüge auf 2.298 € belaufen. Somit ergibt sich ein gekürzter Höchstbetrag von 5.772 € ./. 2.298 € = 3.474 €. Die tatsächlichen Aufwendungen des K für Unterhalt und Berufsausbildung von Max betragen im Begünstigungszeitraum für die Wohnung 3.120 € (520 € x 6) zuzüglich 900 € (150 € x 6) für die Kranken- und Pflegeversicherung, insgesamt also 4.020 €. Somit ist der Höchstbetrag von 3.474 € als außergewöhnliche Belastungen nach § 33a Abs. 1 EStG zu berücksichtigen. **3.474 €**

4. Sonderbedarf für Berufsausbildung Max

Da M sich im Zeitraum 01.01. - 30.06.2021 in Berufsausbildung befindet (Studium), auswärtig in Berlin untergebracht, volljährig ist und außerdem auch Anspruch auf einen Freibetrag nach § 32 Abs. 6 EStG bzw. Kindergeld besteht, kann K einen Freibetrag von 924 € als außergewöhnliche Belastung nach § 33a Abs. 2 Satz 1 EStG in Abzug bringen. Der Freibetrag ermäßigt sich gem. § 33a Abs. 3 Satz 1 EStG um $^{6}/_{12}$ auf 462 €. Da die leibliche Mutter von M keinen Anspruch auf einen Freibetrag nach § 32 Abs. 6 EStG bzw. Kindergeld hat (s.o.), braucht keine Aufteilung des Freibetrags zu erfolgen, § 33a Abs. 2 Satz 3 EStG i.U. **462 €**

5. Handwerkerleistungen

Bei der Erneuerung der Türen werden Handwerkerleistungen für Renovierungsarbeiten in Anspruch genommen, die K zu einer Steuerermäßigung nach § 35a Abs. 3 Satz 1 EStG berechtigen. Die Handwerkerleistungen werden in der Stadtvilla in Saarbrücken, also in einem in der EU liegenden Haushalt des Steuerpflichtigen K erbracht, da die Türen vor Ort eingebaut werden, § 35a Abs. 4 Satz 1 EStG. Die Aufwendungen stellen auch keine Betriebsausgaben, Werbungskosten, Sonderausgaben oder außergewöhnliche Belastungen dar, was nach § 35a Abs. 5 Satz 1 EStG die Steuerermäßigung ausschließen würde. Auch die Voraussetzungen des § 35a Abs. 5 Satz 3 EStG, dass eine Rechnung über die Renovierungsarbeiten zu erteilen ist und die Zahlung auf das Bankkonto des Leistungserbringers erfolgen muss, sind gegeben. Begünstigt sind allerdings gem. § 35a Abs. 5 Satz 2 EStG grundsätzlich nur die Arbeitskosten, zu denen auch die in Rechnung gestellten Maschinen- und Fahrtkosten gehören (BMF-Schreiben vom 09.11.2016, Beck´sche Steuererlasse 1 § 35a/1, Rz. 39). Nicht begünstigt sind die Materialkosten, hier also die Kosten für die Lieferung der Türen. Einzubeziehen ist auch die auf die begünstigten Aufwendungen entfallende Umsatzsteuer. Die begünstigten Aufwendungen betragen also 120 € + 1.800 € + 280 € = 2.200 € + Umsatzsteuer 19 % = 418 €, insgesamt 2.618 €. Die Steuerermäßigung beträgt gem. § 35a Abs. 3 Satz 1 EStG 20 % von 2.618 € = 524 € (aufgerundet), der Höchstbetrag von 1.200 € ist nicht überschritten. **524 €**

V. Ermittlung der festzusetzenden Einkommensteuer

Einkünfte A-GmbH § 17 EStG (Zuflussbesteuerung)		0 €
Einkünfte A-GmbH § 19 Abs. 1 Nr. 1 EStG		69.000 €
Einkünfte § 21 Abs. 1 Nr. 1 EStG		7.752 €
Einkünfte B- und C-GmbH § 22 Nr. 1 Satz 3 a) bb) EStG	1.803 € +140 €	1.943 €
Einkünfte A-GmbH § 22 Nr. 1a EStG		1.854 €
Einkünfte § 22 Nr. 2 EStG, Verlustverrechnungsverbot	(./. 18.467 €)	0 €
Summe = Gesamtbetrag der Einkünfte § 2 Abs. 3 EStG		**80.549 €**
./. Vorsorgeaufwendungen § 10 Abs. 1 Nr. 3 EStG		./. 10.000 €
./. Spenden § 10b Abs. 1 EStG (max. 20 % des GdE = 16.109 €)		./. 500 €
./. Spenden § 10b Abs. 2 EStG		./. 710 €
./. Unterhaltsleistungen § 33a Abs. 1 EStG		./. 3.474 €
./. Sonderbedarf Berufsausbildung § 33a Abs. 2 EStG		./. 462 €
Einkommen § 2 Abs. 4 EStG		**65.403 €**
./. Kinderfreibetrag § 32 Abs. 6 EStG		./. 4.194 €
zu versteuerndes Einkommen § 2 Abs. 5 EStG		**61.209 €**

Grundtarif 0,42 x 61.209 € ./. 9.136,63 € = 16.571,15 €, § 32a Abs. 1 Satz 2 Nr. 4 EStG Abrundung § 32a Abs. 1 Satz 6 EStG **tarifliche Einkommensteuer**		16.571 €
./. Steuerermäßigung § 34g EStG		./. 825 €
./. Steuerermäßigung § 35a EStG		./. 524 €
+ Kindergeld M Januar - Juli (6 x 219 €) + 150 €		+ 1.464 €
festzusetzende Einkommensteuer § 2 Abs. 6 EStG		16.686 €

Punktetabelle zur Übungsklausur aus dem aus dem Gebiet Steuern vom Einkommen und Ertrag

	Punkte
I. Grundstücksverkauf	
Privates Veräußerungsgeschäft § 22 Nr. 2 i.V.m. § 23 Abs. 1 S. 1 Nr. 1 EStG	1
Entnahme gilt als Anschaffung § 23 Abs. 1 S. 2 EStG	1 (2)
Fristbeginn mit Überführung in PV 30.09.2011	1 (3)
Fristende mit Datum Kaufvertrag 20.09.2021	1 (4)
Erfassung Gewinn mit Zufluss Veräußerungspreis am 30.11.2021, § 11 Abs. 1 S. 1 EStG	1 (5)
Ermittlung Veräußerungsgewinn § 23 Abs. 3 S. 1 u. S. 4 EStG	1 (6)
Ansatz gemeiner Wert Grundstück § 16 Abs. 3 S. 7 i.V.m. § 23 Abs. 3 S. 3 EStG	1 (7)
Veräußerungskosten 23.000 €, unabhängig vom Abfluss in 2022	1 (8)
AfA-BMG = gemeiner Wert + nachträgliche HK 760.000 €, R 7.3 (6) S. 1 EStR	1 (9)

	Punkte
AfA-Satz 2 % § 7 Abs. 4 Nr. 2 a) EStG	1 (10)
AfA-Ermittlung 2011–2021 insgesamt 154.533 €	1 (11)
Ermittlung Veräußerungsverlust 18.467 €	1 (12)
Verrechnung nur mit Gewinnen aus privaten Veräußerungsgeschäften § 23 Abs. 3 S. 7 EStG	1 (13)
II. GmbH-Beteiligungen	
1. Beteiligung A-GmbH	
Geschäftsführer Einkünfte § 19 Abs. 1 Nr. 1 EStG, Überschusseinkünfte § 2 Abs. 2 Nr. 2 EStG	1 (14)
Einnahmen 70.000 € ./. AN-Pauschbetrag § 9a Nr. 1 a) EStG = Einkünfte 69.000 €	1 (15)
Versorgungsleistungen § 10 Abs. 1a Nr. 2 Buchst. c EStG	1 (16)
P = begünstigter Empfänger + wenigstens teilweise unentgeltlich, da Angehörige, Rz. 4 + 5	1 (17)
mindestens 50 % + Übertragung Geschäftsführung	1 (18)
ausreichend Ertrag bringende WE, keine Beweiserleichterung, Gewinn 10.000 € ausreichend	1 (19)
K = begünstigter Empfänger der Rente + wiederkehrende Leistungen auf Lebenszeit, Rz. 50 + 56	1 (20)
Ergebnis: unentgeltliche Vermögensübertragung, Rz. 3	1 (21)
Sonderausgabenabzug P = 21,74% von 9.000 € = 1.956 €	1 (22)
begünstigte Besteuerung § 32d/§ 3 Nr. 40 EStG unschädlich, Rz. 49	1 (23)
K = sonstige Einkünfte § 22 Nr. 1a EStG	1 (24)
Einnahmen 1.956 € ./. WK-Pauschbetrag § 9a Nr. 3 EStG 102 € = 1.854 €	1 (25)
2. Beteiligung B-GmbH	
Einkünfte aus Gewerbebetrieb § 17 Abs. 1 S. 1 u. 3 EStG + 1 %-Grenze erfüllt + § 2 Abs. 2 Nr. 1 EStG	1 (26)
Wahlrecht R 17 Abs. 7 S. 2 i.V.m. R 16 Abs. 11 EStR	1 (27)
Sofortbesteuerung	
Jahreswert der Rente 1.500 € x 12 x 72,46 % = 13.042 €	1 (28)
VV 14,228 = 185.561 € lt. Tabelle § 14/2 = Veräußerungserlös	1 (29)
entgeltlicher Anteil 185.561 €/250.000 € = 74,22 %	1 (30)
abzüglich Anschaffungskosten 74,22 % von 180.000 € = 133.596 €	1 (31)
Veräußerungsgewinn § 17 Abs. 2 S. 1 EStG = 51.965 €	1 (32)
TEV § 3 Nr. 40 c) i.V.m. § 3c Abs. 2 S. 1 EStG 60 % = 31.179 €	1 (33)
Freibetrag § 17 Abs. 3 S. 1 EStG 29,69% von 9.060 € = 2.690 €	1 (34)
Abschmelzung § 17 Abs. 3 S. 2 EStG um 20.461 € = kein Freibetrag	1 (35)
Ertragsanteil = sonstige Einkünfte § 22 Nr. 1 S. 3 a) bb) EStG	1 (36)
1.500 € × 6 Monate = 9.000 € × 74,22 % = 6.679 €	1 (37)
6.679 € x Ertragsanteil lt. Tabelle 27% = 1.803 € (Abzug bzw. kein Abzug WK-PB)	1 (38)
Zuflussbesteuerung	

	Punkte
Ermittlung Tilgungsanteil: 6.679 € ./. 1.803 € = 4.876 €	1 (39)
TEV 60 % von 4.876 € = 2.925 €	1 (40)
Verrechnung mit anteiligen AK = (74,22 % von 180.000 €) x 60 % = 80.157 €	1 (41)
keine Besteuerung in 2021, Verrechnung in Folgejahren 77.232 €	1 (42)
Zinsanteil wie Sofortbesteuerung Einkünfte = 1.803 €	1 (43)
3. Beteiligung C-GmbH	
kein § 17 EStG, da unter 1%, kein § 20 Abs. 2 Nr. 1 EStG § 52 Abs. 28 S. 11 EStG	1 (44)
Kein § 23 Abs. 1 Nr. 2 EStG, da > 1 Jahr + Veräußerung (Tilgungsanteil) nicht steuerbar	1 (45)
Ertragsanteil = sonstige Einkünfte § 22 Nr. 1 S. 3 a) bb) EStG	1 (46)
Einkünfte 1.500 € × 6 Monate = 9.000 € × 5,80 % = 522 × 27 % = 140 €	1 (47)
III. Einkünfte aus Vermietung und Verpachtung	
Vermietung Bürogebäude = Einkünfte § 21 Abs. 1 Nr. 1 EStG	1 (48)
Einnahmen incl. Nebenkosten = 34.500 € § 8 Abs. 1 EStG	1 (49)
Abstandszahlung Vater + Gleichstellungsgeld Schwester = Anschaffungskosten, Rz. 7	1 (50)
Übernahme privater Verbindlichkeiten = Anschaffungskosten, Rz. 9	1 (51)
Kapitalisierung Gleichstellungsgeld § 12 Abs. 3 BewG i.V.m. Tabelle 2 zu § 12/1	1 (52)
Ermittlung 18.750 € x VV 6,509 = 122.043 €	1 (53)
Rente keine Versorgungsleistungen, da Grundstück keine begünstigte Wirtschaftseinheit	1 (54)
Barwert Leibrente 12.000 € x VV 9,059 = 108.708 €	1 (55)
Ermittlung Summe Anschaffungskosten = 458.708 €	1 (56)
entgeltlicher Teil 45,8708 %	1 (57)
458.708 € abzüglich 20 % Grund und Boden = 366.966 € = AfA-BMG	1 (58)
AfA-BMG unentgeltlicher Teil 54,1292 % von 800.000 € = 433.034 € § 11d Abs. 1 EStDV	1 (59)
AfA § 9 Abs. 1 Nr. 7 i.V.m. § 7 Abs. 4 Nr. 2 a) EStG	1 (60)
AfA 2% von 800.000 € = 16.000 €	1 (61)
Darlehnszinsen 8.000 € = Werbungskosten § 9 Abs. 1 Nr. 1 EStG	1 (62)
Zinsanteil Ratenzahlung an Schwester = Werbungskosten	1 (63)
Ermittlung Jahresrate 18.750 € ./. Barwertminderung 12.562 € = Zinsanteil 6.188 €	1 (64)
Ertragsanteil Rentenzahlungen Vater 12.000 € × 13 % = 1.560 € = Werbungskosten	1 (65)
Nebenkosten 5.000 € = WK + Ermittlung Einkünfte ./. 2.248 €	1 (66)
Einkünfte V+V 7.752 € nach horizontalem Verlustausgleich	1 (67)
IV. Sonstige Steuervergünstigungen	
Spende „Ein Herz für Kinder“ = steuerbegünstigte Zwecke § 52 Abs. 2 AO	1 (68)
Sonderausgaben 500 € § 10b Abs. 1 S. 1 Nr. 1 EStG	1 (69)

	Punkte
Spende und Mitgliedsbeitrag CDU = Zuwendungen § 34g Nr. 1 EStG	1 (70)
Steuerermäßigung 825 € § 34g S. 2 EStG	1 (71)
Sonderausgaben, soweit keine Steuerermäßigung § 10b Abs. 2 S. 2 EStG	1 (72)
Sonderausgaben 710 € § 10b Abs. 2 S. 1 EStG	1 (73)
M = Kind i.S.d. § 32 Abs. 1 Nr. 1 EStG	1 (74)
unter 25 Jahre und Berufsausbildung § 32 (4) Nr. 2a EStG	1 (75)
Freibetrag 2.097 € § 32 Abs. 6 S. 1 und S. 5 EStG	1 (76)
Verdopplung 4.194 €, Mutter nicht unbeschränkt steuerpflichtig § 32 Abs. 6 S. 2, S. 3 Nr. 1 EStG	1 (77)
M = gesetzlich unterhaltsberechtigt § 33a Abs. 1 S. 1 EStG	1 (78)
ab Juli kein Anspruch auf Kindergeld/Freibeträge + Vermögen < 15.500 € § 33a Abs. 1 S. 4 EStG	1 (79)
Höchstbetrag 9.744 € + Erhöhung § 33a Abs. 1 S. 2 EStG 1.800 € = 11.544 €	1 (80)
Ermäßigung um 6/12 auf 5.772 € § 33a Abs. 3 S. 1 EStG	1 (81)
eigene Bezüge 450 € x 6 Monate = 2.700 €	1 (82)
abzüglich Kostenpauschale $^{6}/_{12}$ von 180 € = 90 €, R 33a.1 Abs. 3 S. 5 EStR	1 (83)
Ergebnis 2.610 € abzüglich 312 € = 2.298 €, § 33a Abs. 1 S. 5 ESG	1 (84)
gekürzter Höchstbetrag = 3.474 €	1 (85)
tatsächliche Aufwendungen 4.020 € + Ansatz Höchstbetrag 3.474 €	1 (86)
Berufsausbildung + auswärtig untergebracht + volljährig + Freibetrag/Kindergeld	1 (87)
Freibetrag § 33a Abs. 2 S. 1 i.V.m. Abs. 3 S. 1 EStG $^{6}/_{12}$ von 924 € = 462 €	1 (88)
keine Aufteilung, da Mutter keinen Anspruch auf Freibetrag bzw. Kindergeld hat	1 (89)
Handwerkerleistungen § 35a EStG	
Renovierungsarbeiten § 35a Abs. 3 S. 1 EStG	1 (90)
in einem EU-Haushalt § 35a Abs. 4 S. 1 EStG	1 (91)
Rechnung und Banküberweisung § 35a Abs. 5 S. 3 EStG	1 (92)
Arbeitskosten inklusive Fahrt- und Maschinenkosten + Umsatzsteuer § 35a Abs. 5 S. 2 EStG	1 (93)
20 % von 2.618 = 524 €, Ansatz, da < Höchstbetrag 1.200 €	1 (94)
V. Ermittlung festzusetzende Einkommensteuer	
Ermittlung SdE und GDE § 2 Abs. 3 EStG = 80.549 €	1 (95)
Einkommen § 2 Abs. 4 EStG = 65.403 € + zvE § 2 Abs. 5 EStG = 61.209 €	1 (96)
Ermittlung tarifliche ESt. mit Grundtarif 16.571,15 € § 32a Abs. 1 Nr. 4 EStG	1 (97)
Abrundung 16.571 € § 32a Abs. 1 S. 6 EStG	1 (98)
Zurechnung Kindergeld 1.464 € § 66 EStG	1 (99)
Ermittlung festzusetzende Einkommensteuer § 2 Abs. 6 EStG = 16.686 €	1 (100)

Notentabelle		
Korrekturpunkte	**Punkte nach § 6 Abs. 1 StBAPO**	**Note**
100–95	15	1
94–91	14	
90–86	13	2
85–82	12	
81–77	11	
76–73	10	3
72–68	9	
67–64	8	
63–59	7	4
58–55	6	
54–50	5	
49–40	4	5
39–30	3	
29–20	2	
19–10	1	6
9–0	0	

Fall 2

Prüfungsklausur aus dem Gebiet Steuern vom Einkommen und Ertrag

Bearbeitungszeit: 5 Stunden
Hilfsmittel:
Beck'sche Bände

- Steuergesetze
- Steuerrichtlinien
- Steuererlasse

BGB und HGB

A. Sachverhalt 1

1. Allgemeines

Rudi Reimann (R), geboren am 20.11.1956, lebt seit Jahren zusammen mit seinem Freund Detlef (D), geboren am 24.06.1966, in einer bayerischen Kleinstadt nahe München. Nachdem R`s getrennt lebende Ehefrau Sandra (S), geboren am 08.03.1961, Anfang des Jahres 2021 in die Scheidung eingewilligt hatte, ließen sich R und D am 31.05.2021 beim zuständigen Standesamt als Lebenspartner im Sinne des Lebenspartnerschaftsgesetzes eintragen.

2. Einkünfte Rudi (R)

R arbeitet seit Jahren als Angestellter (Bruttoarbeitslohn monatlich 5.000 €) bei einer Steuerberatungs-GmbH in München, an deren Stammkapital er zu 30% beteiligt ist. Die Beteiligung hatte R zu einem Kaufpreis von 50.000 € erworben und mit einem Darlehen finanziert, das bis zum Jahresende 2021 noch in voller Höhe valutierte. Die Zinsen von jährlich 6% der Darlehnssumme werden R monatlich belastet.

Im Jahr 2021 hat R seine Arbeitsstelle (einfache Entfernung zur Wohnung 42 km) an insgesamt 160 Tagen aufgesucht. Am 30.04.2021 hatte er auf dem Weg zur Arbeit einen Unfall, als er – abgelenkt durch sein Smartphone – auf ein parkendes Fahrzeug auffuhr. Im Zusammenhang mit dem Unfall hatte R neben den Reparaturkosten für seinen Pkw in Höhe von 4.000 € (brutto) auch die Kosten eines Unfallgutachtens in Höhe von 1.200 € (brutto) zu tragen. Nach den Feststellungen des Gutachters beträgt die aufgrund des Unfalls eingetretene Wertminderung des Autos nach erfolgter Reparatur 800 € (brutto).

In der Zeit von Montag 15.03.2021 bis Mittwoch 17.03.2021 nahm R an einer dreitägigen Ganztags-Fortbildung zum Thema „Aktuelles Steuerrecht" in Berlin teil. Danach blieb er noch bis Freitag in Berlin, um sich die Stadt mit ihren Sehenswürdigkeiten anzuschauen. R verließ seine Wohnung am 15.03.2021 morgens um 5 Uhr und kam am 19.03.2021 abends um 23 Uhr wieder zu Hause an. Im Zusammenhang mit der Reise sind folgende Aufwendungen entstanden:

- Fahrtkosten für Fahrten Wohnung - Flughafen München und zurück insgesamt 80 km mit eigenem Pkw,
- Flugkosten 300 € zuzüglich Parkgebühren am Flughafen München 50 €,
- Seminargebühren 800 €,
- 4 Übernachtungen im Hotel, jeweils mit Frühstück, insgesamt 400 €,
- Verpflegungskosten lt. Belegen Montag bis Mittwoch je 30 €, Donnerstag und Freitag je 50 €,
- Eintrittsgelder für Museen etc. 100 €.

Da der Besuch der Fortbildungsveranstaltung auch im Interesse der GmbH war, erstattete sie R steuerfrei 80 % der Seminargebühren; außerdem stellte sie ihm an den drei Seminartagen jeweils ein Mittagessen unentgeltlich zur Verfügung. Alle übrigen Kosten trug R aus eigener Tasche.

R beendete seine aktive Tätigkeit für die GmbH aus Altersgründen vereinbarungsgemäß zum 30.09.2021, infolge einer entsprechenden Vereinbarung mit der GmbH erhielt er ab dem 01.10.2021 weiterhin aufgrund seines Dienstverhältnisses und ohne eigene Beitragszahlungen eine Betriebsrente von monatlich 2.000 € brutto.

Durch Beschluss der Gesellschafterversammlung vom 20.09.2021 bekam R für das Wirtschaftsjahr 2020 eine Gewinnausschüttung aus der GmbH-Beteiligung, die ihm am 15.10.2021 in Höhe von 1.325,25 € ausgezahlt wurde. Im Zusammenhang mit der Teilnahme an der Gesellschafterversammlung sind R Aufwendungen in Höhe von 400 € entstanden.

3. Elektroladen Detlef (D)

D hat sich schon in jungen Jahren selbständig gemacht und betreibt in München-Giesing einen Einzelhandel für Elektroartikel. Er ermittelt den Gewinn für das Wirtschaftsjahr (= Kalenderjahr) durch Betriebsvermögensvergleich, der Wert des Betriebsvermögens lt. Eröffnungsbilanz zum 01.01.2021 betrug 170.000 €. Im Jahr 2021 standen den Entnahmen von 75.000 € Einlagen in Höhe von 12.000 € gegenüber. Umsatzsteuerlich unterliegt D mit seinem Unternehmen der Regelbesteuerung und gibt monatliche Umsatzsteuervoranmeldungen ab.

Mit Wirkung zum 30.06.2021 zog sich D aus dem Berufsleben zurück und übertrug das Einzelhandelsgeschäft mit allen zugehörigen Wirtschaftsgütern an seine in Augsburg wohnhafte Tochter Laura (L), die das Unternehmen im Sinne ihres Vaters weiterführte. L übernahm aufgrund des notariellen Übergabevertrags verschiedene Verpflichtungen: Ihrem Vater gegenüber verpflichtete sie sich zur Zahlung von insgesamt 96.000 €, zahlbar in 12 unverzinslichen Jahresraten zu jeweils 8.000 €. Die Raten sind jeweils am 01.10. eines Jahres fällig, erstmals zum 01.10.2021 und sollen nach vertraglicher Regelung die Versorgung des D gewährleisten. An ihren in Saarbrücken wohnenden Bruder Tom (T) hat L eine Einmalzahlung von 200.000 € zu erbringen, die am 30.06.2023 fällig ist. Schließlich muss sie an R eine monatliche Leibrente in Höhe von 500 € zahlen, jeweils am 10. Tag eines Monats, erstmals am 10.07.2021.

Die Schlussbilanz des Elektrogeschäfts zum 30.06.2021 beinhaltet vereinfacht dargestellt folgende Vermögensgegenstände:

Schlussbilanz 30.06.2021

Anlagevermögen	90.000 €	Kapital	150.000 €
Umlaufvermögen	40.000 €		
GmbH-Beteiligung (40 %)	**20.000 €**		
	150.000 €		**150.000 €**

Die Teilwerte der o.a. Wirtschaftsgüter betragen zum 30.06.2021 für das Anlagevermögen 250.000 €, für das Umlaufvermögen und die GmbH-Beteiligung jeweils 100.000 €, ein Firmenwert existiert nicht.

B. Sachverhalt 2

Junggeselle Paul Schmidt (P) ist deutscher Staatsangehöriger und wurde am 02.02.1956 in Saarbrücken geboren, wo er auch bis zum 30.06.2021 wohnte. Bis zu seiner Pensionierung arbeitete P als Angestellter bei einer Firma in der Nähe von Saarbrücken und bezog einen Bruttolohn von monatlich 5.800 €. An seinen insgesamt 120 Arbeitstagen des ersten Halbjahres 2021 ist er mit öffentlichen Verkehrsmitteln zu seiner ersten Tätigkeitsstätte (Entfernung von der Wohnung 10 Kilometer) gefahren, die Aufwendungen dafür betrugen monatlich 50 €. Daneben sind ihm unstreitig weitere Werbungskosten in Höhe von 800 € entstanden. Da sein Arbeitsverhältnis zum 30.06.2021 endete, bekam P letztmalig im Juni 2021 Arbeitslohn ausgezahlt. Im wohlverdienten Ruhestand bezieht P ab dem 01.07.2021 eine Altersrente in Höhe von monatlich 2.200 € brutto von der Deutschen Rentenversicherung Bund.

Zum 30.06.2021 kündigte P seine Wohnung in Saarbrücken und verlegte seinen Wohnsitz zum 01.07.2021 in den Staat S (kein EU-/EWR-Staat). Im Staat S wird P aufgrund seiner Renteneinkünfte für das Jahr 2021 zu einer der deutschen Einkommensteuer entsprechenden Steuer in Höhe von 2.000 € herangezogen.

Ab August 2021 war P als Aufsichtsratsmitglied für eine Aktiengesellschaft (AG) mit Sitz in Bad Homburg tätig. In dieser Funktion nahm er am 31.10.2021 an einer Aufsichtsratssitzung in Bad Homburg teil und bekam hierfür eine Vergütung von 770 € auf sein Konto überwiesen. Die AG teilte P mit, dass sie alle steuerlichen Verpflichtungen für ihn erfüllt habe und er sich insoweit um nichts mehr kümmern müsse. Die mit der Teilnahme an der Aufsichtsratssitzung zusammenhängenden Aufwendungen in Höhe von 350 € zahlte P aus eigener Tasche.

Mit notariellem Kaufvertrag vom 20.05.2020 hatte P ein im Staat S belegenes Mietwohngrundstück erworben, Besitz, Nutzen und Lasten an dem Objekt waren mit Zahlung des vollständigen Kaupreises von 100.000 € am 01.07.2020 auf P übergegangen. Vom Kaufpreis entfielen 80% auf das im Jahr 2010 errichtete Gebäude, 20 % auf den Grund und Boden. P vermietete das Grundstück für monatlich 800 € zuzüglich 200 € Nebenkosten an ein kinderloses Ehepaar. Nach nur einem Jahr, in dem es häufig Ärger mit den Mietern gegeben hatte, veräußerte P das Grundstück wieder. Besitz, Nutzen und Lasten gingen zum 01.07.2021 auf den neuen Eigentümer über, den Kaufvertrag hatten die Parteien bereits am 02.06.2021 abgeschlossen. Der Veräußerungspreis in Höhe von 140.000 € wurde dem Bankkonto des P vereinbarungsgemäß am 29.07.2021 gutgeschrieben. Veräußerungskosten sind für P nicht entstanden. Die Veräußerung des Mietwohngrundstücks ist im Staat S nicht steuerbar.

Das Mietverhältnis mit dem kinderlosen Ehepaar ging aufgrund der Veräußerung des Mietwohngrundstücks zum 01.07.2021 auf den neuen Eigentümer über. Die Miete war jeweils zum ersten Tag eines Monats fällig und wurde von den Mietern immer pünktlich gezahlt. Die Aufwendungen des P für das Mietwohngrundstück betrugen in 2021 einschließlich AfA 400 € monatlich. Außerdem musste P für das Jahr 2021 aufgrund der Mieteinkünfte im Staat S eine Steuerzahlung in Höhe von 1.000 € leisten.

Für seine Kranken- und Pflegeversicherung i.S.d. § 10 Abs. 1 Nr. 3 EStG zahlte P im Jahr 2021 monatlich 300 €. Andere Sonderausgaben sind ihm in 2021 nicht entstanden.

Aufgabe zu Sachverhalt 1:

1. Nehmen Sie kurz Stellung zu Veranlagungsart und Steuertarif von R und D im Veranlagungszeitraum 2021. Veranlagungswahlrechte wurden nicht ausgeübt.
2. Ermitteln Sie die Einkünfte von R und D im Veranlagungszeitraum 2021.

Begründen Sie Ihre Lösung mit Hilfe der einschlägigen Vorschriften.

Hinweise zu Sachverhalt 1:

1. R und D möchten eine möglichst niedrige Summe der Einkünfte haben. Alle hierfür erforderlichen Anträge werden gestellt.
2. Falls Besteuerungswahlrechte bestehen, sind alle Wahlmöglichkeiten in ihren ertragsteuerlichen Auswirkungen für den Veranlagungszeitraum 2021 darzustellen.
3. Keine der im Sachverhalt genannten Personen
   - hat bislang die Vergünstigungen nach §§ 16, 34 EStG in Anspruch genommen,
   - gehört einer Religionsgemeinschaft an,
   - hat einen Freistellungsauftrag für etwaige Kapitalerträge erteilt.
4. Gehen Sie davon aus, dass alle erforderlichen Anträge gestellt und alle erforderlichen Nachweise und Unterlagen in ordnungsgemäßer Form vorliegen.
5. Centbeträge können zugunsten der Steuerpflichtigen auf volle Euro gerundet werden.

Aufgabe zu Sachverhalt 2:

Ermitteln Sie für P die festzusetzende Einkommensteuer 2021. Gehen Sie dabei auf alle sich aus dem Sachverhalt ergebenden Rechtsprobleme ein und begründen Sie Ihre Lösung mit Hilfe der einschlägigen Vorschriften.

Hinweise zu Sachverhalt 2:

1. P möchte eine möglichst niedrige festzusetzende Einkommensteuer haben. Alle hierfür erforderlichen Anträge werden gestellt, die notwendigen Nachweise werden erbracht. Ein Antrag gem. § 1 Abs. 3 EStG ist nicht zu prüfen.
2. Gehen Sie davon aus, dass Deutschland mit dem Staat S (kein EU-/EWR Staat) ein dem OECD-Musterabkommen entsprechendes Doppelbesteuerungsabkommen abgeschlossen hat (siehe Anlage).
3. Centbeträge können zugunsten des Steuerpflichtigen auf volle Euro gerundet werden.

Anlage Auszug OECD-Musterabkommen (Stand Oktober 2017)

Art. 1. Unter das Abkommen fallende Personen

(1) Dieses Abkommen gilt für Personen, die in einem Vertragsstaat oder in beiden Vertragsstaaten ansässig sind.

(2) Für die Zwecke dieses Abkommens gelten Einkünfte, die von oder über einen Rechtsträger oder ein Gebilde erzielt werden, die nach dem Steuerrecht eines der Vertragsstaaten ganz oder teilweise steuerlich transparent behandelt werden, als Einkünfte einer in einem Vertragsstaat ansässigen Person, jedoch nur insoweit, als diese Einkünfte für die Zwecke der Besteuerung durch diesen Staat als Einkünfte einer in diesem Vertragsstaat ansässigen Person behandelt werden.

(3) Dieses Abkommen berührt nicht die Besteuerung einer in einem Vertragsstaat ansässigen Person durch einen Vertragsstaat mit Ausnahme der nach Artikel 7 Absatz 3, Artikel 9 Absatz 2 und den Artikeln 19, 20, 23, 24, 25 und 28 gewährten Vergünstigungen/Vorteilen.

Art. 2. Unter das Abkommen fallende Steuern

(1) Dieses Abkommen gilt, ohne Rücksicht auf die Art der Erhebung, für Steuern vom Einkommen und vom Vermögen, die für Rechnung eines Vertragsstaats oder seiner Gebietskörperschaften erhoben werden.

(2) Als Steuern vom Einkommen und vom Vermögen gelten alle Steuern, die vom Gesamteinkommen, vom Gesamtvermögen oder von Teilen des Einkommens oder des Vermögens erhoben werden, einschließlich der Steuern vom Gewinn aus der Veräußerung beweglichen oder unbeweglichen Vermögens, der Lohnsummensteuern sowie der Steuern vom Vermögenszuwachs.

(3) Zu den bestehenden Steuern, für die das Abkommen gilt, gehören insbesondere

a) (in Staat A)...

b) (in Staat B)...

(4) [1]Das Abkommen gilt auch für alle Steuern gleicher oder im Wesentlichen ähnlicher Art, die nach der Unterzeichnung des Abkommens neben den bestehenden Steuern oder an deren Stelle erhoben werden. [2]Die zuständigen Behörden der Vertragsstaaten teilen einander die in ihren Steuergesetzen eingetretenen bedeutsamen Änderungen mit.

Art. 3. Allgemeine Begriffsbestimmungen

(1) Im Sinne dieses Abkommens, wenn der Zusammenhang nichts anderes erfordert,

a) umfasst der Ausdruck „Person" natürliche Personen, Gesellschaften und alle anderen Personenvereinigungen;

b) bedeutet der Ausdruck „Gesellschaft" juristische Personen oder Rechtsträger, die für die Besteuerung wie juristische Personen behandelt werden;

c) bezieht sich der Ausdruck „Unternehmen" auf die Ausübung einer Geschäftstätigkeit;

d) bedeuten die Ausdrücke „Unternehmen eines Vertragsstaats" und „Unternehmen des anderen Vertragsstaats", je nachdem, ein Unternehmen, das von einer in einem Vertragsstaat ansässigen Person betrieben wird, oder ein Unternehmen, das von einer im anderen Vertragsstaat ansässigen Person betrieben wird;

e) bedeutet der Ausdruck „internationaler Verkehr" jede Beförderung mit einem Seeschiff oder Luftfahrzeug, es sei denn, das Seeschiff oder Luftfahrzeug wird ausschließlich zwischen Orten in einem

Vertragsstaat betrieben und das Unternehmen, das das Seeschiff oder Luftfahrzeug betreibt, ist kein Unternehmen dieses Vertragsstaats;

f) bedeutet der Ausdruck „zuständige Behörde"
  i) (in Staat A):
  ii) (in Staat B):

g) bedeutet der Ausdruck „Staatsangehöriger" in Bezug auf einen Vertragsstaat
  i) jede natürliche Person, die die Staatsangehörigkeit oder Staatsbürgerschaft dieses Vertragsstaats besitzt; und
  ii) jede juristische Person, Personengesellschaft und andere Personenvereinigung, die nach dem in diesem Vertragsstaat geltenden Recht errichtet worden ist;

h) schließt der Ausdruck „Geschäftstätigkeit" auch die Ausübung einer freiberuflichen oder sonstigen selbständigen Tätigkeit ein.

i) bedeutet der Ausdruck „anerkannter Pensionsfonds" eines Staats ein in diesem Vertragsstaat errichteter Rechtsträger oder ein in diesem Vertragsstaat errichtetes Gebilde, der beziehungsweise das nach dem Steuerrecht dieses Vertragsstaats als eigenständige Person gilt und:
  (i) ausschließlich oder fast ausschließlich errichtet und betrieben wird, um für natürliche Personen Altersversorgungsleistungen und Zusatz- oder Nebenleistungen zu verwalten oder zu erbringen, und als solcher beziehungsweise solche der Aufsicht durch diesen Vertragsstaat oder eine seiner Gebietskörperschaften untersteht; oder
  (ii) ausschließlich oder fast ausschließlich errichtet und betrieben wird, um für unter Ziffer i beschriebene Rechtsträger oder Gebilde Mittel anzulegen.

(2) Bei der Anwendung des Abkommens durch einen Vertragsstaat hat, wenn der Zusammenhang nichts anderes erfordert oder die zuständigen Behörden nicht eine andere Bedeutung nach den Vorschriften des Artikels 25 vereinbaren, jeder im Abkommen nicht definierte Ausdruck die Bedeutung, die ihm im Anwendungszeitraum nach dem Recht dieses Staates über die Steuern zukommt, für die das Abkommen gilt, wobei die Bedeutung nach dem in diesem Staat anzuwendenden Steuerrecht den Vorrang vor einer Bedeutung hat, die der Ausdruck nach anderem Recht dieses Staates hat.

Art. 4. Ansässige Person

(1) [1]Im Sinne dieses Abkommens bedeutet der Ausdruck „eine in einem Vertragsstaat ansässige Person" eine Person, die nach dem Recht dieses Staates dort auf Grund ihres Wohnsitzes, ihres ständigen Aufenthalts, des Ortes ihrer Geschäftsleitung oder eines anderen ähnlichen Merkmals steuerpflichtig ist, und umfasst auch diesen Staat und seine Gebietskörperschaften sowie ein anerkanntes Pensionssondervermögen dieses Staates. [2]Der Ausdruck umfasst jedoch nicht eine Person, die in diesem Staat nur mit Einkünften aus Quellen in diesem Staat oder mit in diesem Staat gelegenem Vermögen steuerpflichtig ist.

(2) Ist nach Absatz 1 eine natürliche Person in beiden Vertragsstaaten ansässig, so gilt Folgendes:
  a) Die Person gilt als nur in dem Staat ansässig, in dem sie über eine ständige Wohnstätte verfügt; verfügt sie in beiden Staaten über eine ständige Wohnstätte, so gilt sie als nur in dem Staat ansässig, zu dem sie die engeren persönlichen und wirtschaftlichen Beziehungen hat (Mittelpunkt der Lebensinteressen);
  b) kann nicht bestimmt werden, in welchem Staat die Person den Mittelpunkt ihrer Lebensinteressen hat, oder verfügt sie in keinem der Staaten über eine ständige Wohnstätte, so gilt sie als nur in dem Staat ansässig, in dem sie ihren gewöhnlichen Aufenthalt hat;
  c) hat die Person ihren gewöhnlichen Aufenthalt in beiden Staaten oder in keinem der Staaten, so gilt sie als nur in dem Staat ansässig, dessen Staatsangehöriger sie ist;
  d) ist die Person Staatsangehöriger beider Staaten oder keines der Staaten, so regeln die zuständigen Behörden der Vertragsstaaten die Frage in gegenseitigem Einvernehmen.

(3) [1]Ist nach Absatz 1 eine andere als eine natürliche Person in beiden Vertragsstaaten ansässig, so werden sich die zuständigen Behörden der Vertragsstaaten bemühen, durch Verständigung den Vertragsstaat zu bestimmen, in dem diese Person unter Berücksichtigung des Ortes ihrer tatsächlichen Geschäftsleitung, des Ortes ihrer Gründung oder sonstigen Konstituierung sowie sonstiger maßgeblicher Faktoren für Zwecke dieses Abkommens als ansässig gilt. [2]Ohne eine solche Verständigung hat diese Person nur in dem Umfang und der Weise, wie von den zuständigen Behörden der Vertragsstaaten vereinbart, Anspruch auf die in diesem Abkommen vorgesehenen Steuererleichterungen oder -befreiungen.

Art. 6. Einkünfte aus unbeweglichem Vermögen

(1) Einkünfte, die eine in einem Vertragsstaat ansässige Person aus unbeweglichem Vermögen (einschließlich der Einkünfte aus land- und forstwirtschaftlichen Betrieben) bezieht, das im anderen Vertragsstaat liegt, können im anderen Staat besteuert werden.

(2) [1]Der Ausdruck „unbewegliches Vermögen" hat die Bedeutung, die ihm nach dem Recht des Vertragsstaats zukommt, in dem das Vermögen liegt. [2]Der Ausdruck umfasst in jedem Fall das Zubehör zum unbeweglichen Vermögen, das lebende und tote Inventar land- und forstwirtschaftlicher Betriebe, die Rechte, für die die Vorschriften des Privatrechts über Grundstücke gelten, Nutzungsrechte an unbeweglichem Vermögen sowie Rechte auf veränderliche oder feste Vergütungen für die Ausbeutung oder das Recht auf Ausbeutung von Mineralvorkommen, Quellen und anderen Bodenschätzen; Schiffe und Luftfahrzeuge gelten nicht als unbewegliches Vermögen.

(3) Absatz 1 gilt für die Einkünfte aus der unmittelbaren Nutzung, der Vermietung oder Verpachtung sowie jeder anderen Art der Nutzung unbeweglichen Vermögens.

(4) Die Absätze 1 und 3 gelten auch für Einkünfte aus unbeweglichem Vermögen eines Unternehmens.

Art. 13. Gewinne aus der Veräußerung von Vermögen

(1) Gewinne, die eine in einem Vertragsstaat ansässige Person aus der Veräußerung unbeweglichen Vermögens im Sinne des Artikels 6 bezieht, das im anderen Vertragsstaat liegt, können im anderen Staat besteuert werden.

(2) Gewinne aus der Veräußerung beweglichen Vermögens, das Betriebsvermögen einer Betriebstätte ist, die ein Unternehmen eines Vertragsstaats im anderen Vertragsstaat hat, einschließlich derartiger Gewinne, die bei der Veräußerung einer solchen Betriebstätte (allein oder mit dem übrigen Unternehmen) erzielt werden, können im anderen Staat besteuert werden.

(3) Gewinne, die ein Unternehmen eines Vertragsstaates, welches Seeschiffe oder Luftfahrzeuge im internationalen Verkehr betreibt, aus der Veräußerung solcher Seeschiffe oder Luftfahrzeuge oder von beweglichem Vermögen, das dem Betrieb dieser Seeschiffe oder Luftfahrzeuge dient, bezieht, können nur in diesem Staat besteuert werden.

(4) Gewinne, die eine in einem Vertragsstaat ansässige Person aus der Veräußerung von Anteilen oder vergleichbaren Rechten, wie Rechten an einer Personengesellschaft oder einem Trust, bezieht, können im anderen Vertragsstaat besteuert werden, sofern der Wert dieser Anteile oder vergleichbaren Rechte zu irgendeinem Zeitpunkt während der der Veräußerung vorangehenden 365 Tage zu mehr als 50 % unmittelbar oder mittelbar auf in diesem anderen Staat belegenem unbeweglichem Vermögen im Sinne des Art. 6 beruhte.

(5) Gewinne aus der Veräußerung des in den Absätzen 1, 2, 3 und 4 nicht genannten Vermögens können nur in dem Vertragsstaat besteuert werden, in dem der Veräußerer ansässig ist.

Art. 16. Aufsichtsrats- und Verwaltungsratsvergütungen

Aufsichtsrats- und Verwaltungsratsvergütungen und ähnliche Zahlungen, die eine in einem Vertragsstaat ansässige Person in ihrer Eigenschaft als Mitglied des Aufsichts- oder Verwaltungsrats einer Gesellschaft bezieht, die im anderen Vertragsstaat ansässig ist, können im anderen Staat besteuert werden.

Art. 18. Ruhegehälter

Vorbehaltlich des Artikels 19 Absatz 2 können Ruhegehälter und ähnliche Vergütungen, die einer in einem Vertragsstaat ansässigen Person für frühere unselbständige Arbeit gezahlt werden, nur in diesem Staat besteuert werden.

Art. 19. Öffentlicher Dienst

(1) **a)** Gehälter, Löhne und ähnliche Vergütungen, ausgenommen Ruhegehälter, die von einem Vertragsstaat oder einer seiner Gebietskörperschaften an eine natürliche Person für die diesem Staat oder der Gebietskörperschaft geleisteten Dienste gezahlt werden, können nur in diesem Staat besteuert werden.

b) Diese Gehälter, Löhne und ähnlichen Vergütungen können jedoch nur im anderen Vertragsstaat besteuert werden, wenn die Dienste in diesem Staat geleistet werden und die natürliche Person in diesem Staat ansässig ist und

i) ein Staatsangehöriger dieses Staates ist oder

ii) nicht ausschließlich deshalb in diesem Staat ansässig geworden ist, um die Dienste zu leisten.

(2) **a)** Ungeachtet des Absatzes 1 können Ruhegehälter oder ähnliche Vergütungen, die von einem Vertragsstaat oder einer seiner Gebietskörperschaften oder aus einem von diesem Staat oder der Gebietskörperschaft errichteten Sondervermögen an eine natürliche Person für die diesem Staat oder der Gebietskörperschaft geleisteten Dienste gezahlt werden, nur in diesem Staat besteuert werden.

b) Diese Ruhegehälter oder ähnlichen Vergütungen können jedoch nur im anderen Vertragsstaat besteuert werden, wenn die natürliche Person in diesem Staat ansässig ist und ein Staatsangehöriger dieses Staates ist.

(3) Auf Gehälter, Löhne, Ruhegehälter und ähnliche Vergütungen für Dienstleistungen, die im Zusammenhang mit einer Geschäftstätigkeit eines Vertragsstaats oder einer seiner Gebietskörperschaften erbracht werden, sind die Artikel 15, 16, 17 oder 18 anzuwenden.

Art. 21. Andere Einkünfte

(1) Einkünfte einer in einem Vertragsstaat ansässigen Person, die in den vorstehenden Artikeln nicht behandelt wurden, können ohne Rücksicht auf ihre Herkunft nur in diesem Staat besteuert werden.

(2) [1]Absatz 1 ist auf andere Einkünfte als solche aus unbeweglichem Vermögen im Sinne des Artikels 6 Absatz 2 nicht anzuwenden, wenn der in einem Vertragsstaat ansässige Empfänger im anderen Vertragsstaat eine Geschäftstätigkeit durch eine dort gelegene Betriebstätte ausübt und die Rechte oder Vermögenswerte, für die die Einkünfte gezahlt werden, tatsächlich zu dieser Betriebstätte gehören. [2]In diesem Fall ist Artikel 7 anzuwenden.

Art. 23A. Befreiungsmethode

(1) Bezieht eine in einem Vertragsstaat ansässige Person Einkünfte oder hat sie Vermögen, die in dem anderen Vertragsstaat nach diesem Abkommen besteuert werden können (es sei denn, die Bestimmungen dieses Abkommens ermöglichen dem anderen Staat eine Besteuerung nur deshalb, weil die Einkünfte als Einkünfte einer dort ansässigen Person erzielt werden oder weil das Vermögen auch Vermögen einer dort ansässigen Person ist), so nimmt der erstgenannte Staat vorbehaltlich der Absätze 2 und 3 diese Einkünfte oder dieses Vermögen von der Besteuerung aus.

(2) [1]Erzielt eine in einem Vertragsstaat ansässige Person Einkünfte, die in dem anderen Vertragsstaat nach den Artikeln 10 und 11 besteuert werden können (es sei denn, die Bestimmungen dieses Abkommens ermöglichen dem anderen Staat eine Besteuerung nur deshalb, weil die Einkünfte als Einkünfte einer dort ansässigen Person erzielt werden), so rechnet der erstgenannte Staat auf die vom Einkommen dieser Person zu erhebenden Steuer den Betrag an, der der im anderen Staat gezahlten Steuer entspricht. [2]Der anzurechnende Betrag darf jedoch den Teil der von der Anrechnung ermittelten Steuer nicht übersteigen, der auf die aus dem anderen Staat bezogenen Einkünfte entfällt.

(3) Einkünfte oder Vermögen einer in einem Vertragsstaat ansässigen Person, die nach dem Abkommen von der Besteuerung in diesem Staat auszunehmen sind, können gleichwohl in diesem Staat bei der Festsetzung der Steuer für das übrige Einkommen oder Vermögen der Person einbezogen werden.

(4) Absatz 1 gilt nicht für Einkünfte oder Vermögen einer in einem Vertragsstaat ansässigen Person, wenn der andere Vertragsstaat dieses Abkommen so anwendet, dass er diese Einkünfte oder dieses Vermögen von der Besteuerung ausnimmt oder Absatz 2 des Artikels 10 oder des Artikels 11 auf diese Einkünfte anwendet.

Art. 23B. Anrechnungsmethode

(1) [1]Bezieht eine in einem Vertragsstaat ansässige Person Einkünfte oder hat sie Vermögen und können diese Einkünfte oder dieses Vermögen nach diesem Abkommen im anderen Vertragsstaat besteuert werden, so rechnet der erstgenannte Staat

a) auf die vom Einkommen dieser Person zu erhebende Steuer den Betrag an, der der im anderen Staat gezahlten Steuer vom Einkommen entspricht;

b) auf die vom Vermögen dieser Person zu erhebende Steuer den Betrag an, der der in dem anderen Vertragsstaat gezahlten Steuer vom Vermögen entspricht.

[2]Der anzurechnende Betrag darf jedoch in beiden Fällen den Teil der vor der Anrechnung ermittelten Steuer vom Einkommen oder vom Vermögen nicht übersteigen, der auf die Einkünfte, die im anderen Staat besteuert werden können oder auf das Vermögen, das dort besteuert werden kann, entfällt.

(2) Einkünfte oder Vermögen einer in einem Vertragsstaat ansässigen Person, die nach dem Abkommen von der Besteuerung in diesem Staat auszunehmen sind, können gleichwohl in diesem Staat bei der Festsetzung der Steuer für das übrige Einkommen oder Vermögen der Person einbezogen werden.

C. Lösung

Sachverhalt 1

Aufgabe 1:

R und seine Ehefrau S leben im Veranlagungszeitraum 2021 dauernd getrennt, sodass für ihre Ehe keine Ehegattenveranlagung in Frage kommt, § 26 Abs. 1 Satz 1 Nr. 2 EStG. Da die für Ehegatten und Ehen geltenden Bestimmungen zur Veranlagungsart nach § 2 Abs. 8 EStG auch für eingetragene Lebenspartner anzuwenden sind, können R und D im Veranlagungszeitraum 2021 zwischen der Einzelveranlagung (§ 26a EStG) und der Zusammenveranlagung (§ 26b EStG) wählen. Beide wohnen im Inland (Bayern) und sind daher unbeschränkt steuerpflichtig nach § 1 Abs. 1 Satz 1 EStG, sie leben nicht dauernd getrennt und diese Voraussetzungen sind durch die Begründung der Lebenspartnerschaft am 31.05.2021 im Laufe des Veranlagungszeitraums 2021 eingetreten, § 26 Abs. 1 Satz 1 Nr. 1 bis Nr. 3 EStG. Da R und D lt. Aufgabenstellung von ihrem Wahlrecht keinen Gebrauch gemacht haben, erfolgt gem. § 26 Abs. 3 EStG eine Zusammenveranlagung. Es gilt der Splittingtarif nach § 32a Abs. 5 EStG.

Aufgabe 2:

1. Einkünfte R aus nichtselbständiger Tätigkeit

Mit seiner aktiven Tätigkeit als Angestellter der GmbH erzielt R Einkünfte aus nichtselbständiger Arbeit nach § 19 Abs. 1 Satz 1 Nr. 1 EStG, bei der Betriebsrente handelt es sich um Einkünfte aus einem früheren Dienstverhältnis nach § 19 Abs. 1 Satz 1 Nr. 2 EStG. Es liegen Überschusseinkünfte nach § 2 Abs. 2 Nr. 2 EStG vor. Die Einnahmen i.S.d. § 8 Abs. 1 EStG aus nichtselbständiger Tätigkeit betragen somit insgesamt 9 Monate x 5.000 € + 3 Monate x 2.000 € = **51.000 €**. Im Zusammenhang mit dem aktiven Dienstverhältnis sind folgende Werbungskosten zu berücksichtigen:

a) Wege zwischen Wohnung und erster Tätigkeitsstätte

Die Arbeitsstätte in München ist als erste Tätigkeitsstätte des R anzusehen, da es sich um eine ortsfeste betriebliche Einrichtung des Arbeitgebers handelt, an der R gem. § 9 Abs. 4 Satz 4 Nr. 1 EStG typischerweise arbeitstäglich tätig werden soll. Eine dauerhafte Zuordnung anhand der dienst- oder arbeitsrechtlichen

Festlegungen nach § 9 Abs. 4 Sätze 1 bis 3 EStG wäre auch denkbar, hierzu beinhaltet der Sachverhalt allerdings keine Angaben. Die Aufwendungen des R für die Wege zwischen Wohnung und erster Tätigkeitsstätte sind gem. § 9 Abs. 1 Satz 3 Nr. 4 Satz 2 i.V.m. Satz 8 Buchst. a) EStG mit 0,30 € bzw. ab dem 21. Kilometer mit 0,35 € je Kilometer der Entfernung (Entfernungspauschale) zu berücksichtigen. Die Werbungskosten betragen somit 2.192 € (160 Fahrten x 20 km x 0,30 € + 160 Fahrten x 22 km x 0,35 €).

b) Unfallkosten

Neben der Entfernungspauschale sind die Kosten für den Unfall auf der Fahrt zwischen Wohnung und erster Tätigkeitsstätte als außergewöhnliche Aufwendungen im Rahmen des allgemeinen Werbungskostenabzugs nach § 9 Abs. 1 Satz 1 EStG zu berücksichtigen (BMF v. 18.11.2021, Beck`sche Steuererlasse 20 § 9/5 unter 4.). Hierzu zählen die Reparaturkosten i.H.v. 4.000 € sowie die Kosten des Gutachtens von 1.200 €, insgesamt also **5.200 €**. Die merkantile Wertminderung des reparierten Fahrzeugs kann hingegen nicht berücksichtigt werden (H 9.10 LStH [Unfallschäden]).

c) Fortbildungskosten

Die Aufwendungen für die Berlinreise sind hinsichtlich ihrer beruflichen Veranlassung als Werbungskosten (Fortbildungskosten) nach § 9 Abs. 1 Satz 1 EStG zu berücksichtigen. Insoweit liegt eine beruflich veranlasste Auswärtstätigkeit nach § 9 Abs. 4a Satz 2 EStG vor. Soweit die Aufwendungen ausschließlich den beruflichen Bereich betreffen (Seminargebühren, Verpflegungsmehraufwand und Übernachtungskosten für die Seminartage), sind sie als Werbungskosten anzusetzen. Gemischt veranlasste Kosten (Fahrtkosten, Flugkosten, Parkgebühren) sind nach dem Verhältnis der beruflichen ($^3/_5$) bzw. privat ($^2/_5$) veranlassten Zeitanteile der Reise in Werbungskosten und Kosten der privaten Lebensführung aufzuteilen (BMF v. 21.09.2009, Beck`sche Steuererlasse 1 § 12/2, Rz. 13 ff.). Somit ergeben sich folgende Werbungkosten:

aa)	Seminargebühren	800 €
	abzüglich steuerfreie Erstattung §§ 3 Nr. 16, 3c Abs. 1 EStG	./. 640 €
	abzugsfähige Werbungskosten	**160 €**
bb)	Fahrtkosten § 9 Abs. 1 Satz 3 Nr. 4a EStG	
	Flugkosten in tatsächlicher Höhe von 300 €, davon $^3/_5$	180 €
	Fahrtkosten Pkw (Wegstreckenentschädigung nach Bundesreisekostengesetz von 0,30 € pro gefahrenem Km) § 9 Abs. 1 Satz 3 Nr. 4a Satz 2 EStG	
	80 km x 0,30 € = 24 €, davon $^3/_5$	15 €
cc)	Parkgebühren (BMF v. 25.11.2020, Beck`sche Steuererlasse 20 § 9/10, Rz. 129)	
	Reisenebenkosten in tatsächlicher Höhe 50 €, davon $^3/_5$ =	30 €
dd)	**Übernachtungskosten § 9 Abs. 1 Satz 3 Nr. 5a EStG**	
	tatsächliche Aufwendungen für 2 Übernachtungen	200 €
	abzüglich Frühstück (BMF v. 25.11.2020, a.a.O., Rz. 118) 2 x 5,60 € (20 % von 28 €)	./. 11,20 €
		189 €
ee)	Verpflegungsmehraufwand § 9 Abs. 4a Satz 3 Nr. 1 bzw. Nr. 2 EStG	
	Anreise- und Abreisetag je 14 €, Zwischentag 28 €	56 €
	Kürzung wegen unentgeltlicher Mahlzeiten § 9 Abs. 4a Satz 8 Nr. 2 EStG	./. 33,60 €
	3 x 11,20 € (40 % von 28 €)	**23 €**
	Der geldwerte Vorteil aus der Mahlzeitengestellung ist gem. § 8 Abs. 2 Sätze 8 und 9 EStG nicht als Einnahme in Geldeswert anzusetzen.	
ff)	Eintrittsgelder und alle weiteren Aufwendungen sind als Kosten der privaten Lebensführung nach **§** 12 Nr. 1 EStG nicht abzugsfähig	

Die Werbungskosten im Zusammenhang mit der Fortbildung betragen somit insgesamt **597 €**

d) Betriebsrente

Bei der Betriebsrente von der GmbH als früherem Arbeitgeber des R handelt es sich um Versorgungsbezüge nach § 19 Abs. 2 Satz 2 Nr. 2 EStG, da der Steuerpflichtige bei Zufluss der Einnahmen das 63. Lebensjahr vollendet hat. Demzufolge sind für diese Bezüge nach Tabelle zu § 19 Abs. 2 Satz 3 EStG (Versorgungsbeginn im Jahr 2021) der Versorgungsfreibetrag von 15,2 % der Bemessungsgrundlage, maximal 1.140 € sowie ein Zuschlag zum Versorgungsfreibetrag von 342 € zu gewähren. **Die Bemessungsgrundlage für den Versorgungsfreibetrag beträgt nach § 19 Abs. 2 Satz 4 B**uchst. b EStG 12 x 2.000 € = 24.000 €, sodass sich ein Versorgungsfreibetrag von 1.140 € (15,2 % von 24.000 € = 3.648 €, maximal 1.140 €) ergibt. Versorgungsfreibetrag und Zuschlag sind gem. § 19 Abs. 2 Satz 12 EStG um $^{9}/_{12}$ zu kürzen, sodass sich Beträge von **285 €** bzw. **85,50 €** ergeben. Darüber hinaus ist der Werbungskosten-Pauschbetrag für Versorgungsbezüge nach § 9a Satz 1 Nr. 1 Buchst. b EStG zu gewähren. Die Einkünfte aus nichtselbständiger Arbeit sind wie folgt zu ermitteln:

Einnahmen		51.000 €
./. Versorgungsfreibetrag	285 €	
./. Zuschlag zum Versorgungsfreibetrag	86 €	
./. Entfernungspauschale	2.192 €	
./. Unfallkosten	5.200 €	
./. Reisekosten	597 €	./. 8.360 €
Summe > AN-Pauschbetrag § 9a Satz 1 Nr. 1 Buchst a EStG von 1.000 €		
./. WK-Pauschbetrag § 9a Satz 1 Nr. 1b EStG		./. 102 €
Einkünfte § 19 Abs. 1 Satz 1 Nr. 1 und Nr. 2 EStG		**42.538 €**

2. Einkünfte aus Kapitalvermögen

Die offene Gewinnausschüttung der GmbH gehört bei R zu den Einkünften aus Kapitalvermögen nach § 20 Abs. 1 Nr. 1 EStG (Überschusseinkünfte § 2 Abs. 2 Nr. 2 EStG) und unterliegt nach § 43 Abs. 1 Nr. 1 EStG dem Kapitalertragsteuerabzug. Die Kapitalertragsteuer beträgt nach § 43a Abs. 1 Nr. 1 EStG 25 % des Kapitalertrags, hinzu kommt der Solidaritätszuschlag von 5,5 % der Kapitalertragsteuer. Dem Steuerabzug unterliegen gem. § 43a Abs. 2 Satz 1 EStG die vollen Kapitalerträge ohne Abzug, insbesondere auch ungeachtet des Teileinkünfteverfahrens. Die GmbH hat die Abzugssteuern nach § 44 Abs. 1 Satz 3 EStG als Schuldner der Kapitalerträge einzubehalten und an das Finanzamt abzuführen.

Einkünfte aus Kapitalvermögen unterliegen gem. § 32d Abs. 1 EStG grundsätzlich dem Abgeltungstarif, sodass die Einkommensteuer gem. § 43 Abs. 5 Satz 1 EStG mit dem Kapitalertragsteuerabzug abgegolten ist. Auch die Werbungskosten sind durch den Sparer-Pauschbetrag nach § 20 Abs. 9 EStG abgegolten, ein Abzug tatsächlicher WK scheidet aus. Schließlich dürfen auch Verluste aus Kapitaleinkünften, die dem Abgeltungstarif unterliegen, gem. § 20 Abs. 6 Satz 1 EStG nicht mit positiven Einkünften aus anderen Einkunftsarten verrechnet werden.

Da R jedoch zu 30 % an der GmbH beteiligt ist, kann er nach § 32d Abs. 2 Nr. 3 Buchst. a EStG einen Antrag stellen, mit der Folge, dass die Dividendeneinkünfte dem normalen Steuertarif nach § 32a EStG unterliegen. In diesem Fall ermöglicht die Vorschrift des § 32d Abs. 2 Nr. 3 Satz 2 EStG, nach der § 20 Abs. 6 und Abs. 9 EStG nicht anzuwenden sind, sowohl den Abzug tatsächlicher Werbungskosten als auch die Verlustverrechnung mit anderen Einkünften. Da R lt. Aufgabenstellung möglichst niedrige Einkünfte versteuern möchte und die Werbungskosten im Zusammenhang mit der Beteiligung die Einnahmen übersteigen, ist ein entsprechender Antrag zu unterstellen. Die Einkünfte unterliegen dann gem. §§ 3 Nr. 40 Buchst. d, 3c Abs. 2 Satz 1 EStG dem Teileinkünfteverfahren, da § 3 Nr. 40 Satz 2 EStG nicht greift.

ESt und Soli dürfen als Personensteuern nach § 12 Nr. 3 EStG nicht abgezogen werden und gehören somit zu den Einnahmen. Der an R ausgezahlte Betrag ist folglich um die Abzugssteuern zu erhöhen, sodass sich eine Bruttodividende von 1.800 € ergibt (1.325,25 € : 73,625 % x 100). Die Aufwendungen für die Gesellschafterversammlung von 400 € sowie die auf das Anschaffungsdarlehen entfallenden Schuldzinsen von 3.000 €

(6 % von 50.000 €) gehören nach § 9 Abs. 1 Satz 1 bzw. § 9 Abs. 1 Satz 3 Nr. 1 EStG zu den abzugsfähigen Werbungskosten. Die Einkünfte aus Kapitalvermögen sind daher wie folgt zu ermitteln:

Einnahmen § 20 Abs. 1 Nr. 1 EStG	1.800 €	
davon steuerfrei 40 %, § 3 Nr. 40 Buchst. d EStG	720 €	
verbleiben steuerpflichtig		1.080 €
./. Schuldzinsen	3.000 €	
./. Kosten Gesellschafterversammlung	400 €	
Summe	3.400 €	
davon 60 %, § 3c Abs. 2 Satz 1 EStG		./. 2.040 €
Einkünfte § 20 Abs. 1 Nr. 1 EStG		**./. 960 €**

3. Elektroladen D

a) Laufende Einkünfte

D erzielt mit seinem Elektroladen Einkünfte aus Gewerbebetrieb nach § 15 Abs. 1 Satz 1 Nr. 1 EStG, es handelt sich um Gewinneinkünfte nach § 2 Abs. 2 Nr. 1 EStG. Da der Betrieb zum 30.06.2021 veräußert wird, liegt ein Rumpfwirtschaftsjahr vor, das einen Zeitraum von 6 Monaten umfasst, § 8b Satz 2 Nr. 1 EStDV. Der laufende Gewinn für das Rumpfwirtschaftsjahr 2021 ist im Wege des Betriebsvermögensvergleichs nach § 4 Abs. 1 EStG wie folgt zu ermitteln:

Betriebsvermögen 30.06.2021 (lt. Schlussbilanz)	150.000 €
./. Betriebsvermögen 31.12.2020	./. 170.000 €
Betriebsvermögensänderung	./. 20.000 €
+ Einnahmen 2021	+ 75.000 €
./. Einnahmen 2021	./. 12.000 €
Gewinn 2021	**43.000 €**

b) Übertragung des Betriebs

Bei der Übertragung des Elektroladens an Tochter L handelt es sich umsatzsteuerlich um eine nicht steuerbare Geschäftsveräußerung im Ganzen gem. § 1 Abs. 1a UStG, unabhängig davon, ob die Übertragung entgeltlich oder unentgeltlich erfolgt.

Ertragsteuerlich betrachtet wurde der Betrieb mit allen wesentlichen Betriebsgrundlagen in einem einheitlichen Vorgang auf eine Erwerberin (L) übertragen, die den Betrieb fortführt. Somit könnte eine Betriebsveräußerung nach § 16 Abs. 1 Nr. 1 EStG vorliegen. Da die Vermögens-übertragung jedoch an einen Abkömmling (Tochter L) des D erfolgte, sind die Regelungen zur vorweggenommenen Erbfolge zu beachten (BMF v. 13.01.1993, Beck`sche Steuererlasse 1 § 7/3). Dabei sind zunächst alle von L übernommenen Verpflichtungen auf ihren Entgeltcharakter zu überprüfen

Leibrente an R

Bei der an R zu zahlenden Leibrente von monatlich 500 € könnte es sich um Versorgungsleistungen (BMF v. 11.03.2010, Beck`sche Steuererlasse 1 § 10/5 Rz. 2–64) handeln: Übertragen wurde ein Betrieb und somit eine gem. § 10 Abs. 1a Nr. 2 Buchst. b EStG begünstigte Wirtschaftseinheit, die ausreichend Ertrag bringt, um daraus die monatliche Leibrente zu bestreiten (Rz. 26). Dies kann nach der Beweis-erleichterung (Rz. 29) unterstellt werden, wenn der Betrieb wie vorliegend tatsächlich fortgeführt wird. Anhaltspunkte zur Widerlegung der Vermutung sind im Sachverhalt nicht erkennbar. Auch alle weiteren Voraussetzungen zur Annahme von Versorgungsleistungen sind erfüllt:

- Tochter L (Empfängerin Vermögen) gehört als Abkömmling des D zum begünstigten Empfängerkreis (Rz. 4).
- L soll wenigstens teilweise eine unentgeltliche Zuwendung erhalten, was in Fällen der Vermögensübertragung auf Angehörige grundsätzlich vermutet wird. Gründe, die für eine Widerlegung dieser Vermutung sprechen, sind nicht erkennbar (Rz. 5).

- R gehört als eingetragener Lebenspartner zum Generationennachfolgeverbund des D und damit zum Kreis der berechtigten Empfänger der Versorgungsleistungen (Rz. 50).
- Die Leibrente ist eine wiederkehrende Leistung, die auf die Lebenszeit des Empfängers R gezahlt wird (Rz. 56).
- Der Übertagungsvertrag ist lt. Bearbeitungshinweis steuerlich anzuerkennen (Rz. 59 ff.)

Somit stellen die Rentenzahlungen an R begünstigte Versorgungsleistungen dar, die Betriebsübertragung erfolgt insoweit unentgeltlich (BMF v. 13.01.1993, a.a.O., Rz. 4). Die Zahlungen gehören bei L zu den nach § 10 Abs. 1a Nr. 2 Buchst. b EStG abzugsfähigen Sonderausgaben und sind nach dem Korrespondenzprinzip bei R als sonstige Einkünfte nach § 22 Nr. 1a EStG zu versteuern, die wie folgt zu ermitteln sind:

Einnahmen §§ 8 Abs. 1, 11 Abs. 1 Satz 1 EStG 6 x 500 € =	3.000 €
./. WK-Pauschbetrag § 9a Satz 1 Nr. 3 EStG	./. 102 €
Sonstige Einkünfte § 22 Nr. 1a EStG	**2.898 €**

Einmalzahlung an T

Bei der Einmalzahlung an Bruder T handelt es sich um ein Gleichstellungsgeld und somit um Entgelt (BMF-Schreiben vom 13.01.1993, a.a.O., Rz. 24 i.V.m. Rz. 7). Da der Fälligkeitszeitpunkt des Gleichstellungsgelds über ein Jahr nach der Betriebsübertragung liegt, ist zur Ermittlung des Veräußerungspreises gem. § 12 Abs. 3 BewG eine Abzinsung auf den Gegenwartswert vorzunehmen. Die Kaufpreisforderung ist folglich mittels Tabelle 1 zu § 12 Abs. 1 BewG (Gleichlautender Erlass vom 10.10.2010, Beck`sche Steuererlasse 200 § 12/1) zu bewerten, die Laufzeit beträgt 2 Jahre, sodass sich ein Vervielfältiger von 0,898 ergibt. Der Gegenwartswert der Kaufpreisforderung im Zeitpunkt der Betriebsübertragung beträgt somit 200.000 € x Vervielfältiger 0,898 = 179.600 €. Der in der Einmalzahlung enthaltene Zinsanteil ist erst mit Zufluss des Gleichstellungsgelds im Veranlagungszeitraum 2023 zu versteuern.

Ratenzahlung an D

Bei den an Vater D zu zahlenden Jahresraten handelt es sich nicht um Versorgungsleistungen, da die Raten nicht auf die Lebenszeit des D, sondern zeitlich beschränkt auf 12 Jahre zu zahlen sind (BMF-Schreiben vom 11.03.2010, a.a.O., Rz. 56). Es liegen vielmehr Abstandszahlungen an den Übergeber vor, die als Veräußerungs- bzw. Anschaffungsgeschäft zu beurteilen sind (BMF-Schreiben vom 13.01.1993, a.a.O, Rz. 24 i.V.m. Rz. 7). Als Veräußerungspreis ist der Barwert der Raten im Zeitpunkt der Betriebsübertragung anzusetzen. Die Ermittlung erfolgt nach dem Jahreswert der Raten (8.000 €) und dem Vervielfältiger nach Tabelle 2 zu § 12 Abs. 1 BewG (Gleichlautender Erlass vom 10.10.2010, a.a.O.) bei einer Laufzeit von 12 Jahren (8,856), sodass der Barwert der Raten 70.848 € beträgt.

Die von L insgesamt zu erbringenden Leistungen zum Erwerb des Betriebs betragen somit 179.600 € (Gegenwartswert der Einmalzahlung) zuzüglich 70.848 € (Kapitalwert der Raten), insgesamt also 250.448 €. Da dieser Betrag unter dem Verkehrswert des Betriebs von 450.000 € (Summe der Teilwerte der Wirtschaftsgüter) liegt, ist von einem teilentgeltlichen Erwerb im Rahmen der vorweggenommenen Erbfolge auszugehen. Darunter versteht man Vermögensübertragungen unter Lebenden aufgrund einzelvertraglicher Regelung mit Rücksicht auf die künftige Erbfolge, wobei die Übernehmerin L nach dem Willen der Beteiligten wenigstens teilweise eine unentgeltliche Zuwendung erhalten soll (BMF-Schreiben v. 13.01.1993, a.a.O., Rz. 1). Da das Veräußerungsentgelt von 250.448 € über dem Buchwert des Kapitalkontos des Betriebs von 150.000 € liegt, ist nach der Einheitstheorie von einer entgeltlichen Betriebsübertragung gem. § 16 Abs. 1 Satz 1 Nr. 1 EStG auszugehen (BMF-Schreiben vom 13.01.1993, a.a.O, Rz. 35).

Ermittlung Veräußerungsgewinn § 16 Abs. 2 Satz 1 + 2 EStG

Bei Ermittlung des Veräußerungsgewinns ist zu beachten, dass der auf die Veräußerung der GmbH-Beteiligung entfallende anteilige Gewinn nach §§ 3 Nr. 40 Buchst. b, 3c Abs. 2 Satz 1 EStG dem Teileinkünfteverfahren unterliegt. Daher ist eine Aufteilung des Veräußerungspreises nach dem Verhältnis der Teilwerte auf GmbH-Anteil (100/450) und übrige Wirtschaftsgüter (350/450) erforderlich.

Da D im Zeitpunkt der Betriebsübertragung 55 Jahre alt ist, den Freibetrag bislang noch nicht in Anspruch genommen hat und ein entsprechender Antrag unterstellt werden kann (siehe Bearbeitungshinweise), ist der Freibetrag nach § 16 Abs. 4 Satz 1 + 2 EStG dem Grunde nach zu gewähren. Er ist vorrangig mit dem Veräußerungsgewinn zu verrechnen, für den das Teileinkünfteverfahren gilt (H 16 Abs. 13 EStH [Teileinkünfteverfahren]), und kann auch bei teilentgeltlicher Veräußerung im Rahmen der vorweggenommenen Erbfolge in voller Höhe gewährt werden (BMF-Schreiben v. 20.12.2005, Beck`sche Steuererlasse 1 § 16/2 unter III.). Da der Betrieb (teilweise) gegen Raten, die über einen Zeitraum von mehr als 10 Jahren zu zahlen sind, übertragen wird und die Ratenzahlungen Versorgungscharakter haben, besteht insoweit ein Wahlrecht zwischen der Sofort- und der Zuflussbesteuerung (R 16 Abs. 11 EStR i.V.m. H 16 Abs. 11 EStH [Ratenzahlungen]).

aa) Sofortbesteuerung

Gegenwartswert Einmalzahlung		179.600 €	
+ Kapitalwert der Raten		+ 70.848 €	
= Veräußerungserlös		250.448 €	
Anteil GmbH-Beteiligung 100/450		55.655 €	
Anteil Restbetrieb 350/450			194.793 €
40% steuerfrei § 3 Nr. 40 Buchst. b EStG		./. 22.262 €	
verbleiben steuerpflichtig (60 %)		33.393 €	
abzüglich anteiliger Buchwert Kapitalkonto	20.000 €		./. 130.000 €
davon 60 % § 3c Abs. 2 Satz 1 EStG	12.000 €	./. 12.000 €	
Veräußerungsgewinn § 16 Abs. 2 Satz 1 EStG		21.393 €	64.793 €
./. Freibetrag § 16 Abs. 4 EStG, keine Abschmelzung, da VG < 136.000 €			
zuerst Teileinkünfte		./. 21.393 €	
Rest 45.000 € ./. 21.393 €			./. 23.607 €
steuerpflichtiger Veräußerungsgewinn		**0 €**	**41.186 €**

Der steuerpflichtige Veräußerungsgewinn in Höhe von 41.186 € ist in vollem Umfang nach § 34 EStG tarifbegünstigt.

Die in den jährlichen Ratenzahlungen i.H.v. 8.000 € enthaltenen Zinsanteile stellen bei D mit Zufluss der jeweiligen Rate Einkünfte aus Kapitalvermögen i.S.d. § 20 Abs. 1 Nr. 7 EStG dar. Der Zinsanteil berechnet sich für das Jahr 2021 im Wege des Barwertvergleichs wie folgt:

Barwert zum 30.06.2021 (8.000 € x 8,856)	70.848 €
./. Barwert zum 31.12.2021 (8.000 € x 8,315)	./. 66.520 €
Barwertminderung (Tilgungsanteil)	4.328 €

Ratenbetrag	8.000 €
./. Tilgungsanteil	./. 4.328 €
Zinsanteil = Einnahmen	3.672 €
./. Sparer-Pauschbetrag, § 20 Abs. 9 Sätze 1 und 2 EStG	./. 1.602 €
Einkünfte § 20 Abs. 1 Nr. 7 EStG	**2.070 €**

Es handelt sich dabei um Kapitalerträge, die nicht der Abgeltungsteuer unterlegen haben (§ 43 Abs. 1 Satz 1 Nr. 7 Buchst. b EStG i.U.). Sie sind daher gem. § 32d Abs. 3 Satz 1 EStG in der Einkommensteuererklärung anzugeben und im Rahmen der Veranlagung gem. § 32d Abs. 3 Satz 2 i.V.m. Abs. 1 EStG mit dem Abgeltungstarif zu besteuern.

bb) Zuflussbesteuerung

Das Wahlrecht der Zuflussbesteuerung bezieht sich nur auf die Raten, nicht jedoch auf den Teil des Kaufpreises, der als Festpreis zu zahlen ist, R 16 Abs. 11 Satz 9 EStR. Dabei sind die Ratenzahlungen als nachträgliche Betriebseinnahmen i.S.d. § 15 i.V.m. § 24 Nr. 2 EStG zu behandeln. Es entsteht ein Gewinn, wenn der Barwert der Raten (Tilgungsanteil) das steuerliche Kapitalkonto des Veräußerers zuzüglich etwaiger Veräußerungskosten übersteigt (R 16 Abs. 11 Satz 6 und 7 EStR). Da auch hier für den Gewinn aus der GmbH-Beteiligung das Teileinkünfteverfahren gilt, ist wiederum eine getrennte Berechnung erforderlich. Für die Ermittlung des Freibetrags nach § 16 Abs. 4 EStG ist nicht allein auf den durch den Festpreis realisierten Veräußerungsgewinn abzustellen, sondern – wie bei der Sofortbesteuerung – auch der Kapitalwert der Raten als Teil des Veräußerungspreises zu berücksichtigen. Der Freibetrag beträgt somit wie bei der Sofortbesteuerung 45.000 €, kann jedoch höchstens in Höhe des auf den Festpreis entfallenden Teils des Veräußerungsgewinns gewährt werden (H 16 Abs. 11 EStH [Freibetrag]).

Gegenwartswert Einmalzahlung	179.600 €			
Anteil GmbH-Beteiligung 100/450		39.911 €		
Anteil Restbetrieb 350/450				139.689 €
40 % steuerfrei § 3 Nr. 40 Buchst. b EStG		./. 15.964 €		
verbleiben steuerpflichtig (60%)			23.947 €	
abzüglich anteiliger Buchwert Kapitalkonto		20.000 €		./. 130.000 €
davon 60 % § 3c Abs. 2 Satz 1 EStG			./. 12.000 €	
Veräußerungsgewinn § 16 Abs. 2 Satz 1 EStG			11.947 €	9.689 €
./. Freibetrag § 16 Abs. 4 EStG, keine Abschmelzung (s.o.)				
zuerst Teileinkünfte			./. 11.947 €	
Rest 45.000 € ./. 11.947 € = 33.053 €, maximal				./. 9.689 €
Steuerpflichtiger Veräußerungsgewinn			**0 €**	**0 €**

Da der Buchwert des Kapitalkontos bereits durch die sofortbesteuerte Einmalzahlung vollständig verrechnet wurde, sind die Tilgungsanteile aus den Raten als nachträgliche Betriebseinnahmen i.S.d. § 15 i.V.m. § 24 Nr. 2 EStG zu erfassen. Soweit die Tilgungsanteile auf die GmbH-Beteiligung entfallen, ist wiederum das Teileinkünfteverfahren anzuwenden. Der Tilgungsanteil ist im Wege der Barwertminderung zu ermitteln und beträgt insgesamt 4.328 € (vgl. Sofortbesteuerung). Er entfällt nach dem Verhältnis der Teilwerte zu 100/450 auf die GmbH-Beteiligung und zu 350/450 auf die übrigen Wirtschaftsgüter.

Tilgungsanteil Rate 2021	4.328 €		
Anteil GmbH-Beteiligung 100/450		962 €	
Anteil Restbetrieb 350/450			3.366 €
40 % steuerfrei § 3 Nr. 40 Buchst. b EStG		./. 385 €	
verbleiben steuerpflichtig (60 %)		**577 €**	**3.366 €**

Die nachträglichen Betriebseinnahmen betragen hinsichtlich des Tilgungsanteils insgesamt 3.943 € (577 € + 3.366 €). Der in den Raten enthaltenen Zinsanteil in Höhe von 3.672 € (Ermittlung wie Sofortbesteuerung) stellt im Zeitpunkt des Zuflusses in voller Höhe nachträgliche Betriebseinnahmen gem. § 20 Abs. 8 EStG i.V.m. §§ 15, 24 Nr. 2 EStG dar, R 16 Abs. 11 Satz 7 EStR. Das Teileinkünfteverfahren ist insoweit nicht anzuwenden, auch der Sparer-Pauschbetrag kommt nicht in Betracht, da keine Kapitaleinkünfte, sondern gewerbliche Einkünfte vorliegen (vgl. BMF-Schreiben vom 03.08.2004, Beck`sche Steuererlasse 1 § 16/1 unter A.3.).

Somit ergeben sich im Falle der Zuflussbesteuerung nachträgliche Betriebseinnahmen von 7.615 € (3.943 € + 3.672 €). Der (nicht ausgeschöpfte) Freibetrag nach § 16 Abs. 4 EStG und die Steuerbegünstigung nach § 34 EStG sind insoweit nicht zu gewähren (H 16 Abs. 11 EStH [Freibetrag]).

Sachverhalt 2

P ist bis zum 30.06.2021 unbeschränkt steuerpflichtig gem. § 1 Abs. 1 Satz 1 EStG, da er seinen Wohnsitz im Inland hat. Ab 01.07.2021 ist er gem. § 1 Abs. 4 EStG beschränkt steuerpflichtig, da er weder Wohnsitz noch gewöhnlichen Aufenthalt im Inland hat, aber inländische Einkünfte im Sinne des § 49 EStG erzielt.

Da P im Veranlagungszeitraum 2021 somit teilweise unbeschränkt, teilweise aber auch beschränkt steuerpflichtig ist, sind die während der beschränkten Einkommensteuerpflicht erzielten inländischen Einkünfte gem. § 2 Abs. 7 Satz 3 EStG in die einheitliche Veranlagung zur unbeschränkten Einkommensteuerpflicht einzubeziehen. Die inländischen Einkünfte nach § 49 EStG sind jedoch weiterhin nach Maßgabe des § 50 EStG zu ermitteln.

1. Zeitraum 01.01. bis 30.06.2021

a) Angestelltentätigkeit

P erzielt als Angestellter Einkünfte aus nichtselbständiger Arbeit gem. § 19 Abs. 1 Satz 1 Nr. 1 EStG, es handelt sich gem. § 2 Abs. 2 Nr. 2 EStG um Überschusseinkünfte. Von den Einnahmen (§ 8 Abs. 1 EStG) i.H.v. 5.800 € x 6 Monate = 34.800 € sind die Werbungskosten (§ 9 EStG) abzuziehen. Hierzu gehören die Aufwendungen für die Wege zwischen Wohnung und erster Tätigkeitsstätte, die nach § 9 Abs. 1 Satz 3 Nr. 4 EStG mit der Entfernungspauschale von 360 € (120 Arbeitstage x 10 Kilometer x 0,30 €) anzusetzen sind. Die tatsächlichen Kosten für öffentliche Verkehrsmittel von 300 € (50 € x 6 Monate) sind nicht anzusetzen, da sie niedriger sind als die Entfernungspauschale. Die weiteren Werbungskosten betragen lt. Sachverhalt unstreitig 800 €, sodass sich Werbungskosten von insgesamt 1.160 € ergeben. Diese sind anzusetzen, weil sie den Arbeitnehmer-Pauschbetrag von 1.000 € nach § 9a Satz 1 Nr. 1 Buchst. a EStG überschreiten.
Die Einkünfte betragen folglich 34.800 € ./. 1.160 € = 33.640 €

b) Nutzungsüberlassung Mietwohngrundstück

Die Einkünfte aus der Vermietung des im Staat S belegenen Grundstücks i.H.v. 3.600 € (Ermittlung s.u.) unterliegen nach dem Welteinkommensprinzip grundsätzlich gem. § 21 Abs. 1 Nr. 1 EStG der deutschen Einkommensteuer, da P bis zum 30.06.2021 unbeschränkt steuerpflichtig ist. Da mit dem Quellenstaat S jedoch ein DBA besteht, ist zu prüfen, ob Deutschland danach die Vermietungseinkünfte besteuern darf. Nach Art. 6 Abs. 1 OECD-MA steht dem Staat S das Besteuerungsrecht für die Mieteinkünfte zu, während Deutschland sie gem. Art. 23A Abs. 1 OECD-MA von der Besteuerung ausnimmt. Die Einkünfte unterliegen allerdings gem. Art. 23A Abs. 3 OECD-MA i.V.m. § 32b Abs. 1 Satz 1 Nr. 3 EStG in Deutschland dem Progressionsvorbehalt. Die im Staat S gezahlte Steuer in Höhe von 1.000 € kann gem. § 34c Abs. 6 Satz 1 EStG nicht auf die deutsche Einkommensteuer angerechnet werden, da eine Doppelbesteuerung bereits durch das DBA vermieden wird.

2. Zeitraum 01.07. bis 31.12.2021

a) Veräußerung Mietwohngrundstück

Durch die Veräußerung des Mietwohngrundstücks erzielt P sonstige Einkünfte gem. § 22 Nr. 2 i.V.m. § 23 Abs. 1 Satz 1 Nr. 1 EStG. Es handelt sich gem. § 2 Abs. 2 Nr. 2 EStG um Überschusseinkunfe. Die Einkünfte sind gem. § 11 Abs. 1 Satz 1 EStG in dem Zeitpunkt steuerlich zu erfassen, in dem der Veräußerungspreis zufließt. Da der Veräußerungspreis erst nach Ende der unbeschränkten Steuerpflicht zufließt, unterliegen die Einkünfte gem. § 1 Abs. 4 EStG nur dann der Einkommensteuer, wenn es sich um inländische Einkünfte i.S.d. § 49 Abs. 1 EStG handelt, was hier nicht der Fall ist. Die Einkünfte sind jedoch auch hier im Wege des Progressionsvorbehalts gem. § 32b Abs. 1 Satz 1 Nr. 2 EStG zu erfassen.

(Hinweis: Art. 13 OECD-MA ist nicht zu prüfen, da Wohnsitzstaat und Besteuerungsrecht nicht auseinanderfallen).

b) Tätigkeit als Aufsichtsratsmitglied

Als Mitglied des Aufsichtsrats der AG erzielt P Einkünfte aus sonstiger selbständiger Arbeit gem. § 18 Abs. 1 Nr. 3 EStG. Es handelt sich gem. § 49 Abs. 1 Nr. 3 EStG um inländische Einkünfte. Deutschland hat gem. Art. 16 OECD-MA das Besteuerungsrecht für diese Einkünfte.

Da die AG für P alle ertragsteuerlichen Verpflichtungen erfüllt hat, wurde von den Einnahmen gem. § 50a Abs. 1 Nr. 4 i.V.m. Abs. 2 EStG ein Steuerabzug in Höhe von 30 % vorgenommen. Durch den Steuerabzug ist die Einkommensteuer gem. § 50 Abs. 2 Satz 1 EStG grundsätzlich abgegolten, dies gilt jedoch gem. § 50 Abs. 2 Satz 2 Nr. 3 EStG nicht – wie hier gegeben – in Fällen des § 2 Abs. 7 Satz 3 EStG. Die Einkünfte aus der Tätigkeit als Aufsichtsratsmitglied sind daher in die Veranlagung teinzubeziehen, wobei die einbehaltene Steuer gem. § 36 Abs. 2 Nr. 2 EStG auf die Einkommensteuer angerechnet wird. Die Einkünfte (§ 2 Abs. 2 Nr. 1 EStG) betragen 1.100 € (770 € x 100/70) abzüglich Aufwendungen für die Aufsichtsratssitzung von 350 € = 750 €. **750 €**

c) Altersrente

Durch die Bezüge aus der gesetzlichen Rentenversicherung erzielt P sonstige Einkünfte gem. § 22 Nr. 1 Satz 3 Buchst. a Doppelbuchst. aa EStG. Es handelt sich bei den Rentenbezügen gem. § 49 Abs. 1 Nr. 7 EStG um inländische Einkünfte. Allerdings hat Deutschland gem. Art. 21 Abs. 1 OECD-MA kein Besteuerungsrecht für diese Einkünfte. Die Einkünfte stehen auch nicht unter Progressionsvorbehalt nach § 32b Abs. 1 Satz 1 Nr. 3 EStG, da sie in Deutschland nicht (gem. Art. 23A OECD-MA) von der Besteuerung ausgenommen werden. § 32b Abs. 1 Satz 1 Nr. 2 EStG ist hier ebenfalls nicht erfüllt, da die Rentenbezüge keine ausländischen Einkünfte i.S.d. § 34d EStG darstellen.

3. Ermittlung der festzusetzenden Einkommensteuer

a) Altersentlastungsbetrag

Zu berücksichtigen ist der Altersentlastungsbetrag gem. § 24a EStG, da P vor Beginn des Kalenderjahres 2021 das 64. Lebensjahr vollendet hat, § 24a Satz 3 EStG . Die Bemessungsgrundlage beträgt gem. § 24a Satz 1 EStG 34.800 € (Arbeitslohn) zuzüglich 750 € (positive Summe der übrigen Einkünfte), insgesamt also 35.550 €. Da P im Jahr 2020 das 64. Lebensjahr vollendet hat, ist der maßgebende Prozentsatz 15,2 %. Der Altersentlastungsbetrag beträgt folglich 35.550 € x 15,2 % = 5.404 €, jedoch maximal 722 € (§ 24a Satz 5 EStG). **./. 722 €**

b) Sonderausgaben

Die Beiträge zur Kranken- und Pflegeversicherung sind gem. § 50 Abs. 1 Satz 3 EStG nur bis 30.06.2020, also in Höhe von 300 € x 6 = 1.800 €, als Sonderausgaben nach § 10 Abs. 1 Nr. 3 EStG abzugsfähig. Beim Höchstbetrag gem. § 10 Abs. 4 EStG handelt es sich um einen Jahresbetrag, der nicht zeitanteilig zu kürzen. Da die tatsächlichen Aufwendungen unter 1.900 € liegen, kann dahinstehen, welcher der Höchstbeträge einschlägig ist. **./. 1.800 €**

Darüber hinaus ist gem. § 10c Satz 1 EStG der Sonderausgaben-Pauschbetrag zu berücksichtigen, auch hier handelt es sich um einen Jahresbetrag, der aufgrund § 50 Abs. 1 Satz 3 EStG nicht zeitanteilig zu kürzen ist. **./. 36 €**

c) Progressionsvorbehalt

Wie oben erwähnt unterliegen die Einkünfte aus der Veräußerung des Mietwohngrundstücks dem Progressionsvorbehalt, da es sich gem. § 34d Nr. 8 Buchst. b EStG um ausländische Einkünfte handelt. Die Einkünfte sind gem. § 23 Abs. 3 Sätze 1 und 4 EStG wie folgt zu ermitteln:

Veräußerungspreis		140.000 €
abzüglich Anschaffungskosten	100.000 €	
./. AfA 2 % von 80.000 €	1.600 €	./. 98.400 €
Einkünfte		**41.600 €**

Auch die Einkünfte aus der Vermietung des im Staat S belegenen Mietwohngrundstücks unterliegen dem Progressionsvorbehalt nach Art. 23A Abs. 3 OECD-MA, da sie gem. Art. 23A Abs. 1 OECD-MA steuerfrei sind (s.o.). Die Einkünfte sind wie folgt zu ermitteln:

Einnahmen § 8 Abs. 1 i.V.m. § 11 Abs. 1 Satz 1 EStG			
Miete zuzüglich Nebenkosten 01.01. – 30.06.2021	1.000 € x 6 =	6.000 €	
abzüglich Werbungskosten (§ 9 EStG)	400 € x 6 =	./. 2.400 €	**3.600 €**

d) Ermittlung der festzusetzenden Einkommensteuer

Einkünfte § 19 EStG		33.640 €
Einkünfte §§ 18, 49 Abs. 1 Nr. 3 EStG		750 €
Summe der Einkünfte (§ 2 Abs. 7 S. 3 EStG)		**34.390 €**
Altersentlastungsbetrag		./. 722 €
Gesamtbetrag der Einkünfte § 2 Abs. 3 EStG		**33.668 €**
Sonderausgaben-PB, § 10c EStG		./. 36 €
Vorsorgeaufwendungen § 10 Abs. 1 Nr. 3 EStG		./. 1.800 €
Einkommen § 2 Abs. 4 EStG/zu versteuerndes Einkommen § 2 Abs. 5 EStG		**31.832 €**
+ Progressionsvorbehalt (§ 32b Abs. 1 Nr. 2 EStG)	41.600 €	
+ Progressionsvorbehalt Mieteinkünfte (§ 32b Abs. 1 Nr. 3 EStG)	3.600 €	
		45.200 €
Fiktives zu versteuerndes Einkommen		**77.032 €**
Einkommensteuer gem. § 32a Abs. 1 Satz 2 Nr. 4 EStG (abgerundet)		23.216 €
Besonderer Steuersatz = 30,1381 % (abgeschnitten nach der 4. Nachkommastelle)		
Anwendung auf tatsächliches zvE: 31.832 € x 30,1381 % =		9.593,55 €
Abrundung § 32a Abs. 1 Satz 6 EStG		9.593 €
Tarifliche und festzusetzende Einkommensteuer § 2 Abs. 6 Satz 1 EStG		**9.593 €**

Punktetabelle zur Prüfungsklausur aus dem Gebiet Steuern vom Einkommen und Ertrag

	Punkte
Sachverhalt 1 – Veranlagungsart und Tarif	
Ehegattenveranlagung R und D, § 2 Abs. 8 EStG	1 (1)
beide unbeschränkt steuerpflichtig § 1 Abs. 1 S. 1 EStG, § 26 Abs. 1 Nr. 1 EStG	1 (2)
Nicht dauernd getrennt, Voraussetzungen im VZ 2021 eingetreten, § 26 Abs. 1 Nr. 2 und Nr. 3 EStG	1 (3)
Zusammenveranlagung § 26 Abs. 3 EStG mit Splittingtarif § 32a Abs. 5 EStG	1 (4)
Einkünfte R aus nichtselbständiger Tätigkeit	
aktive Tätigkeit § 19 Abs. 1 Nr. 1 EStG, Betriebsrente § 19 Abs. 1 Nr. 2 EStG, § 2 Abs. 2 Nr. 2 EStG	1 (5)
Einnahmen § 8 Abs. 1 EStG insgesamt 51.000 €	1 (6)
München erste Tätigkeitsstätte § 9 Abs. 4 Nr. 1 EStG	1 (7)
Entfernungspauschale 2.192 €, § 9 Abs. 1 Nr. 4 S. 2 + S. 8 EStG	1 (8)
Unfallkosten = Werbungskosten § 9 Abs. 1 S. 1 EStG, Reparaturkosten 4.000 € + Gutachten 1.200 € = 5.200 €	1 (9)
ohne merkantile Wertminderung H 9.10 EStH [Unfallschäden]	1 (10)
Fortbildung Seminar Berlin = Auswärtstätigkeit § 9 Abs. 4a S. 2 EStG	1 (11)
Seminargebühren abzüglich Erstattungen = 160 €, § 3 Nr. 16 i.V.m. § 3c Abs. 1 EStG	1 (12)
Aufteilung gemischte Kosten 3/5 : 2/5, Anteil 2/5 + Eintrittsgelder = KdL § 12 Nr. 1 EStG	1 (13)

	Punkte
Fahrtkosten $^3/_5$ von (300 € + 24 €) = 195 €, § 9 Abs. 1 Nr. 4a EStG	1 (14)
Parkgebühren = Reisenebenkosten $^3/_5$ von 50 € = 30 €	1 (15)
Übernachtungskosten 200 € ./. Kürzung Frühstück 11,20 € = 189 €, § 9 Abs. 1 Nr. 5a EStG	1 (16)
Verpflegungsmehraufwand 56 €, § 9 Abs. 4a S. 3 Nr. 1 u. Nr. 2 EStG	1 (17)
Kürzung um 33,60 € = 23 €, § 9 Abs. 4a S. 8 Nr. 2 EStG	1 (18)
kein Sachbezug § 8 Abs. 2 S. 8 und S. 9 EStG	1 (19)
Betriebsrente = Versorgungsbezüge, § 19 Abs. 2 Nr. 2 EStG	1 (20)
Bemessungsgrundlage 24.000 €, § 19 Abs. 2 S. 4 b) EStG	1 (21)
Versorgungs-Freibetrag 285 € + Zuschlag 86 €, § 19 Abs. 2 S. 12 EStG	1 (22)
WK-Pauschbetrag 102 € § 9 Abs. 1 Nr. 1 b) EStG	1 (23)
Ermittlung Einkünfte § 19 EStG = 42.538 €	1 (24)
Einkünfte R aus Kapitalvermögen	
Gewinnausschüttung Einkünfte § 20 Abs. 1 Nr. 1 EStG, § 2 Abs. 2 Nr. 2 EStG	1 (25)
Kapitalertragsteuerabzug § 43 Abs. 1 Nr. 1, § 43a Abs. 1 Nr. 1, § 44 Abs. 1 S. 3 EStG	1 (26)
Antrag § 32d Abs. 2 Nr. 3 a) EStG, da Beteiligung 30 % ≥ 25 %	1 (27)
§ 20 Abs. 6, § 20 Abs. 9 und § 3 Nr. 40 S. 2 EStG gelten nicht, § 32d Abs. 2 Nr. 3 S. 2 EStG	1 (28)
Einnahmen 1.800 €, § 12 Nr. 3 EStG	1 (29)
Schuldzinsen § 9 Abs. 1 Nr. 1 EStG + Gesellschafterversammlung = WK, Summe 3.400 €	1 (30)
Teileinkünfteverfahren § 3 Nr. 40 d), § 3c Abs. 2 S. 1 EStG + Ermittlung Einkünfte ./. 960 €	1 (31)
Einkünfte D aus Gewerbebetrieb	
Einkünfte § 15 Abs. 1 Nr. 1 EStG, Gewinneinkünfte § 2 Abs. 2 Nr. 1 EStG	1 (32)
Ermittlung laufender Gewinn 43.000 € § 4 Abs. 1 EStG	1 (33)
Übertragung Betrieb = Geschäftsveräußerung im Ganzen § 1 Abs. 1a UStG	1 (34)
alle wesentlichen BG an einen Erwerber, einheitlicher Vorgang, Betriebsfortführung	1 (35)
Leibrente an R = Versorgungsleistungen § 10 Abs. 1a Nr. 2 b) EStG	1 (36)
Betrieb = begünstigte Wirtschaftseinheit + ausreichend Ertrag bringend (§ 10/5 Rz. 29)	1 (37)
wenigstens teilweise unentgeltlich, da Angehörige (Rz. 5), Zahlung auf Lebenszeit (Rz. 56)	1 (38)
Empfänger Vermögen (Tochter) + Empfänger Versorgungsleistungen (Lebenspartner) begünstigt	1 (39)
sonstige Einkünfte R § 22 Nr. 1a EStG	1 (40)
Ermittlung 3.000 € ./. 102 € = 2.898 €, § 9a Nr. 3 EStG	1 (41)
Einmalzahlung und Raten	
Gleichstellungsgeld + Ratenzahlungen = Entgelt (BMF § 7/3 Rz. 24, 7)	1 (42)
Abzinsung Gleichstellungsgeld § 12 Abs. 3 BewG mit VV 0,898 lt. Tabelle 1 zu § 12/1	1 (43)
Gegenwartswert 179.600 €	1 (44)

	Punkte
Barwert Raten 8.000 € + VV 8,856 lt. Tabelle 2 zu § 12/1 = 70.848 €	1 (45)
Entgelt 250.448 € < Verkehrswert Betrieb 450.000 € = vorweggenommene Erbfolge § 7/3 Rz. 1	1 (46)
Entgelt 250.448 € > Buchwert Betrieb 150.000 €, Einheitstheorie § 7/3 Rz. 35	1 (47)
Betriebsveräußerung § 16 Abs. 1 Nr. 1 EStG	1 (48)
Wahlrecht Raten, da > 10 Jahre und Versorgungscharakter, R 16 (11) EStR	1 (49)
Sofortbesteuerung	
Veräußerungserlös Anteil GmbH 55.655 € ./. Buchwert 20.000 €	1 (50)
Teileinkünfteverfahren § 3 Nr. 40 b) EStG i.V.m. § 3c Abs. 2 S. 1 EStG = 21.393 €	1 (51)
Freibetrag § 16 Abs. 4 Satz 1 + 2 EStG, 55 Jahre alt + 1x im Leben + Antrag	1 (52)
vorrangig für Teileinkünfte H 16 Abs. 13 EStH [Teileinkünfteverfahren] Gewinn Anteil = 0 €	1 (53)
Gewinn Restbetrieb 194.793 € ./. Bw 130.000 € ./. FB 23.607 € = 41.186 €, § 16 Abs. 2 S. 1 + 2 EStG	1 (54)
Zinsanteil Raten	
Einkünfte § 20 Abs. 1 Nr. 7 EStG	1 (55)
Ermittlung Zinsanteil 3.672 €	1 (56)
Ermittlung Einkünfte 3.672 € ./. Sparer-PB 1.602 € = 2.070 € § 20 Abs. 9 S. 1 u. 2 EStG	1 (57)
kein Kapitalertragsteuerabzug § 43 Abs. 1 Nr. 7 b) EStG	1 (58)
Erklärungspflicht und Veranlagung mit Abgeltungstarif § 32d Abs. 3 i.V.m. Abs. 1 EStG	1 (59)
Zuflussbesteuerung	
Einmalzahlung: FB nur für Gewinn aus Einmalzahlung H 16 (11) EStH [Freibetrag]	1 (60)
Ermittlung GmbH-Anteil 23.937 € ./. 12.000 € = 11.947 € ./. FB 11.947 € = 0 €	1 (61)
Ermittlung Restbetrieb 139.689 € ./. 130.000 € = 9.689 € ./. FB 9.689 € = 0 €	1 (62)
Ratenzahlung: Tilgungsanteil Rate 4.328 €	1 (63)
Anteil GmbH-Beteiligung 100/450 = 962 €, davon 60 % = 577 €	1 (64)
Anteil Restbetrieb 300/450 = nachträgliche BE 3.366 €, Summe 3.943 €, § 24 Nr. 2 EStG	1 (65)
nachträgliche BE Zinsanteil 3.672 € § 20 Abs. 8 EStG, Summe nachträgliche BE = 7.615 €	1 (66)
Sachverhalt 2	
P unbeschränkt steuerpflichtig 01.01.–30.06.2021, § 1 Abs. 1 S. 1 EStG	1 (67)
P beschränkt steuerpflichtig 01.07.–31.12.2021, § 1 Abs. 4 i.V.m. § 49 EStG	1 (68)
einheitliche Veranlagung § 2 Abs. 7 S. 3 EStG	1 (69)
Zeitraum 01.01.–30.06.2021	
Einkünfte § 19 Abs. 1 Nr. 1 EStG, Einnahmen 34.800 €	1 (70)
Entfernungspauschale 360 €, tatsächliche Kosten 300 € niedriger, § 9 Abs. 1 Nr. 4 EStG	1 (71)
Werbungslosten 1.160 €, Ermittlung Einkünfte 33.640 €	1 (72)

	Punkte
Einbeziehung Einkünfte V+V nach Welteinkommensprinzip	1 (73)
Besteuerungsrecht Staat S Art. 6 Abs. 1 OECD-MA	1 (74)
keine Besteuerung in Deutschland Art. 23A Abs. 1 OECD-MA	1 (75)
keine Anrechnung der Steuer aus Staat S, § 34c (6) S. 1 EStG	1 (76)
Zeitraum 01.07.–31.12.2021	
Veräußerung Mietwohngrundstück § 22 Nr. 2 i.V.m. § 23 Abs. 1 S. 1 Nr. 1 EStG	1 (77)
keine Besteuerung, da keine inländischen Einkünfte nach § 49 EStG	1 (78)
Aufsichtsratsvergütung inländische Einkünfte, § 18 Abs. 1 Nr. 3 i.V.m. § 49 Abs. 1 Nr. 3 EStG	1 (79)
Besteuerungsrecht Deutschland, Art. 16 OECD-MA	1 (80)
Steuerabzug 30% § 50a Abs. 1 Nr. 4 EStG	1 (81)
Einbeziehung in Veranlagung § 50 Abs. 2 Nr. 3 EStG	1 (82)
Ermittlung Einkünfte 1.100 € ./. 350 € = 750 €	1 (83)
Altersrente sonstige inländische Einkünfte, § 22 Nr. 1 S. 3 a) aa) i.V.m. § 49 Abs. 1 Nr. 7 EStG	1 (84)
kein Besteuerungsrecht Deutschland Art. 21 Abs. 1 OECD-MA, kein Progressionsvorbehalt	1 (85)
Ermittlung festzusetzende Einkommensteuer	
Altersentlastungbetrag, Vollendung 64. Lebensjahr vor Beginn VZ, § 24a S. 3 EStG	1 (86)
15,2 % von 35.550 €, maximal 722 €, § 24a S. 1 und 5 EStG	1 (87)
Ermittlung Summe der Einkünfte = 34.390 € + Ermittlung GdE § 2 Abs. 3 EStG = 33.668 €	1 (88)
Kranken- und Pflegeversicherung Sonderausgaben § 10 Abs. 1 Nr. 3 i.V.m. Abs. 4 EStG	1 (89)
Berücksichtigung bis 30.06.2021 = 1.800 €, § 50 Abs. 1 S. 3 EStG	1 (90)
Sonderausgaben-Pauschbetrag 36 € § 10c S. 1 EStG	1 (91)
Einkommen § 2 Abs. 4 EStG + zu versteuerndes Einkommen § 2 Abs. 5 EStG 31.832 €	1 (92)
Progressionsvorbehalt Veräußerungsgewinn MWG, § 32b Abs. 1 Nr. 2 EStG	1 (93)
Ausländische Einkünfte § 34d Nr. 8 b) EStG	1 (94)
Ermittlung Einkünfte 41.600 € § 23 Abs. 3 S. 1 u. 4 EStG	1 (95)
Progressionsvorbehalt Mieteinkünfte Art. 23A Abs. 3 OECD-MA i.V.m. § 32b Abs. 1 Nr. 3 EStG	1 (96)
Ermittlung Einkünfte (6.000 € ./. 2.400 €) = 3.600 €	1 (97)
Ermittlung Steuersatz 30,1381 % § 32a Abs. 1 Nr. 4 EStG	1 (98)
Ermittlung Einkommensteuer (abgerundet) 9.593 €, § 32a Abs. 1 S. 6 EStG	1 (99)
Festzusetzende ESt § 2 Abs. 6 Satz 1 EStG = 9.593 €	1 (100)

<table>
<tr><th colspan="3">Notentabelle</th></tr>
<tr><th>Korrekturpunkte</th><th>Punkte nach § 6 Abs. 1 StBAPO</th><th>Note</th></tr>
<tr><td>100–95</td><td>15</td><td rowspan="2">1</td></tr>
<tr><td>94–91</td><td>14</td></tr>
<tr><td>90–86</td><td>13</td><td rowspan="3">2</td></tr>
<tr><td>85–82</td><td>12</td></tr>
<tr><td>81–77</td><td>11</td></tr>
<tr><td>76–73</td><td>10</td><td rowspan="3">3</td></tr>
<tr><td>72–68</td><td>9</td></tr>
<tr><td>67–64</td><td>8</td></tr>
<tr><td>63–59</td><td>7</td><td rowspan="3">4</td></tr>
<tr><td>58–55</td><td>6</td></tr>
<tr><td>54–50</td><td>5</td></tr>
<tr><td>49–40</td><td>4</td><td rowspan="3">5</td></tr>
<tr><td>39–30</td><td>3</td></tr>
<tr><td>29–20</td><td>2</td></tr>
<tr><td>19–10</td><td>1</td><td rowspan="2">6</td></tr>
<tr><td>9–0</td><td>0</td></tr>
</table>

Fall 3

Übungsklausur aus dem Gebiet Bilanzsteuerrecht und Betriebliches Rechnungswesen

Bearbeitungszeit: 5 Stunden
Hilfsmittel:
Beck'sche Bände

- Steuergesetze
- Steuerrichtlinien
- Steuererlasse

HGB
Taschenrechner

A. Sachverhalt

Willi Watt (W) ist Inhaber eines Elektrogroßhandels in Landau. Die Firma des W ist im Handelsregister eingetragen. Er ermittelt seinen Gewinn gem. § 5 Abs. 1 EStG. Das Wirtschaftsjahr entspricht dem Kalenderjahr. Seine Bilanzen erstellt W immer im Juni des Folgejahres. Er will einen möglichst niedrigen Gewinn versteuern. Die Versteuerung der Umsätze erfolgt nach den allgemeinen Vorschriften des Umsatzsteuergesetzes. W ist zum Vorsteuerabzug berechtigt. Soweit keine ausdrücklichen Hinweise erfolgen, liegen immer ordnungsgemäße Rechnungen vor.

Im Oktober des Jahres 18 fand eine Außenprüfung für die Jahre 16 und 17 bei W statt. Alle Steuerbescheide der Jahre 16 und 17 stehen unter dem Vorbehalt der Nachprüfung gem. § 164 AO. Die Steuerbescheide der Vorjahre sind bestandskräftig und nach den Vorschriften der AO nicht mehr änderbar.

Der Betriebsprüfer macht im Prüfungszeitraum folgende Feststellungen:

I. Grundstücke

1. Hauptstraße 50, Landau

Bis zum 31.10.16 hat W sein Gewerbe in Landau auf dem Grundstück „Hauptstraße 50" betrieben. Das bebaute Grundstück hatte er im Jahr 00 erworben. Seitdem hat W 10 % des Grundstücks für eigene Wohnzwecke und 90 % für eigenbetriebliche Zwecke verwendet. Bilanziert wurde lediglich der betrieblich genutzte Teil von Grund und Boden (Buchwert immer 300.000 €) und dem Gebäude. Der betrieblich genutzte Gebäudeteil wurde bis zum 31.12.15 zutreffend mit jährlich 54.000 € abgeschrieben (Buchwert 31.12.15 = 1.849.500 €).

W war seit längerer Zeit auf der Suche nach einem neuen geeigneten Gelände, um seinen Betrieb erweitern zu können. Um seine Pläne finanzieren zu können, verkaufte er das Grundstück „Hauptstraße 50" zum 31.01.16 (Übergang von Nutzen und Lasten) für 3.000.000 €. Vom Kaufpreis entfielen 450.000 € auf den Grund und Boden.

Am 01.03.16 ging der Verkaufspreis auf dem betrieblichen Bankkonto des W ein. Einige Tage später buchte er:

Bank	3.000.000 €	an	Grund und Boden	300.000 €
			Gebäude	1.849.500 €
			§ 6b-Rücklage	850.500 €

Weitere Buchungen im Zusammenhang mit diesem Grundstück hat W im Jahr 16 nicht vorgenommen.

2. Industriestr. 20, Landau

Zum 01.02.16 (Übergang von Nutzen und Lasten) erwarb W von der Stadt Landau das unbebaute Grundstück „Industriestr. 20" für 300.000 € und begann mit dem Bau eines Gebäudes, das am 01.11.16 fertig gestellt wurde. Wie von Anfang an geplant, erfolgt die Nutzung des Gebäudes zu 90 % für eigenbetriebliche Zwecke und zu 10 % für eigene Wohnzwecke.

Bis zur Fertigstellung des neuen Gebäudes nutzte W das Grundstück „Hauptstraße 50" weiter. Die Mietzahlungen, die deswegen an den neuen Eigentümer gezahlt werden mussten, sind ordnungsgemäß verbucht worden.

Den Kaufpreis für das Grundstück zahlte W am 01.02.16 von seinem betrieblichen Bankkonto. Er buchte:

Grund und Boden	1 €	an	Bank	300.000 €
Rücklage	299.999 €			

Für den Grundstückserwerb waren Erwerbsnebenkosten (Grunderwerbsteuer und Gerichtskosten) i.H.v. 12.000 € zu zahlen. W hat die Beträge durch Überweisungen vom betrieblichen Bankkonto bezahlt und die Beträge wie folgt verbucht:

Aufwand	12.000 €	an	Bank	12.000 €

Die Notarkosten hat die Stadt Landau übernommen.

Das neue 2-geschossige Gebäude ließ W ab 01.02.16 durch einen Bauunternehmer schlüsselfertig für 3.000.000 € zuzüglich 570.000 € Umsatzsteuer errichten.

W nutzt das Gebäude wie geplant. Die von ihm bewohnte Wohnung befindet sich im Obergeschoß und umfasst 10 % der gesamten Nutzfläche des Gebäudes. W will die Wohnung weder seinem Betriebsvermögen, noch dem umsatzsteuerlichen Unternehmensvermögen zuordnen. Die Rechnung des Bauunternehmers über 3.570.000 € hat er komplett durch die Aufnahme eines Darlehens finanziert (zum Darlehen siehe unten 3.). Bei Bezahlung am 01.11.16 buchte W wie folgt:

Gebäude	2.600.000 €	an	Darlehen	3.570.000 €
Entnahmen	457.000 €			
Vorsteuer	513.000 €			

Ab dem Zeitpunkt der Fertigstellung hat W seinen Betrieb und seinen Wohnsitz auf das Grundstück „Industriestr. 20" verlegt.

Auf Vorschlag seines Versicherungsmaklers ließ W im Frühjahr 17 in das gesamte Gebäude eine Feuerlöschanlage einbauen, die nach Fertigstellung am 01.05.17 in Betrieb genommen wurde. W konnte seine Gebäudeversicherungsbeiträge dadurch deutlich senken. Er bezahlte die Rechnung für den Einbau der Feuerlöschanlage über 20.000 € zuzüglich 3.800 € Umsatzsteuer im Mai 17 vom privaten Bankkonto und buchte:

Versicherungsaufwand	23.800 €	an	Einlage	23.800 €

W schreibt das neue Gebäude jährlich mit 2 % ab. Er buchte in 16 und 17 jeweils:

AfA	52.000 €	an	Gebäude	52.000 €

3. Darlehen Grundstück Industriestraße 20, Landau

Das unter 2. erwähnte Darlehen wird in den Jahren 16 und 17 jeweils i.H.v. 50.000 € getilgt. Für die Darlehensüberlassung waren im Jahr 16 Zinsen in Höhe von 20.000 € und im Jahr 17 Zinsen in Höhe von 150.000 € zu zahlen. Die Beträge wurden von W vereinbarungsgemäß jeweils im Dezember durch Überweisung vom betrieblichen Bankkonto beglichen.

W buchte im Dezember 16:

Darlehen	50.000 €	an	Bank	70.000 €
Zinsaufwand	20.000 €			

W buchte im Dezember 17:

Darlehen	50.000 €	an	Bank	200.000 €
Zinsaufwand	150.000 €			

II. Büroausstattung

Im Jahr 14 plante W die Erneuerung seiner Büroausstattung. Konkret beabsichtigte er im Jahr 17 folgende Anschaffungen:

4 Schreibtischkombinationen (ND = 10 Jahre) à 2.000 € netto	8.000 €
4 Ordnerschränke (ND = 10 Jahre) à 450 € netto	1.800 €
1 Drucker inkl. Fax und Scanner (ND = 1 Jahr) netto	200 €
1 Software Lagerbuchhaltung (ND = 1 Jahr) netto	30.000 €
Gesamt netto	**40.000 €**
+ USt	7.600 €
Gesamt brutto	**47.600 €**

Bei der „Software" handelt es sich um ein speziell für den Betrieb des W entwickeltes Programm.

W machte im Jahr 14 erstmals einen Investitionsabzugsbetrag in Höhe von 20.000 € geltend (50 % von 40.000) und hat dementsprechend seinen Gewinn gemindert. Alle formellen Voraussetzungen hierfür lagen vor. Sämtliche Preisschätzungen des W sind nicht zu beanstanden.

Im Juli 17 tätigte W die beabsichtigten Investitionen und bezahlte sie über das betriebliche Bankkonto. Die Schreibtische und der Drucker konnten zum beabsichtigten Preis angeschafft werden. Die 4 Ordnerschränke konnte W für 350 € netto pro Stück erwerben. Das Lagerbuchhaltungsprogramm kostete 28.000 € netto. Sämtliche Wirtschaftsgüter wurden im Juli 17 geliefert und werden seither ausschließlich betrieblich genutzt. W buchte im Jahr 17:

BGA	37.600 €	an	Bank	44.744 €
Vorsteuer	7.144 €			

W machte die lineare AfA geltend und buchte im Jahr 17:

AfA	12.533 €	an	BGA	12.533 €

Dabei ging er bei allen Wirtschaftsgütern von einer Nutzungsdauer von 3 Jahren aus.

Weitere als die dargestellten Konsequenzen hat W nicht gezogen. Auch wurden keine weiteren Investitionen geplant und durchgeführt.

Aufgaben:

1. Nehmen Sie zu den Sachverhalten aus bilanzsteuerrechtlicher Sicht Stellung.
2. Stellen Sie sämtliche sich ergebenden Kontenänderungen für die **Jahre 16-17** nach folgendem Schema dar:

Position	FA	Stpfl.	Änderung
(Bilanzstichtag bzw. Zeitraum)	(Betrag laut FA)	(Betrag laut Stpfl.)	(mit Vorzeichen)

3. Ermitteln Sie die erforderlichen Gewinnkorrekturen für den **Teilsachverhalt I** durch Mehr- und Weniger-Rechnung nach der **BV- und der G+V-Methode für die Jahre 16–17** nach folgendem Schema:

BV-Methode	**16**		**17**	
	+	./.	+	./.
Bilanzposition				

G+V-Methode	**16**		**17**	
	+	./.	+	./.
G+V-Position				

Die Gewinnkorrekturen für den **Teilsachverhalt II** stellen Sie bitte in Ihrem Lösungstext dar. Dabei können Sie auch das unter 2. dargestellte Schema um eine Gewinnspalte ergänzen.

Hinweise!

1. Maßgebend für alle Jahre ist die **Rechtslage 2022**.
2. Formelle Voraussetzungen sind erfüllt, ggf. notwendige Anträge gelten als gestellt, Bilanzänderungen nach § 4 Abs. 2 S. 2 EStG sind zulässig.
3. Der Steuerpflichtige wünscht keine degressive AfA nach § 7 Abs. 2 EStG.
4. Im Zweifel wünscht der Steuerpflichtige einen **möglichst niedrigen Gewinn.**
5. Übertragungsmöglichkeiten nach § 6b EStG sind soweit wie möglich auszuschöpfen.
6. Bisher wurde kein Sammelposten gem. § 6 Abs. 2a EStG gebildet.
7. Rechenoperationen sind **nachvollziehbar** darzustellen.
8. Alle Beträge können gerundet werden.
9. Auf § 15a UStG ist nicht einzugehen.

B. Lösungen

I. Grundstücke

1. Hauptstr. 50, Landau

Die bei der Veräußerung des Grundstückes aufgedeckten stillen Reserven können grundsätzlich gem. § 6b EStG auf ein Reinvestitionsobjekt übertragen werden. Die bilanzierten Teile von Grund und Boden bzw. Gebäude erfüllen die Voraussetzungen des § 6b Abs. 1 S. 1 EStG, außerdem gehörten sie mindestens 6 Jahre ununterbrochen zum Anlagevermögen der Elektrogroßhandlung des W, § 6b Abs. 4 S. 1 Nr. 2 EStG. Die veräußerten privat genutzten und zu Recht nicht bilanzierten Grundstücksteile erfüllen die Voraussetzungen nicht, da insoweit kein betrieblicher Veräußerungsgewinn entsteht. Der Eingang des Verkaufspreises auf dem betrieblichen Bankkonto stellt insoweit eine Einlage i.H.v. 300.000 € (= 10 % von 3.000.000 €) dar, § 4 Abs. 1 S. 8 EStG. Vom anteiligen betrieblichen Verkaufspreis i.H.v. 2.700.000 € (= 90 % von 3.000.000 €) entfallen 405.000 € (= 90 % von 450.000 €) auf den betrieblichen Grund und Boden und damit 2.295.000 € auf den bilanzierten Gebäudeteil. Die beim Grund und Boden aufgedeckten stillen Reserven i.S.d. § 6b Abs. 2 EStG belaufen sich damit auf 105.000 € (= 405.000 € ./. Buchwert 300.000 €). Zur Ermittlung der beim Gebäude aufgedeckten stillen Reserven ist zunächst die AfA bis zum Ausscheiden zu berechnen (54.000 € Jahres-AfA × $^1/_{12}$ = 4.500 €), § 6b Abs. 2 EStG/R 6b.1 Abs. 2/R 7.4 Abs. 8 EStR und vom Buchwert des Gebäudes zum 31.12.15 abzuziehen (1.849.500 € ./. 4.500 € = 1.845.000 €). Danach ergeben sich stille Reserven i.H.v. 450.000 € (= 2.295.000 € ./. 1.845.000 €).

2. Industriestr. 20, Landau

Die zu eigenbetrieblichen Zwecken und zu eigenen Wohnzwecken genutzten Gebäudeteile stellen selbständige WG dar, R 4.2 Abs. 3/Abs. 4 EStR. Die Aufteilung erfolgt nach dem Verhältnis der Nutzflächen, R 4.2 Abs. 6 EStR. Der Grund und Boden ist im gleichen Verhältnis aufzuteilen, R 4.2 Abs. 7 EStR. Der zu eigenbetrieblichen Zwecken genutzte Anteil an Gebäude und Grund und Boden stellt notwendiges BV dar, R 4.2 Abs. 7 EStR. Da die Anteile dauerhaft betrieblich genutzt werden sollen, liegt AV i.S.v. § 247 II HGB/R 6.1 Abs. 1 EStR vor. Der zu Wohnzwecken genutzte Anteil stellt notwendiges Privatvermögen dar. Der Grund und Boden ist gem. § 6 Abs. 1 Nr. 2 EStG zu bewerten. Die wegen der Veräußerung des Grund und Bodens aufgedeckten stillen Reserven können von den AK des Grund und Bodens „Industriestr. 20" abgezogen werden, § 6b Abs. 1 S. 2 Nr. 1 EStG. Der Buchwert ist unter Berücksichtigung von Anschaffungsnebenkosten i.S.v. § 255 Abs. 1 S. 2 HGB wie folgt zu ermitteln:

Vereinbarter Kaufpreis	300.000 €
+ Erwerbsnebenkosten	12.000 €
= insgesamt	**312.000 €**
x 90 % betrieblicher Nutzungsanteil	280.800 €
./. stille Reserven	105.000 €
Buchwert 31.12.16/17	**175.800 €**

Wegen der anteiligen privaten Nutzung des Grundstückes stellen die Überweisungen von Kaufpreis und Erwerbsnebenkosten vom betrieblichen Bankkonto Entnahmen i.H.v. 31.200 € (= 312.000 × 10 %) i.S.d. § 4 Abs. 1 S. 2 EStG dar.

Das Gebäude ist gem. § 6 Abs. 1 Nr. 1 EStG zu bewerten. Die wegen der Veräußerung des Gebäudes aufgedeckten stillen Reserven können von den HK des Gebäudes „Industriestr. 20" abgezogen werden, § 6b Abs. 1 S. 2 Nr. 3 EStG. Die stillen Reserven aus der Veräußerung des Gebäudes können nicht auf die AK des Grund und Bodens übertragen werden.

Die anteiligen HK i.H.v. richtig 2.700.000 € sind von W nicht korrekt gebucht worden, ebenso die Entnahmen. Es liegt keine Entnahme vor, da das Darlehen in Höhe des privaten Nutzungsanteils nie Betriebsvermögen geworden ist. Die abziehbare Vorsteuer wurde richtig verbucht. Die AfA-BMG mindert sich gem. § 6b Abs. 6 EStG, R 7.3 Abs. 4 EStR um die übertragenen stillen Reserven. Das Gebäude ist gem. § 7 Abs. 4 Satz 1 Nr. 1 EStG mit 3 % abzuschreiben. Im Jahr 16 gem. § 7 Abs. 1 Satz 4 EStG zeitanteilig, hier 2 Monate.

HK	2.700.000 €
./. stille Reserven	450.000 €
Buchwert 16 vorläufig	**2.250.000 €**
./. AfA 16 (2.250.000 € × 3 % × 2/12)	11.250 €
Buchwert 31.12.16	**2.238.750 €**

Da die bei der Veräußerung aufgedeckten stillen Reserven komplett auf das neu angeschaffte Grundstück übertragen werden können, ist keine Rücklage auszuweisen.

Der Einbau der Feuerlöschanlage im Jahr 17 führt zu nachträglichen Herstellkosten des Gebäudes. Der auf den privaten Gebäudeteil entfallende Anteil der privat gezahlten Kosten durfte nicht als Einlage gebucht werden. Die Einlagen sind somit um 2.380 € zu kürzen. Die Netto-HK für den betrieblichen Anteil belaufen sich auf 18.000 € (= 23.800 × 90 % = 21.420 € × 100/119), § 9b Abs. 1 EStG. Die Vorsteuer in Höhe von 3.420 € muss noch erfasst werden.

Die nachträglichen HK sind so zu behandeln, als seien sie zu Beginn des Jahres entstanden, R 7.4 Abs. 9 S. 3 EStR. Die nachträglichen HK erhöhen die bisherige AfA-BMG von 2.250.000 € um 18.000 € auf 2.268.000 €.

Die AfA bemisst sich weiter nach dem für das Gebäude festgestellten AfA-Satz von 3 % und beläuft sich im Jahr 17 damit auf 68.040 € (= 2.268.000 × 3 %).

Einlage privater Anteil am Verkaufspreis	FA	Stpfl.	Änderung
16	300.000 €	0 €	300.000 €

AfA Gebäude Hauptstr. 50	FA	Stpfl.	Änderung
16	4.500 €	0 €	4.500 €

G+B Industriestr. 20	FA	Stpfl.	Änderung
BW 31.12.16	175.800 €	1 €	175.799 €
BW 31.12.17	175.800 €	1 €	175.799 €

Gebäude Industriestr. 20	FA	Stpfl.	Änderung
HK 16	2.700.000 €	2.600.000 €	–
./. stille Reserven	450.000 €	0 €	–
Zwischensumme	**2.250.000 €**	**0 €**	–
./. AfA 16	11.250 €	52.000 €	./. 40.750 €
BW 31.12.16	**2.238.750 €**	**2.548.000 €**	**./. 309.250 €**
+ nachträgliche HK	18.000 €	0 €	–
./. AfA 17	68.040 €	52.000 €	16.040 €
BW 31.12.17	**2.188.710 €**	**2.496.000 €**	**./. 307.290 €**

Entnahme Kaufpreis	FA	Stpfl.	Änderung
16	31.200 €	–	31.200 €

Entnahme HK Gebäude	FA	Stpfl.	Änderung
16	0 €	457.000 €	./. 457.000 €

Rücklage § 6b	FA	Stpfl.	Änderung
BW 31.12.16	0 €	550.501 €	./. 550.501 €
BW 31.12.17	0 €	550.501 €	./. 550.501 €

S.b. Aufwand (ANK G+B)	FA	Stpfl.	Änderung
16	0 €	12.000 €	./. 12.000 €

Vorsteuer Feuerlöschanlage	FA	Stpfl.	Änderung
31.12.17	3.420 €	0 €	3.420 €

Einlage Geld	FA	Stpfl.	Änderung
17	21.420 €	23.800 €	./. 2.380 €

Versicherungsaufwand	FA	Stpfl.	Änderung
17	0 €	23.800 €	./. 23.800 €

3. Darlehen Gebäude Industriestr. 20

Soweit das Darlehen der Finanzierung des betrieblich genutzten Gebäudeteils dient, handelt es sich um eine betriebliche Verbindlichkeit. Soweit es auf den privat genutzten Grundstücksteil entfällt, handelt es sich von Anfang an um notwendiges Privatvermögen und durfte deshalb insoweit nicht bilanziert werden. Der Bilanzansatz „Darlehen" muss korrigiert werden. Die Zinszahlungen und Tilgungen stellen Entnahmen dar, soweit sie auf die Privatschuld entfallen:

- Entnahmen Darlehen Jahr 16: 7.000 € (= 50.000 + 20.000 = 70.000 × 10 %).
- Entnahmen Darlehen Jahr 17: 20.000 € (= 50.000 + 150.000 = 200.000 × 10 %).

Der von W gebuchte Zinsaufwand mindert sich dementsprechend um 2.000 € im Jahr 16 und 15.000 € im Jahr 17.

Darlehen Gebäude	FA	Stpfl.	Änderung
Zugang 16	3.213.000 €	3.570.000 €	–
Tilgung 16	45.000 €	50.000 €	–
BW 31.12.16	**3.168.000 €**	**3.520.000 €**	**./. 352.000 €**
Tilgung 17	45.000 €	50.000 €	–
BW 31.12.17	**3.123.000 €**	**3.470.000 €**	**./. 347.000 €**

Entnahmen Darlehen	FA	Stpfl.	Änderung
16	7.000 €	–	7.000 €
17	20.000 €	–	20.000 €

Zinsaufwand Darlehen	FA (90 %)	Stpfl.	Änderung
16	18.000 €	20.000 €	./. 2.000 €
17	135.000 €	150.000 €	./. 15.000 €

Richtige Buchungssätze
(ohne Auspunktung; nur zur Information und zum besseren Verständnis):
Bei Veräußerung des alten Grundstücks am 01.03.16:

Bank	3.000.000 €	an	GruBo alt	300.000 €
			Gebäude alt	1.845.000 €
			Einlage	300.000 €
			Ertrag	555.000 €

Bei Erwerb des neuen Grundstücks am 01.02.16:

GruBo neu	270.000 €	an	Bank	300.000 €
Entnahme	30.000 €			

Bei Zahlung der Anschaffungsnebenkosten:

GruBo neu	10.800 €	an	Bank	12.000 €
Entnahme	1.200 €			

Zur Übertragung der stillen Reserven des GruBo gem. § 6b EStG im Jahr 16:

§ 6b-Aufwand	105.000 €	an	GruBo neu	105.000 €

Bei Bezahlung des neuen Gebäudes und Darlehensaufnahme am 01.11.16:

Gebäude neu	2.700.000 €	an	Darlehen	3.213.000 €
VSt	513.000 €			

Zur Übertragung der stillen Reserven des Gebäudes gem. § 6b EStG im Jahr 16:

§ 6b-Aufwand	450.000 €	an	Gebäude neu	450.000 €

Bei Bezahlung der nachträglichen HK (Feuerlöschanlage) im Mai 17:

Gebäude neu	18.000 €	an	Einlage	21.420 €
VSt	3.420 €			

Bei Überweisung der Zins- und Tilgungsraten für das Darlehen in 16/17:

Darlehen	45.000/45.000 €	an	Bank	70.000/200.000 €
Zinsaufwand	18.000/135.000 €	an		
Entnahme	7.000/20.000 €	an		

Bei Buchung der AfA im Rahmen der Abschlussbuchungen für 16 und 17:

AfA	11.250/68.040 €	an	Gebäude	11.250/68.040 €

II. Büroausstattung

Die formellen Voraussetzungen des § 7g Abs. 1 S. 2 EStG liegen laut Sachverhalt vor.

Der Investitionsabzugsbetrag (IAB) kommt gem. § 7g Abs. 1 S. 1 EStG nur für die künftige Anschaffung/Herstellung von beweglichen Wirtschaftsgütern des Anlagevermögens in Betracht. Die speziell für den Betrieb entwickelte Software ist ein immaterielles und damit ein unbewegliches WG, das nicht nach § 7g EStG begünstigt ist.

Da W die vier Schränke zu einem geringeren Preis erwerben konnte und laut Sachverhalt keine weiteren Investitionen geplant und durchgeführt worden sind, ist gem. § 7g Abs. 3 S. 1 EStG der IAB des Jahres 14 teilweise rückgängig zu machen, da keine entsprechende Hinzurechnung nach § 7g Abs. 2 S. 1 EStG bis zum 31.12.17 erfolgen kann.

Berechnung BMG für IAB Jahr 14	
Schreibtische: 4 × 2.000 €	8.000 €
Schränke: 4 × 350 €	1.400 €
Drucker	200 €
Summe der begünstigten Investitionen	**9.600 €**
Davon 50 %	4.800 €

W steht für das Jahr 14 ein IAB von **4.800 €** zu. Da er einen Abzug i.H.v. 20.000 € geltend gemacht hat, ist der Gewinn des Jahres 14 außerbilanziell um **15.200 €** zu erhöhen.

Im Jahr 17 können gem. § 7g Abs. 2 S. 1 EStG gewinnerhöhende Zurechnungen in Höhe von 50 % der tatsächlichen AK erfolgen, hier insgesamt **4.800 €.**

Schreibtische, Schränke, Drucker und Software sind notwendiges BV gem. R 4.2 Abs. 1 S. 1 EStR. Sie sind grundsätzlich nach § 6 Abs. 1 Nr. 1 S. 1 EStG mit den AK ./. AfA zu bewerten. Da W einen möglichst geringen Gewinn versteuern will, wird er den innerbilanziellen Abzug gem. § 7g Abs. 2 S. 3 EStG i.H.v. 4.800 € voll ausnutzen. Dies führt zu einer Minderung der BMG für die Sonder-AfA nach § 7g Abs. 5 und der linearen AfA nach § 7 Abs. 1 EStG. Da der Erwerb aller Wirtschaftsgüter im Juli erfolgte, ist § 7 Abs. 1 S. 4 EStG zu beachten.

Bei den 4 Schränken ist die Beschränkung der besonderen Abschreibung nach § 7g Abs. 2 S. 2 EStG auf die Höhe der Gewinnhinzurechnung nach § 7g Abs. 2 S. 1 EStG zu beachten. Durch den innerbilanziellen Abzug mindern sich die AK pro Schrank von 350 € auf 175 €. Da die Schränke zum beweglichen abnutzbaren Anlagevermögen gehören, die AK 800 € nicht übersteigen und W einen möglichst niedrigen Gewinn versteuern will, ist die Behandlung als GWG gem. § 6 Abs. 2 EStG sinnvoll. Die Einstellung in einen Sammelposten gem. § 6 Abs. 2a EStG ist nicht erforderlich, da W bisher keinen Sammelposten gebildet hat (vgl. Hinweis 6 in der Aufgabenstellung). Die verbleibenden AK von 4 × 175 € = 700 € können als sofort abzugsfähiger Aufwand behandelt werden. Auch ohne den innerbilanziellen Abzug gem. § 7g Abs. 2 S. 2 EStG könnten die AK von je 350 € sofort als Aufwand abgezogen werden.

Gemäß Schreiben des BMF vom 22.2.2022 (BStBl I 2022, 187) ist für Computerhardware (Drucker) und Software (gilt auch für die vorliegend speziell entwickelte Anwendersoftware) von einer Nutzungsdauer von einem Jahr auszugehen.

Daher sind der Drucker und die Software im Jahr der Anschaffung nach § 7 Abs. 1 EStG auf die Nutzungsdauer von einem Jahr und damit in voller Höhe abzuschreiben. Nach dem o.a. BMF-Schreiben (Rz. 1.4) wird es nicht beanstandet, wenn abweichend zu § 7 Abs. 1 Satz 4 EStG die Abschreibung im Jahr der Anschaffung in voller Höhe vorgenommen wird.

4 Schreibtische	**FA**	**Stpfl.**	**Änderung**	**Gewinn**
Zugang Juli 17	8.000 €	8.000 €		
Abzug § 7g Abs. 2 S. 2	4.000 €	0 €	+ 4.000 €	./. 4.000 €
Neue AfA-BMG	4.000 €			
Sonder-AfA § 7g Abs. 5 4.000 € × 20 %	800 €	0 €	+ 800 €	./. 800 €
AfA § 7 Abs. 1 4.000 × 10 % × $^{6}/_{12}$	200 €	2.667 €	./. 2.467 €	+ 2.467 €
Buchwert 31.12.17	**3.000 €**	**5.333 €**	**./. 2.333 €**	**./. 2.333 €**

4 Schränke	**FA**	**Stpfl.**	**Änderung**	**Gewinn**
Zugang Juli 17	1.400 €	1.400 €		
Abzug § 7 g Abs. 2 S. 2	700 €	0 €	+ 700 €	./. 700 €
§ 6 Abs. 2 – Aufwand	1.400 €	0 €	+ 700 €	./. 700 €
AfA § 7 Abs. 1	0 €	467 €	./. 467 €	+ 467 €
Buchwert 31.12.17	**0 €**	**933 €**	**./. 933 €**	**./. 933 €**

Drucker, Fax ...	**FA**	**Stpfl.**	**Änderung**	**Gewinn**
Zugang Juli 17	200 €	200 €		
Abzug § 7g Abs. 2 S. 2	100 €	0 €	+ 100 €	./. 100 €
AfA § 7 Abs. 1	100 €	67 €	+ 33 €	./. 33 €
Buchwert 31.12.17	**0 €**	**133 €**	**./. 133 €**	**./. 133 €**

Software	FA	Stpfl.	Änderung	Gewinn
Zugang Juli 17	28.000 €	28.000 €		
AfA § 7 Abs. 1 28.000 : 1 Jahr	28.000 €	9.334 €	./. 7.334 €	+ 7.334 €
Buchwert 31.12.17	**0 €**	**18.666 €**	**./. 18.666 €**	**./. 18.666 €**

Anlage 1

BV-Methode	16		17	
	+	./.	+	./.
Einlage Verkaufspreis		300.000		
GruBo Industriestr.	175.799		175.799	R 175.799
Gebäude Industriestr.		309.250	R 309.250	307.290
Entnahme Kaufpreis	31.200			
Entnahme Gebäudefinanzierung		457.000		
§ 6b-Rücklage	550.501		550.501	R 550.501
Vorsteuer			3.420	
Einlage			2.380	
Darlehen	352.000		347.000	R 352.000
Entnahme Zins/Tilgung	7.000		20.000	

Anlage 2

G+V-Methode	16		17	
	+	./.	+	./.
AfA Gebäude alt		4.500		
Veräußerungsgewinn	555.000			
§ 6b-Aufwand GruBo		105.000		
S.b. Aufwand ANK	12.000			
§ 6b-Aufwand Gebäude		450.000		
AfA Gebäude neu	40.750			16.040
Versicherungsaufwand			23.800	
Zinsaufwand	2.000		15.000	

Punktetabelle zur Übungsklausur aus dem Gebiet Bilanzsteuerrecht und Betriebliches Rechnungswesen

	Punkte
I. Grundstücke	
1. Hauptstr. 50	
§ 6b Abs. 1 S. 1 EStG + Begründung	1 (1)
§ 6b Abs. 4 S. 1 Nr. 2 EStG + Begründung (6 Jahre AV)	1 (2)
Kein § 6b EStG für private Grundstücksteile (notwendiges Privatvermögen)	1 (3)
§ 4 Abs. 1 S. 8 EStG – Einlage Veräußerungspreis für privaten Grundstücksteil (300.000 €)	1 (4)
Betrieblicher Erlös = 2.700.000 €	1 (5)
Aufteilung Grund und Boden (= 405.000 €) + Gebäude (= 2.295.000 €)	1 (6)
§ 6b Abs. 2 EStG – Berechnung Veräußerungsgewinn	1 (7)
Grund und Boden = 105.000 €	1 (8)
Gebäude = 450.000 €	1 (9)
Berechnung BW Gebäude zum Zeitpunkt der Veräußerung = 1.845.000 €	1 (10)
R 7.4 Abs. 8 EStR/R 6b.1 Abs. 2 EStR – Berechnung AfA = 4.500 €	1 (11)
2. Industriestr. 20	
R 4.2 Abs. 3 + 4 EStR – selbständige WG I und IV	1 (12)
R 4.2 Abs. 7 S. 2 EStR – Aufteilung GruBo wie WG I und IV	1 (13)
GruBo zu WG I ist notwendiges BV (90 %)	1 (14)
§ 6 Abs. 1 Nr. 2 S. 1 EStG – Bewertung mit den AK	1 (15)
§ 255 Abs. 1 S. 1 + 2 HGB – AK = 312.000 € × 90 % = 280.800 €	1 (16)
§ 6b Abs. 1 S. 2 Nr. 1 EStG – Abzug Veräußerungsgewinn GruBo alt = 105.000 €	1 (17)
§ 4 Abs. 1 S. 2 EStG – Entnahme für Zahlung Kaufpreis + ANK für WG IV	1 (18)
Berechnung Entnahme = 31.200 €	1 (19)
§ 6 Abs. 1 Nr. 1 EStG – Bewertung des Gebäudes mit HK – § 6b – AfA	1 (20)
HK = 2.700.000 €	1 (21)
§ 6b Abs. 1 S. 2 Nr. 3 EStG – Abzug Veräußerungsgewinn Gebäude alt = 450.000 €	1 (22)
§ 6b Abs. 6 EStG – Minderung AfA-BMG	1 (23)
§ 7 Abs. 4 Nr. 1 EStG – AfA 3 %	1 (24)
2 Tatbestandsmerkmale zu § 7 Abs. 4 Nr. 1 EStG	1 (25)
§ 7 Abs. 1 S. 4 EStG – AfA zeitanteilig $^{2}/_{12}$ = 11.250 €	1 (26)
Aussage: Keine § 6b-Rücklage + Begründung	1 (27)
Vorsteuer i.H.v. 513.000 € richtig verbucht	1 (28)
Buchung Entnahmen i.H.v. 457.000 € ist falsch	1 (29)
Begründung hierzu (Darlehen für privaten Teil von Anfang an kein BV)	1 (30)

	Punkte
Nachträgliche HK für Feuerlöschanlage	1 (31)
Netto-HK = 18.000 €	1 (32)
§ 9b EStG – abziehbare Vorsteuer i.H.v. 3.420 € gehört nicht zu HK	1 (33)
Einlage für betrieblichen Teil der Feuerlöschanlage = 21.420 €	1 (34)
R 7.4 Abs. 9 S. 3 EStR oder verbale Begründung	1 (35)
Neue AfA-BMG ab 17 = 2.268.000 €	1 (36)
AfA 17 = 68.040 €	1 (37)
Konto Einlage Verkaufspreis	1 (38)
Konto AfA Gebäude Hauptstr.	1 (39)
Konto GruBo Industriestr.	1 (40)
Konto Gebäude Industriestr.	1 (41)
Konto Entnahme Kaufpreis	1 (42)
Konto Entnahme HK Gebäude	1 (43)
Konto § 6b-Rücklage	1 (44)
Konto s.b. Aufwand (Anschaffungsnebenkosten GruBo)	1 (45)
Konto Vorsteuer Feuerlöschanlage	1 (46)
Konto Einlage Geld wegen Feuerlöschanlage	1 (47)
Konto Versicherungsaufwand	1 (48)
3. Darlehen Gebäude Industriestr.	
Darlehen nur anteilig BV + Begründung	1 (49)
Darlehen für privaten Gebäudeteil von Anfang an PV	1 (50)
Entnahme für Tilgung privater Gebäudeteil + Berechnung für 16 und 17	1 (51)
Entnahme für Zins privater Gebäudeteil + Berechnung für 16 und 17	1 (52)
Konto Darlehen 16	1 (53)
Konto Darlehen 17	1 (54)
Konto Entnahmen 16 und 17	1 (55)
Konto Zinsaufwand 16 und 17	1 (56)
II. Büroausstattung	
§ 7g Abs. 1 S. 1 EStG – IAB nur für bewegliche WG des AV	1 (57)
Kein IAB für Software	1 (58)
Da als immaterielles WG unbeweglich	1 (59)
§ 7g Abs. 3 S. 1 EStG – Teilweise Rückgängigmachung IAB 14	1 (60)
Da für Schränke geringere AK als geplant	1 (61)
IAB 14 = 4.800 €	1 (62)
Außerbilanzielle Gewinnerhöhung Jahr 14 = 15.200 €	1 (63)

	Punkte
§ 7g Abs. 2 S. 1 EStG – außerbilanzielle Zurechnung	1 (64)
Max. 50 % der tatsächlichen AK = 4.800 €	1 (65)
R 4.2 Abs. 1 EStR – alle WG sind notwendiges BV	1 (66)
§ 6 Abs. 1 Nr. 1 S. 1 EStG – Grundsätzlich Bewertung mit AK – AfA	1 (67)
§ 7g Abs. 2 S. 2 EStG – innerbilanzieller Abzug	1 (68)
Führt zur Minderung der AfA-BMG für § 7g Abs. 5 EStG und § 7 Abs. 1 EStG	1 (69)
§ 7 Abs. 1 S. 4 EStG – AfA 6/12, da Erwerb im Juli	1 (70)
Schreibtische: Innerbilanzieller Abzug = 4.000 € (8.000 € × 50 %)	1 (71)
§ 7g Abs. 5 EStG – Sonder-AfA = 800 € (4.000 € × 20 %)	1 (72)
§ 7 Abs. 1 EStG – lineare AfA = 200 € (4.000 € × 10 % × $^6/_{12}$)	1 (73)
Schränke: AK = 350/175 €	1 (74)
§ 6 Abs. 2 EStG – Voraussetzungen für GWG-Regelung erfüllt + Begründung	1 (75)
§ 6 Abs. 2a EStG – Keine Einstellung in Sammelposten + Begründung	1 (76)
Drucker: § 7 Abs. 1 EStG – ND 1 Jahr	1 (77)
Software: § 7 Abs. 1 EStG – ND 1 Jahr	1 (78)
Konto Schreibtische	1 (79)
Konto Schränke	1 (80)
Konto Drucker	1 (81)
Konto Software	1 (82)
BV-Methode	
Negativauspunktung	1 (83)
Negativauspunktung	1 (84)
Negativauspunktung	1 (85)
Negativauspunktung	1 (86)
Negativauspunktung	1 (87)
Negativauspunktung	1 (88)
Negativauspunktung	1 (89)
Negativauspunktung	1 (90)
Negativauspunktung	1 (91)
Negativauspunktung	1 (92)
G+V-Methode	
Negativauspunktung	1 (93)
Negativauspunktung	1 (94)
Negativauspunktung	1 (95)
Negativauspunktung	1 (96)

	Punkte
Negativauspunktung	1 (97)
Negativauspunktung	1 (98)
Negativauspunktung	1 (99)
Negativauspunktung	1 (100)

Notentabelle		
Korrekturpunkte	**Punkte nach § 6 Abs. 1 StBAPO**	**Note**
100–95	15	1
94–91	14	
90–86	13	2
85–82	12	
81–77	11	
76–73	10	3
72–68	9	
67–64	8	
63–59	7	4
58–55	6	
54–50	5	
49–40	4	5
39–30	3	
29–20	2	
19–10	1	6
9–0	0	

Fall 4

Prüfungsklausur aus dem Gebiet Bilanzsteuerrecht und Betriebliches Rechnungswesen

Bearbeitungszeit: 5 Stunden
Hilfsmittel:
Beck'sche Bände
- Steuergesetze
- Steuerrichtlinien
- Steuererlasse

HGB
Taschenrechner

A. Sachverhalt

Der Gewerbetreibende Mario Mörtel (M) betreibt seit 02 einen Baustoffhandel. Seine durchweg sehr hohen Gewinne ermittelt er durch BV-Vergleich nach § 5 Abs. 1 EStG. Das Wirtschaftsjahr entspricht dem Kalenderjahr. Seine Umsätze versteuert er nach den allgemeinen Regeln des Umsatzsteuerrechts. Im Zusammenhang mit seiner Tätigkeit ist M zum vollen Vorsteuerabzug berechtigt. Die Umsatzsteuer ist in allen Rechnungen ordnungsgemäß ausgewiesen.

Für die Veranlagungszeiträume 10 bis 12 fand im Mai 13 bei M eine Betriebsprüfung statt.

Die Steuerbescheide für die Prüfungsjahre 10–12 stehen unter dem Vorbehalt der Nachprüfung. Die Vorjahre sind bestandskräftig und nach der AO nicht mehr korrigierbar.

Das Unternehmen wurde von 02 bis 06 in gemieteten Räumen betrieben. Im Januar 07 (Fertigstellung und Abnahme des Gebäudes am 02.01.07) errichteten die Eheleute Mario (M) und Gabriele (G) Mörtel auf dem ihnen zu je 50 % gehörenden Grundstück in Neustadt, Chemnitzer Str. 50, ein mehrgeschossiges Gebäude, für das sie die HK jeweils zu 50 % tragen und das sie auch gemeinsam finanzieren (Vereinbarung im Innenverhältnis, dass sie die Darlehensschuld je zur Hälfte übernehmen). Zwischen den Eheleuten Mörtel bestehen bzgl. dieses Gebäudes keine mietvertraglichen Vereinbarungen. M soll kein wirtschaftlicher Eigentümer des hälftigen Anteils der G sein (ein evtl. Ausgleichsanspruch am Ende der Vertragszeit soll nicht bestehen) und es soll auch kein Scheinbestandteil vorliegen.

Den Grund und Boden hatten die Eheleute Mörtel am 01.01.06 (Übergang Besitz, Nutzen, Lasten, Gefahren) für 100.000 € vom Vater Anton Mörtel (A) mit der unten aufgeführten Nutzungsabsicht erworben (steuerlich anzuerkennendes, übliches Verkaufsgeschäft wie unter fremden Dritten). Der Kaufpreis ist am 30.12.10 in einer Summe fällig. Eine Verzinsung ist nicht vereinbart. Die Kaufpreiszahlung erfolgte vereinbarungsgemäß am 30.12.10.

Die Rechnung des Bauunternehmers Herbert Hauser (H) vom 02.01.07 i.H.v. 1.000.000 € zuzüglich 190.000 € USt über die Errichtung des schlüsselfertigen Wohn- und Geschäftshauses wurde am 05.01.07 bezahlt.

Das Gebäude mit seinen zwei Raumeinheiten (RE) wird seit Fertigstellung im Januar 07 wie folgt genutzt:
- RE 1 (70 %): Baustoffhandel Mario Mörtel,
- RE 2 (30 %): Eigene Wohnzwecke der Eheleute Mörtel.

Aus dem zum 31.12.07 erstellten Jahresabschluss für den Baustoffhandel ergibt sich folgende steuerliche Behandlung:
- Der Grund und Boden wurde zum 31.12.07 mit 100.000 € bilanziert (= 100 %).
- Das Gebäude wurde zu 100 % mit den Netto-HK wie folgt aktiviert:

Raumeinheit	HK netto = AfA-BMG	AfA-Satz
1. eigenes Büro	700.000 €	3 %
2. eigene Wohnzwecke	300.000 €	2 %

Die Vorsteuer wurde richtig verbucht.

Zur Finanzierung des Gebäudes vereinbarten die Eheleute mit ihrer Hausbank ein Endfälligkeitsdarlehen i.H.v. 1.000.000 € mit folgenden Konditionen:

Laufzeit und Zinsbindung: 10 Jahre; Tilgung am 31.12.16; Zinssatz: 4 %; Zinszahlung: Monatlich; Disagio: 3 %.

Im Dezember 10 erhielten die Eheleute Mörtel von der zuständigen Umweltbehörde einen Bescheid. Darin werden sie nach dem Bundes-Bodenschutzgesetz unter Androhung eines Bußgeldes verpflichtet, bis spätestens 31.12.15 Altlasten (Kontaminierung mit Altöl) auf dem unbebauten Teil des Grundstücks zu beseitigen. Lt. einem vorliegenden Angebot vom Dezember 10 belaufen sich die Kosten der vollständigen Beseitigung der Altlasten auf 30.000 € netto. Zu diesem Zeitpunkt muss mit einer Preissteigerung von jährlich 5 % bis zum 31.12.15 gerechnet werden. Tatsächlich beträgt die Preissteigerung gegenüber dem jeweiligen Vorjahr in 11 und 12 jeweils 2 %. Die Eheleute Mörtel gehen wegen finanzieller Engpässe von einer Sanierung erst Anfang Januar des Jahres 15 aus. M erwägt eine Teilwertabschreibung zum 31.12.10 i.H.v. 30.000 €, auf die er aber verzichtet, da er sich über die steuerliche Beurteilung nicht ganz sicher ist.

Folgende Buchungen wurden für den oben dargestellten Sachverhalt vorgenommen:

Bei Anschaffung des Grundstücks 06:

Grund und Boden	100.000 €	an	So. VB (A)	100.000 €

Bei Zahlung des Kaufpreises am 30.12.10:

So. VB (A)	100.000 €	an	Bank	100.000 €

Bei Fertigstellung und Finanzierung des Gebäudes im Januar 07:

Bank	970.000 €	an	Darlehen	1.000.000 €
Disagioaufwand	30.000 €			
So. VB (A)	100.000 €	an	Bank	100.000 €
Gebäude RE 1	700.000 €	an	Bank	1.190.000 €
Gebäude RE 2	300.000 €			
Vorsteuer	190.000 €			

Zinszahlungen jeweils am Ende des Monats (Januar bis Dezember 07–12):
Jahreswerte 07–12 (zusammengefasst) jeweils:

Zinsaufwand Darlehen	40.000 €	an	Bank	40.000 €

Abschlussbuchungen 07–12 jeweils:

AfA RE 1	21.000 €	an	Gebäude RE 1	21.000 €
AfA RE 2	6.000 €	an	Gebäude RE 2	6.000 €

Buchungen im Zusammenhang mit dem Bescheid der Umweltbehörde wurden nicht vorgenommen.

Aufgaben:

1. Nehmen Sie zu dem Sachverhalt aus bilanzsteuerrechtlicher Sicht Stellung.
2. Stellen Sie sämtliche sich ergebenden Kontenänderungen für die **Jahre 10–12** nach folgendem Schema dar:

Position	FA	Stpfl.	Änderung
(Bilanzstichtag bzw. Zeitraum)	(Betrag laut FA)	(Betrag laut Stpfl.)	(mit Vorzeichen)

3. Ermitteln Sie die erforderlichen Gewinnkorrekturen durch Mehr- und Weniger-Rechnung nach der **BV- und der G+V-Methode für die Jahre 10–12**. Verwenden Sie hierfür das folgende Schema:

BV-Methode	10		11		12	
	+	./.	+	./.	+	./.

G+V-Methode	10		11		12	
	+	./.	+	./.	+	./.

Hinweise!

1. Maßgebend für alle Jahre ist die **Rechtslage 2021**.
2. Formelle Voraussetzungen sind erfüllt, ggf. notwendige Anträge gelten als gestellt, Bilanzänderungen nach § 4 Abs. 2 S. 2 EStG sind zulässig.
3. Im Zweifel wünscht der Steuerpflichtige einen **möglichst niedrigen Gewinn.**
4. Der Steuerpflichtige wünscht keine degressive AfA nach § 7 Abs. 2 EStG.
5. Auf § 15a UStG und die Verbuchung der **Vorsteuer** ist **nicht** einzugehen.
6. Rechenoperationen sind **nachvollziehbar** darzustellen.
7. Alle Beträge können gerundet werden.

B. Lösungen

I. Gebäude

Die unterschiedlich genutzten RE 1 (70 % betriebliche Nutzung) und RE 2 (30 % private Nutzung) sind gem. R 4.2 Abs. 3 S. 3 Nr. 5 i.V.m. Abs. 4 EStR als selbständige WG I und IV zu behandeln. Die HK sind grundsätzlich nach R 4.2 Abs. 6 EStR im Verhältnis der Nutzflächen (70 : 30) auf die verschiedenen WG aufzuteilen.

Die steuerrechtliche Behandlung des Ehegattengrundstücks richtet sich nach den Eigentumsverhältnissen und danach, wer die HK trägt.

Wird „aus einem Topf" gezahlt, wird unterstellt, dass die Ehegatten die HK im Verhältnis der Miteigentumsanteile getragen haben (BFH vom 23.08.1999, GrS 2/97, BStBl II 1999, 782 unter C. I. 1.).

M hat seinen Finanzierungsbeitrag vorrangig auf seinen Miteigentumsanteil (50 %) geleistet. Er erhält die anteilige AfA, soweit die Aufwendungen auf seinen Miteigentumsanteil erbracht wurden.

Soweit M Eigentümer der RE 1 (Baustoffhandel) ist (50 % von 70 % = 35 %), muss sie als notwendiges BV (WG I) gem. R 4.2 Abs. 4 und 7 EStR aktiviert werden. Das WG I gehört zum unbeweglichen, abnutzbaren AV (R 6.1 Abs. 1 S. 1 und 5 EStR) und ist gem. § 6 Abs. 1 Nr. 1 S. 1 EStG mit den anteiligen HK (§ 255 Abs. 2 HGB) i.H.v. 350.000 € (35 % von 1.000.000 €) abzüglich der AfA nach § 7 Abs. 4 Nr. 1 EStG i.H.v. 10.500 €/

Jahr (350.000 € × 3 %) zu bewerten. Die nach § 15 UStG abzugsfähige anteilige Vorsteuer gehört nach § 9b Abs. 1 EStG nicht zu den HK.

Soweit M kein Eigentümer ist (Anteil Ehefrau G = 35 %), sind die HK für das Gebäude, soweit die eigenen HK reichen (= 50 %), als Aufwandsverteilungsposten i.H.v. 150.000 € (15 % von 1.000.000 €) zu aktivieren und nach Gebäudegrundsätzen für PV gem. § 7 Abs. 4 S. 1 Nr. 2a EStG (grundsätzlich 2 %, 50 Jahre ND) abzuschreiben (BMF vom 16.12.2016, BStBl I 2016, 1431 und BFH vom 09.03.2016, X R 46/14, BStBl II 2016, 976). Der Aufwandsverteilungsposten ist daher mit 3.000 €/Jahr (150.000 € × 2 %) aufzulösen.

Im Ergebnis werden die eigenen betrieblichen Aufwendungen i.H.v. 50 % der HK abgeschrieben (BFH vom 23.08.1999, GrS 5/97, BStBl II 1999, 774). Die restlichen 20 % (= 200.000 €) wurden von G getragen und stellen echten Drittaufwand dar, der bei M nicht berücksichtigt werden kann.

Für die fehlerhaften Bilanzansätze Gebäude und Aufwandsverteilungsposten ist die Bilanzberichtigung i.S.d. § 4 Abs. 2. S. 1 EStG für die Fehlerjahre 07 bis 12 zu prüfen.

Da der Fehler über die AfA/Auflösung AVP eine steuerliche Auswirkung hat und die Fehlerjahre 07 bis 09 nach der AO nicht mehr änderbar sind, erfolgt grundsätzlich eine erfolgswirksame Bilanzberichtigung im ersten offenen Jahr 10 (R 4.4 Abs. 1 S. 9 EStR).

Gem. H 4.4 „Zu Unrecht bilanziertes WG des PV" EStH erfolgt aber eine gewinnneutrale Ausbuchung des BW im ersten noch änderbaren Jahr 10. Die AfA wird ab 10 mit den zutreffenden HK i.H.v. 350.000 € bzw. 150.000 € und dem richtigen AfA-Satz von 3 % bzw. 2 % berechnet und beträgt 10.500 € bzw. 3.000 €/Jahr; vgl. H 7.4 „Unterlassene oder überhöhte AfA" EStH. Die zu Unrecht gewährte AfA 07 bis 09 kann nicht rückgängig gemacht werden, da die Einkommensteuerbescheide 07 bis 09 nicht mehr änderbar sind.

Schattenrechnung:

Gebäude WG I (35 %)	**FA**
Zugang Januar 07	350.000 €
AfA 07 bis 09 je 10.500 €	31.500 €
31.12.09	**318.500 €**

Gebäude WG I (35 %)	**FA**	**Stpfl.**	**Änderung**	**Gewinn**
Zugang Jan. 07 (inkl. AVP)	700.000 €	700.000 €		
AfA 07–09 je 21.000 €	63.000	63.000 €	0 €	Da eine Änderung nicht möglich ist
31.12.09	**637.000 €**	**637.000 €**	**0 €**	
Bucht. PE 10	318.500 €	0 €	+ 318.500 €	+ 318.500 €
Zwischenwert 10	318.500 €	637.000 €		
AfA 10	10.500 € (ohne AVP)	21.000 €	./. 10.500 €	+ 10.500 €
31.12.10	**308.000 €**	**616.000 €**	**./. 308.000 €**	**./. 308.000 €**
AfA 11	10.500 €	21.000 €	./. 10.500 €	+ 10.500 €
31.12.11	**297.500 €**	**595.000 €**	**./. 297.500 €**	**./. 297.500 €**
AfA 12	10.500 €	21.000 €	./. 10.500 €	+ 10.500 €
31.12.12	**287.000 €**	**574.000 €**	**./. 287.000 €**	**./. 287.000 €**

Schattenrechnung:

AVP (15 %)	FA
Zugang Januar 07	150.000 €
AfA 07 bis 09 je 3.000 €	9.000 €
31.12.09	**141.000 €**

AVP (15 %)	FA	Stpfl.	Änderung	Gewinn
31.12.09	**0 €**	**0 €**	**0 €**	
Bucht. Einlage 10	141.000 €	0 €	+ 141.000 €	./. 141.000 €
Zwischenwert 10	141.000 €	0 €		
Auflösung 10	3.000 €	0 €	+ 3.000 €	./. 3.000 €
31.12.10	**138.000 €**	**0 €**	**+ 138.000 €**	**+ 138.000 €**
Auflösung 11	3.000 €	0 €	+ 3.000 €	./. 3.000 €
31.12.11	**135.000 €**	**0 €**	**+ 135.000 €**	**+ 135.000 €**
Auflösung 12	3.000 €	0 €	+ 3.000 €	./. 3.000 €
31.12.12	**132.000 €**	**0 €**	**+ 132.000 €**	**+ 132.000 €**

Die zu eigenen Wohnzwecken genutzte RE 2 (WG IV) darf als notwendiges Privatvermögen nicht aktiviert werden. Sie ist erfolgsneutral auszubuchen (s.o.). Die für 07 bis 09 zu Unrecht gewährte AfA bleibt M erhalten, da die Einkommensteuerbescheide 07 bis 09 nicht mehr geändert werden können. Die AfA für 10 bis 12 ist entsprechend zu kürzen.

Gebäude WG IV	FA	Stpfl.	Änderung	Gewinn
Zugang Jan. 07	300.000 €	300.000 €		
AfA 07–09 je 6.000 €	18.000 €	18.000 €	0 €	Da eine Änderung nicht möglich ist
31.12.09	**282.000 €**	**282.000 €**		
Bucht. PE 10	282.000 €	0 €	+ 282.000 €	+ 282.000 €
AfA 10	0 €	6.000 €	./. 6.000 €	+ 6.000 €
31.12.10	**0 €**	**276.000 €**	**./. 276.000 €**	**./. 276.000 €**
AfA 11	0 €	6.000 €	./. 6.000 €	+ 6.000 €
31.12.11	**0 €**	**270.000 €**	**./. 270.000 €**	**./. 270.000 €**
AfA 12	0 €	6.000 €	./. 6.000 €	+ 6.000 €
31.12.12	**0 €**	**264.000 €**	**./. 264.000 €**	**./. 264.000 €**

II. Grund und Boden und Verbindlichkeit gegenüber A

Der Grund und Boden ist den WG I und IV im Verhältnis der Nutzflächen der RE 1 und 2 zuzuordnen (R 4.2 Abs. 6 EStR) und darf insgesamt nur insoweit bilanziert werden, als M Eigentümer ist. Eine Aktivierung i.H.v. 15 % (AVP) wie beim Gebäude für den Anteil der G darf beim Grund und Boden nicht erfolgen.

Der dem **WG I** zuzuordnende Grund und Boden ist notwendiges BV (R 4.2 Abs. 7 S. 2 EStR), gehört zum unbeweglichen, nicht abnutzbaren AV (R 6.1 Abs. 1 S. 1 und 6 EStR) und ist gem. § 6 Abs. 1 Nr. 2 S. 1 EStG mit 35 % (100 × 70 % × ½) der AK (§ 255 Abs. 1 HGB) zu bewerten. Diese sind wegen der zinslosen Stundung des Kaufpreises nur in Höhe der abgezinsten Verbindlichkeit gegenüber dem A i.H.v. 26.775 € anzusetzen (s.u.).

Der dem **WG IV** zugehörige Grund und Boden darf als notwendiges PV nicht aktiviert werden.

Dieser Bilanzierungsfehler besteht vom 31.12.06 bis zum 31.12.12. Die Bilanzberichtigung gem. § 4 Abs. 2 S. 1 EStG an der Fehlerquelle (Steuerbilanz 31.12.06) ist trotz der Bestandskraft des Jahres 06 möglich, da der Fehler keine steuerliche Auswirkung hat. Der auf G bzw. das WG IV entfallende anteilige Grund und Boden ist erfolgsneutral auszubuchen (H 4.4 „Zu Unrecht ..." EStH). Aus Vereinfachungsgründen geschieht dies im ersten offenen Jahr 10 („scheinbare Durchbrechung des Bilanzenzusammenhangs 01.01.10" oder „Quasi-Entnahme 10").

Die **Verbindlichkeit** gegenüber A teilt gem. R 4.2 Abs. 15 EStR das Schicksal des finanzierten WG Grund und Boden („Koppelungseffekt"). Sie ist entsprechend der Eigentums- und Nutzungsanteile aufzuteilen und dem BV bzw. PV zuzuordnen. Sie ist daher nur zu 35 % (100 × 70 % × ½) als BV zu passivieren. Die Bewertung erfolgt nach § 6 Abs. 1 Nr. 3 i.V.m. Nr. 2 EStG grundsätzlich mit den AK = Nennwert. Es ist jedoch eine Abzinsung nach § 6 Abs. 1 Nr. 3 S. 1 EStG vorzunehmen, da die Regelung des S. 2 wegen einer Laufzeit von mehr als 12 Monaten und fehlender Verzinslichkeit nicht greift. Die Abzinsung wird nach der Vereinfachungsregelung im BMF-Schreiben vom 26.05.2005 (BStBl I 2005, 699, Beck Steuererlasse 1 – § 6/19, Rz. 2-8, Tabelle 2) vorgenommen:

Verbindlichkeit gegenüber A	**100.000 € × 35 % = 35.000 €**	**BW**	**Aufwand**
01.01.06: 5 Jahre	x 0,765	26.775 €	
31.12.06: 4 Jahre	x 0,807	28.245 €	1.470 €
31.12.07: 3 Jahre	x 0,852	29.820 €	1.575 €
31.12.08: 2 Jahre	x 0,898	31.430 €	1.610 €
31.12.09: Weniger als 1 Jahr	x 1,0	35.000 €	3.570 €
Verbindlichkeit 31.12.10	**Tilgung zum 30.12.10**	**0 €**	**0 €**

Dieser fehlerhafte Bilanzansatz „Verbindlichkeit A" besteht vom 31.12.06 bis 31.12.09 (nicht 10, da die Verbindlichkeit zum 30.12.10 ausgebucht wurde). Eine Bilanzberichtigung an der Fehlerquelle ist nicht möglich, da der Fehler über den Aufwand eine steuerliche Auswirkung hat und die Bescheide 06 bis 09 nicht mehr änderbar sind. Daher ist grundsätzlich nach R 4.4 Abs. 1 S. 9 EStR eine erfolgswirksame Bilanzberichtigung in der ersten offenen Schlussbilanz (hier: 31.12.10) vorzunehmen. Nach H 4.4 „Zu Unrecht bilanziertes WG des PV" EStH erfolgt jedoch eine gewinnneutrale Ausbuchung des BW im ersten noch änderbaren Jahr, soweit hier eine Bilanzierung von PV stattgefunden hat (der Aufwand der Jahre 06 bis 09 geht dem Steuerpflichtigen verloren). Da die Verbindlichkeit von M bereits zum 30.12.10 ausgebucht wurde, ist eine Bilanzberichtigung zum 31.12.10 nicht mehr erforderlich.

GruBo WG I (35 %)	**FA**	**Stpfl.**	**Änderung**	**Gewinn**
Zugang 06	100.000 €	100.000 €		
31.12.06 bis 09	100.000 €	100.000 €		
Bucht. PE 10	73.225 €	0 €	+ 73.225 €	+ 73.225 €
31.12.10–31.12.12	**26.775 €**	**100.000 €**	**./. 73.225 €**	**./. 73.225 €**

Die Tilgung der Verbindlichkeit gegenüber A am 30.12.10 ist zu 65 % privat veranlasst und daher als Privatentnahme nach § 4 Abs. 1 S. 2 EStG zu behandeln. Da die Verbindlichkeit gegenüber A im Jahr 10 in gleicher Höhe über eine buchtechnische Einlage zu mindern ist, ergibt sich keine Gewinnauswirkung. Auf weitere Berechnungen wird daher verzichtet.

III. Darlehen, Disagio und Schuldzinsen

1. Darlehen

Das Darlehen teilt gem. R 4.2 Abs. 15 EStR das Schicksal der finanzierten WG I und IV des Gebäudes („Koppelungseffekt") und ist daher entsprechend der Eigentums- und Nutzungsanteile aufzuteilen und dem BV bzw. PV zuzuordnen. Das Darlehen für WG I ist wie das Gebäude inkl. AVP zu 50 % als BV zu bilanzieren. Die Bewertung erfolgt nach § 6 Abs. 1 Nr. 3 i.V.m. Nr. 2 EStG mit den AK = Nennwert = 500.000 €.

Die restlichen 50 % (WG I Anteil G und WG IV im PV) dürfen nicht passiviert werden. Dieser fehlerhafte Bilanzansatz besteht vom 31.12.07 bis 31.12.12. Eine Bilanzberichtigung an der Fehlerquelle ist möglich, da der Fehler keine steuerliche Auswirkung hat. Aus Vereinfachungsgründen erfolgt die Korrektur im ersten offenen Jahr 10 über eine buchtechnische Einlage oder Durchbrechung des Bilanzenzusammenhangs zum 01.01.10 (Korrektur in einem späteren Jahr ist auch zulässig, da ohne steuerliche Auswirkung).

Darlehen WG I (50 %)	FA	Stpfl.	Änderung	Gewinn
31.12.07–09	1.000.000 €	1.000.000 €		
Buchtechnische Einlage 10	500.000 €	0 €	+ 500.000 €	./. 500.000 €
31.12.10–31.12.12	**500.000 €**	**1.000.000 €**	**./. 500.000 €**	**+ 500.000 €**

2. Disagio

Das Disagio stellt ein Entgelt für die (andauernde) Überlassung des Geldes (Gewährung des Darlehens) dar und ist daher i.H.d. betrieblichen Veranlassung (hier: 50 %) als Aufwand zu behandeln. Da die Laufzeit des Darlehens über einen Bilanzstichtag hinausreicht, liegt in der „Zahlung" eine Ausgabe vor, die Aufwand auch für eine (bestimmte) Zeit nach dem Abschlussstichtag darstellt. Somit ist nach § 5 Abs. 5 Satz 1 Nr. 1 EStG ein aktiver Rechnungsabgrenzungsposten (ARAP) zu bilden und der Aufwand auf die Laufzeit des hier vorliegenden Endfälligkeitsdarlehens linear zu verteilen (vgl. H 6.10 EStH, unter „Damnum").

Dieser fehlerhafte Bilanzansatz „ARAP Disagio" besteht vom 31.12.07 bis 31.12.12. Eine Bilanzberichtigung an der Fehlerquelle ist nicht möglich, da der Fehler über den Aufwand eine steuerliche Auswirkung hat und die Bescheide 07 bis 09 nicht mehr änderbar sind. Daher ist nach R 4.4 Abs. 1 S. 9 EStR eine erfolgswirksame Bilanzberichtigung in der ersten offenen Schlussbilanz (hier: 31.12.10) vorzunehmen. Anzusetzen ist der Wert, den der ARAP bei von vorneherein zutreffender Bilanzierung in dieser Bilanz noch hätte (Schattenrechnung), vgl. H 4.4 „Unterlassene Bilanzierung" EStH. Da das Disagio nur zu 50 % über den ARAP zu aktivieren ist, erfolgt auch die erfolgswirksame Bilanzberichtigung (Ertragsbuchung) nur zu 50 %. Die restlichen im Januar 07 als Aufwand gebuchten 50 % (15.000 € für WG I Anteil G und WG IV im PV) und die auf die Jahre 07 bis 09 entfallenden Aufwendungen (1.500 € × 3 = 4.500 €) können nicht mehr rückgängig gemacht werden, da die Einkommensteuerbescheide 07 bis 09 nicht mehr änderbar sind.

Schattenrechnung:

ARAP Disagio (50 %)	FA
Zugang Januar 07	15.000 €
Aufwand 07 bis 09 je 1.500 €	4.500 €
31.12.09	**10.500 €**

ARAP Disagio (50 %)	FA	Stpfl.	Änderung	Gewinn
31.12.09	0 €	0 €		
Zugang = Ertrag 10	10.500 €	0 €	+ 10.500 €	+ 10.500 €
Disagio-Aufwand 10	1.500 €	0 €	+ 1.500 €	./. 1.500 €
31.12.10	**9.000 €**	**0 €**	**+ 9.000 €**	**+ 9.000 €**
Aufwand 11	1.500 €	0 €	+ 1.500 €	./. 1.500 €
31.12.11	**7.500 €**	**0 €**	**+ 7.500 €**	**+ 7.500 €**
Aufwand 12	1.500 €	0 €	+ 1.500 €	./. 1.500 €
31.12.12	**6.000 €**	**0 €**	**+ 6.000 €**	**+ 6.000 €**

3. Schuldzinsen

Auch die Schuldzinsen sind nur zu 50 % als betrieblicher Aufwand zu behandeln. Daher stellt die Zahlung der restlichen 50 % über das betriebliche Bankkonto eine Privatentnahme nach § 4 Abs. 1 S. 2 EStG dar. Der zu Unrecht gebuchte Aufwand der Jahre 07 bis 09 kann nicht korrigiert werden, da die Bescheide nicht mehr änderbar sind.

Zinsen (50 %)	FA	Stpfl.	Änderung	Gewinn
10 bis 12 je	20.000 €	40.000 €	./. 20.000 €	+ 20.000 €

Entnahme Zinsen	FA	Stpfl.	Änderung	Gewinn
10 bis 12 je	20.000 €	0 €	+ 20.000 €	+ 20.000 €

IV. Altlasten Grund und Boden

Eine TW-Abschreibung nach § 6 Abs. 1 Nr. 2 S. 2 EStG im Zusammenhang mit schadstoffbelasteten Grundstücken ist nur bei einer dauernden Wertminderung möglich. Hiervon kann im vorliegenden Fall nicht ausgegangen werden, da eine Verpflichtung zur vollständigen Sanierung bzw. Beseitigung der Altlasten lt. Bescheid besteht und möglich ist und es daher nach Sanierung zu einer Wertaufholung käme. Weitere Anhaltspunkte für eine TW-Minderung nach Sanierung sind aus dem Sachverhalt nicht erkennbar (vgl. BMF-Schreiben vom 11.05.2010, BStBl I 2010, 495).

Jedoch ist gem. § 249 Abs. 1 S. 1 HGB i.V.m. § 5 Abs. 1 S. 1 EStG (Maßgeblichkeit) eine Rückstellung für ungewisse Verbindlichkeiten zum 31.12.10 bis 31.12.12 zu bilden, da es sich um eine öffentlich-rechtliche Verpflichtung handelt (hier: Bescheid der Umweltbehörde), die Verpflichtung vor dem 31.12.10 verursacht und mit einer Inanspruchnahme ernsthaft zu rechnen ist (R 5.7 Abs. 2–6 EStR).

Zu bewerten ist die Rückstellung zunächst wie eine Verbindlichkeit nach § 6 Abs. 1 Nr. 3 i.V.m. § 6 Abs. 1 Nr. 3a EStG.

Nach § 6 Abs. 1 Nr. 3a Buchst. f EStG sind nur die Preisverhältnisse zu den Bilanzstichtagen maßgebend; nicht die voraussichtlich im Sanierungszeitpunkt notwendigen Kosten (H 6.11 „Preisänderungen" EStH). Für 11 und 12 ist lt. SV daher von einer Preissteigerung von je 2 % auszugehen.

Da es sich um eine sog. Sachleistungsverpflichtung handelt (da nicht eine Geldleistung, sondern eine andere Leistung zu erbringen ist) ist Buchst. b anzuwenden. Insoweit ist es unerheblich, dass für die Sanierung ein anderer Unternehmer eingeschaltet wird. Bei der Bewertung der Rückstellung dürfen daher nur die Einzelkosten und die angemessen Teile der notwendigen Gemeinkosten berücksichtigt werden (lt. Sachverhalt keine Details).

Als erst in Zukunft zu erfüllende Verpflichtung ist die Rückstellung gem. § 6 Abs. 1 Nr. 3a Buchst. e EStG zum jeweiligen Bilanzstichtag abzuzinsen. Für die Sachleistungsverpflichtung ist § 6 Abs. 1 Nr. 3a Buchst. e

Satz 2 EStG zu berücksichtigen (Abzinsung nur bis Beginn der Erfüllung). Zum 31.12.10 beträgt dieser Zeitraum vier, zum 31.12.11 drei und zum 31.12.12 zwei Jahre, da mit der Sanierung Anfang Januar 15 begonnen werden soll. Der Abzinsungsfaktor ergibt sich aus Tabelle 2 zum BMF-Schreiben vom 26.05.2005 (BStBl I 2005, 699; Beck Steuererlasse 1 – § 6 / 19).

Da nur 35 % des Grund und Bodens zum Betriebsvermögen gehören (WG I), sind die Kosten auch nur zu 35 % betrieblich veranlasst:

31.12.10:	30.000 € × 35 % = 10.500 € ×	0,807 =	8.474 €
31.12.11:	30.600 € × 35 % = 10.710 € ×	0,852 =	9.125 €
31.12.12:	31.212 € × 35 % = 10.924 € ×	0,898 =	9.810 €

Rückstellung	FA	Stpfl.	Änderung	Gewinn
Zugang = Aufwand 10	8.474	0	+ 8.474	./. 8.474
31.12.10	**8.474**	**0**	**+ 8.474**	**./. 8.474**
Zugang = Aufwand 11	651 €	0 €	+ 651 €	./. 651 €
31.12.11	**9.125 €**	**0 €**	**+ 9.125 €**	**./. 9.125 €**
Zugang = Aufwand 12	685 €	0 €	+ 685 €	./. 685 €
31.12.12	**9.810 €**	**0 €**	**+ 9.810 €**	**./. 9.810 €**

Richtige Buchungssätze
(ohne Auspunktung; nur zur Information und zum besseren Verständnis):
Bei Anschaffung des Grundstücks 06:

Grund und Boden	26.775 €	an	So. VB (A)	26.775 €

Sonstige Verbindlichkeit – Abschlussbuchungen zum 31.12.06 bis 31.12.09:

Aufwand 05	1.470 €	an	So. VB (A)	1.470 €
Aufwand 06	1.575 €			1.575 €
Aufwand 07	1.610 €			1.610 €
Aufwand 08	3.570 €			3.570 €

Bei Zahlung des Kaufpreises am 30.12.10:

So. VB (A)	35.000 €	an	Bank	100.000 €
PE	65.000 €			

Bei Fertigstellung und Zahlung des Gebäudes im Januar 07:

Gebäude WG I (35 %)	350.000 €	an	Bank	1.190.000 €
AVP (15 %)	150.000 €			
PE (WG I G + IV)	500.000 €			
VSt	190.000 €			

Bei Auszahlung des Darlehens im Januar 07:

Bank	970.000 €	an	Darlehen	500.000 €
Disagioaufwand (50 %)	1.500 €		Privateinlage	500.000 €
ARAP (50 %)	13.500 €			
PE (50 % WG I+IV)	15.000 €			

Auflösung des ARAP Disagio zum 31.12.10 bis 31.12.12 jeweils:

ARAP Aufwand	1.500 €	an	ARAP Disagio	1.500 €

Bei Zinszahlung 07 bis 12 jeweils:

Zinsaufwand (50 %)	20.000 €	an	Bank	40.000 €
PE (50 %)	20.000 €			

Rückstellung 31.12.10 bis 31.12.12:

Aufwand 10	8.474 €	an	Rückstellung	8.474 €
Aufwand 11	651 €	an	Rückstellung	651 €
Aufwand 12	685 €	an	Rückstellung	685 €

Anlage 1

BV-Methode	10		11		12	
	+	./.	+	./.	+	./.
WG I buchtechnische Entnahme	318.500 €					
WG I		308.000 €	308.000 €	297.500 €	297.500 €	287.000 €
AVP buchtechnische Einlage		141.000 €				
AVP	138.000 €		135.000 €	138.000 €	132.000 €	135.000 €
WG IV buchtechnische Entnahme	282.000 €					
WG IV		276.000 €	276.000 €	270.000 €	270.000 €	264.000 €
GruBo WG I buchtechnische Entnahme	73.225 €					
GruBo WG I		73.225 €	73.225 €	73.225 €	73.225 €	73.225 €
Darlehen WG I buchtechnische Einlage		500.000 €				
Darlehen WG I	500.000 €		500.000 €	500.000 €	500.000 €	500.000 €
ARAP Disagio	9.000 €		7.500 €	9.000 €	6.000 €	7.500 €
Entnahme Zinsen	20.000 €		20.000 €		20.000 €	
Rückstellung		8.474 €	8.474 €	9.125 €	9.125 €	9.810 €
Summen	**1.340.725 €**	**1.306.699 €**	**1.328.199 €**	**1.296.850 €**	**1.307.850 €**	**1.276.535 €**
Saldo	**34.026 €**		**31.349 €**		**31.315 €**	

Anlage 2

G+V-Methode	10		11		12	
	+	./.	+	./.	+	./.
WG I AfA	10.500 €		10.500 €		10.500 €	
Auflösung AVP		3.000 €		3.000 €		3.000 €
WG IV AfA	6.000 €		6.000 €		6.000 €	
ARAP Disagio	10.500 €	1.500 €		1.500 €		1.500 €
Zinsaufwand	20.000 €		20.000 €		20.000 €	
Aufwand Rückstellung		8.474 €		651 €		685 €
Summen	**47.000 €**	**12.974 €**	**36.500 €**	**5.151 €**	**36.500 €**	**5.185 €**
Saldo	**34.026 €**		**31.349 €**		**31.315 €**	

Punktetabelle zur Laufbahnprüfung aus dem Gebiet Bilanzsteuerrecht und Betriebliches Rechnungswesen

	Punkte
I. Gebäude	
R 4.2 Abs. 3: Grundsatz der Teilbarkeit	1 (1)
R 4.2 Abs. 4: WG I und IV	1 (2)
R 4.2 Abs. 6: Aufteilung HK nach Nutzfläche (Aufteilung im SV vorgegeben)	1 (3)
Bilanzierung bei M, soweit Eigentum + HK getragen	1 (4)
Weitere Begründung	1 (5)
R 4.2 Abs. 7: Anteil 35 % M = Eigentümer – WG I = notw. BV	1 (6)
Anteil 15 % M (kein Eigentümer) – Aktivierung AVP	1 (7)
AfA nach Gebäudegrundsätzen	1 (8)
Anteil 20 % = echter Drittaufwand G (alt.: kein Aufwand bei M)	1 (9)
R 6.1 Abs. 1: WG I = unbewegliches, abnutzbares AV	1 (10)
§ 6 Abs. 1 Nr. 1: Bewertung mit HK abzgl. AfA	1 (11)
§ 255 Abs. 2 HGB: HK = 500.000, davon 350.000 € WG I und 150.000 € AVP	1 (12)
§ 7 Abs. 4 Nr. 1: AfA 3 % + Begründung (mind. 2 TBM)	1 (13)
§ 7 Abs. 4 Nr. 2a: Auflösung AVP 2 % = 3.000 €/Jahr	1 (14)
§ 4 Abs. 2 S. 1: Bilanzberichtigung Gebäude Fehlerjahre 07–12 prüfen	1 (15)
Keine Bilanzberichtigung an Fehlerquelle 07	1 (16)
Da steuerliche Auswirkung und keine Korrekturmöglichkeit nach AO	1 (17)
R 4.4 Abs. 1 S. 9: Grundsätzlich erfolgswirksame Bil.beri im ersten offenen Jahr 10	1 (18)
Hier: erfolgsneutrale Ausbuchung + verbale Begründung (alt.: H 4.4 „Zu Unrecht …")	1 (19)
WG IV = notw. PV + erfolgsneutrale Ausbuchung + Begründung	1 (20)
Falsche AfA für WG I und IV für 07 bis 09 kann nicht korrigiert werden	1 (21)

	Punkte
Gebäude WG I Schattenrechnung: Wert 31.12.09 = 318.500 €	1 (22)
Konto buchtechnische Entnahme 10 WG I = 318.500 €	1 (23)
Konto Gebäude + AfA WG I 10 bis 12	1 (24)
Konto buchtechnische Entnahme 10 WG IV = 282.000 €	1 (25)
Konto Gebäude + AfA WG IV 10 bis 12	1 (26)
AVP Schattenrechnung: Wert 31.12.09 =136.500 €	1 (27)
Kto. AVP buchtechnische Einlage 10 = 141.000 €	1 (28)
Kto. AVP und Auflösung AVP 10 bis 12	1 (29)
II. Grund und Boden und Verbindlichkeit gegenüber A	
R 4.2 Abs. 7 S. 2: GruBo zu WG I = notwendiges BV	1 (30)
Soweit M Eigentümer ist = 35 %	1 (31)
§ 6 Abs. 1 Nr. 2 + § 255 Abs. 1 HGB: Bewertung mit den AK	1 (32)
Abzinsung AK, da Kaufpreis zinslos gestundet	1 (33)
GruBo zu WG IV = notwendiges PV	1 (34)
Bilanzberichtigung GruBo an Fehlerquelle 06 möglich, da Fehler ohne steuerliche Auswirkung	1 (35)
Vereinfachung: Buchtechnische Entnahme 10 oder scheinbare Durchbrechung des ...	1 (36)
65 % erfolgsneutrale Ausbuchung des GruBo + Begründung (H 4.4 „Zu Unrecht ...“)	1 (37)
Verbindlichkeit ggü. A ist zu 35 % BV (wie GruBo)	1 (38)
R 4.2 Abs. 15: „Koppelungseffekt“ oder verbale Begründung	1 (39)
§ 6 Abs. 1 Nr. 3: Abzinsung + Begründung	1 (40)
Bilanzberichtigung VB ggü. A für Fehlerjahre 06 bis 09 prüfen	1 (41)
Keine Bilanzberichtigung, da steuerliche Auswirkung und Bescheide 06 bis 09 nicht änderbar	1 (42)
Keine Bilanzberichtigung. 31.12.10, da VB ggü. A bereits zum 30.12.10 ausgebucht	1 (43)
Aufwand aus Abzinsung 06 bis 09 geht M verloren	1 (44)
Konto buchtechnische Entnahme 10 GruBo WG I = 73.225 €	1 (45)
Konto GruBo WG I	1 (46)
Tilgung VB gegenüber A ist zu 65 % Privatentnahme	1 (47)
III. Darlehen, Disagio, Schuldzinsen	
Darlehen = 50 % BV + Begründung (R 4.2 Abs. 15 – Koppelungseffekt)	1 (48)
§ 6 Abs. 1 Nr. 3: Bewertung mit 500.000 €	1 (49)
Bilanzberichtigung an Fehlerquelle 07 möglich, da keine steuerliche Auswirkung	1 (50)
Vereinfachung: Buchtechnische Einlage 10 oder scheinbare Durchbrechung des ...	1 (51)
Konto Darlehen WG I	1 (52)
Konto buchtechnische Einlage (oder scheinbare Durchbrechung)	1 (53)
Disagio = 50 % Aufwand	1 (54)
§ 5 Abs. 5 S. 1 Nr. 1: ARAP Disagio	1 (55)

	Punkte
Begründung: Zahlung vor für Aufwand nach Bilanzstichtag	1 (56)
Lineare Verteilung	1 (57)
Da Endfälligkeitsdarlehen (alt.: H 6.10 „Damnum")	1 (58)
Keine Bilanzberichtigung an Fehlerquelle 07, da steuerliche Auswirkung + keine Korrekturvorschrift	1 (59)
R 4.4 Abs. 1 S. 9: Erfolgswirksame Bilanzberichtigung zum 31.12.10	1 (60)
Konto ARAP Disagio 31.12.09 = 10.500 € (Schattenrechnung)	1 (61)
Konto ARAP Disagio Ertrag 10 = 10.500 €	1 (62)
Konto ARAP Disagio 31.12.10 bis 12 + Aufwand 10 bis 12	1 (63)
Schuldzinsen zu 50 % betrieblicher Aufwand	1 (64)
§ 4 Abs. 1 S. 2: Schuldzinsen zu 50 % PE	1 (65)
Aufwand 07 bis 09 kann nicht korrigiert werden	1 (66)
Konto Schuldzinsen 10 bis 12	1 (67)
Konto PE 10 bis 12	1 (68)
IV. Altlasten Grund und Boden, Sanierungsverpflichtung	
§ 6 Abs. 1 Nr. 2 S. 2: Keine TW-Abschreibung	1 (69)
Da keine dauernde Wertminderung	1 (70)
Da vollständige Sanierung möglich und dadurch Wertaufholung in Folgejahren	1 (71)
§ 249 Abs. 1 HGB: Rückstellung für ungewisse Verbindlichkeit	1 (72)
§ 5 Abs. 1 S. 1: Maßgeblichkeit	1 (73)
Begründung: R 5.7 Abs. 2 oder verbal	1 (74)
Begründung: R 5.7 Abs. 2 oder verbal	1 (75)
Bewertung nach § 6 Abs. 1 Nr. 3a	1 (76)
Buchst. f: Wertverhältnisse zu den jeweiligen Bilanzstichtagen 31.12.10 bis 12	1 (77)
Für 11 und 12 Preissteigerung von 2 % beachten	1 (78)
Buchst. b: Sachleistungsverpflichtung	1 (79)
Buchst. e: Verzinsung, da mehr als 12 Monate	1 (80)
Buchst. e S. 2: Zeitraum bis zu Beginn der Erfüllung	1 (81)
Dauer vier, drei bzw. zwei Jahre, da Beginn Sanierung im Januar 15	1 (82)
Berechnung Abzinsungsfaktor: 0,807; 0,852; 0,898	1 (83)
Anteil 35 %	1 (84)
Begründung: Wie GruBo WG I	1 (85)
Berechnung Rückstellung für 31.12.10 bis 12	1 (86)
Konto Rückstellung 31.12.10 bis 12	1 (87)
Konto Aufwand Rückstellung 10 bis 12	1 (88)
BV-Methode: (Negativauspunktung)	
Fehler	1 (89)

	Punkte
Fehler	1 (90)
Fehler	1 (91)
Fehler	1 (92)
Fehler	1 (93)
Fehler	1 (94)
Fehler	1 (95)
G+V-Methode: (Negativauspunktung)	
Fehler	1 (96)
Fehler	1 (97)
Fehler	1 (98)
Fehler	1 (99)
Fehler	1 (100)

<table>
<tr><th colspan="3">Notentabelle</th></tr>
<tr><th>Korrekturpunkte</th><th>Punkte nach § 6 Abs. 1 StBAPO</th><th>Note</th></tr>
<tr><td>100–95</td><td>15</td><td rowspan="2">1</td></tr>
<tr><td>94–91</td><td>14</td></tr>
<tr><td>90–86</td><td>13</td><td rowspan="3">2</td></tr>
<tr><td>85–82</td><td>12</td></tr>
<tr><td>81–77</td><td>11</td></tr>
<tr><td>76–73</td><td>10</td><td rowspan="3">3</td></tr>
<tr><td>72–68</td><td>9</td></tr>
<tr><td>67–64</td><td>8</td></tr>
<tr><td>63–59</td><td>7</td><td rowspan="3">4</td></tr>
<tr><td>58–55</td><td>6</td></tr>
<tr><td>54–50</td><td>5</td></tr>
<tr><td>49–40</td><td>4</td><td rowspan="3">5</td></tr>
<tr><td>39–30</td><td>3</td></tr>
<tr><td>29–20</td><td>2</td></tr>
<tr><td>19–10</td><td>1</td><td rowspan="2">6</td></tr>
<tr><td>9–0</td><td>0</td></tr>
</table>

Fall 5

Übungsklausur aus dem Gebiet Abgabenrecht

Bearbeitungszeit: 5 Stunden
Hilfsmittel:
Beck'sche Bände

- Steuergesetze
- Steuerrichtlinien
- Steuererlasse

HGB, BGB, GmbHG
ZPO, InsO
StGB

A. Sachverhalt

I. Teil

Der ledige Tony Moroni (T) ist als „Eventkoch" tätig und bezieht aus dieser Tätigkeit Einkünfte aus Gewerbebetrieb. Er lässt sich dabei durch Privatpersonen, Firmen oder Restaurants engagieren und präsentiert in einer Art Show unter Einbeziehung von Gästen und Zuschauern seine Kochkünste. T wird vom Finanzamt Kaiserslautern zur Einkommensteuer veranlagt. Seine Einkommensteuererklärung für 02, zu deren Abgabe er verpflichtet war, übermittelte T am 30. November 03, das Finanzamt veranlagte ihn entsprechend und erließ am 24. Januar 04 einen Einkommensteuerbescheid ohne Nebenbestimmungen.

Im April 07 ging im Finanzamt eine T betreffende Kontrollmitteilung ein, wonach dieser beim Betriebsfest im Juli 02 der Firma Mobotnix (M) in Pirmasens ein Kochevent durchgeführt und hierfür ein Entgelt von 15.600 € erhalten hatte. Der zuständige Sachbearbeiter Albert Abendroth (A) im Veranlagungsbezirk kontaktierte T daraufhin telefonisch, woraufhin dieser einräumte, diese Einnahme bei seiner Steuererklärung 02 vergessen zu haben. Er bittet den A, die ihm für das Event entstandenen Ausgaben wie Wareneinkäufe, Lohn- und Fahrtkosten mit 11.540 € gegenzurechnen. A ist jedoch der Ansicht, dass T wegen seiner Versäumnisse die Ausgaben nicht mehr geltend machen kann und setzt nur die Einnahmen von 15.600 € an. Außerdem bemerkt A, dass der Erstbescheid vom 24.01.04 entgegen seiner eindeutigen Absicht keinen Vorbehalt der Nachprüfung hatte. Da es zum Jahresbeginn 04 im Finanzamt eine umfassende Änderung der bei der Veranlagung zu verwendenden Software gegeben hatte, war die Beifügung dem A nicht gelungen, weil er in der neuen Eingabemaske ein Kontrollhäkchen an der falschen Stelle gesetzt hatte. Prüfhinweise des Programms hatte er – wie ihm dies von einem Kollegen als grundsätzliches Vorgehen empfohlen worden war – auch diesmal „weggeklickt". Auf dem Aktendeckel waren die Worte „BP 02-04" in roter Schrift vermerkt, auf einem Erfassungsbogen war der handschriftlichen Vermerk „Veranlagung unter Vorbehalt der Nachprüfung" zu lesen. Um das Versäumnis also zu beseitigen, versieht A daher den Änderungsbescheid, mit dem er die Einnahme bei M erfasst, mit einem Vorbehaltsvermerk. Die Bekanntgabe an T erfolgt am 15. Juni 07.

Der Bescheid wird nicht angefochten.

Mit Prüfungsanordnung vom 22. Dezember 07 wird bei T eine Betriebsprüfung für die Veranlagungszeiträume 02–04 angeordnet. Der Prüfer beginnt am 30. Januar 08 mit der Prüfung des Betriebes des T. Er entdeckt dabei, dass T Prämienzahlungen aus mehreren Kochwettbewerben in 02 nicht versteuert hat und stellt im Prüfungsbericht einen entsprechenden Mehrgewinn für das Jahr 02 von 15.000 € fest. Nach Erhalt des Prüfungsberichts entgegnet T wahrheitsgemäß, er habe dem Finanzamt nach dem Aufräumen seines Büros bereits im Sommer 04 seine Siegerurkunde mit Zeitungsartikel zugeschickt mit dem Vermerk, die Prämien in Höhe von insgesamt 15.000 € habe er in seiner Steuererklärung leider vergessen. Der Artikel befindet sich tatsächlich in der Akte des T, versehen mit einem Vermerk von Sachbearbeiter A „Bei nächsten Änderung der ESt 02 berücksichtigen". Dies hatte A jedoch bei der Änderung im Juni 07 übersehen.

Der Betriebsprüfer nimmt die Zahlung trotzdem in den Bericht auf und auch Sachbearbeiter A veranlagt entsprechend, der geänderte Einkommensteuerbescheid ergeht am 11. Juni 08 (Aufgabe zur Post).

Aufgabe:
Prüfen Sie die Rechtmäßigkeit der Einkommensteuerbescheide vom 15. Juni 07 und vom 11. Juni 08. Gehen Sie dabei auf alle ernsthaft in Betracht kommenden Korrekturvorschriften ein.

Hinweis! Gehen Sie davon aus, dass die durch den Prüfer ermittelten Prämien des T grundsätzlich einkommensteuerpflichtig sind. § 177 AO ist nicht zu berücksichtigen.

II. Teil

T schränkt in der Folgezeit seine gewerblichen Kochtätigkeiten immer mehr ein, setzte sich im Jahr 09 gänzlich zur Ruhe und meldet sein Gewerbe zum 01.03.09 ab. Da er in 08 die vermögende 85-jährige Witwe eines Großunternehmers kennenlernte, durch seine Kochkünste schnell für sich gewinnen konnte und jetzt mit ihr zusammenlebt, hat er nun keine Einkünfte aus Gewerbebetrieb mehr. Seit 09 hat er lediglich geringe Einkünfte aus Kapitalvermögen in Höhe von jährlich ca. 500 € aus einem Festgeldkonto, ansonsten lebt er vom Geld seiner reichen Freundin.

Er beantragt unter Darlegung seiner finanziellen Situation beim Finanzamt die Ausstellung einer Nichtveranlagungsbescheinigung zur Vorlage bei seiner Bank. Da der immer noch zuständige Sachbearbeiter A in der Zeitung von der Beziehung des T zu der reichen Witwe gelesen hat, glaubt er die Aussagen des T und stellt ihm die Bescheinigung am 10. November 09 für die Jahre 10-12 mit dem aufgrund Gesetz üblichen Inhalt und den erforderlichen Nebenbestimmungen aus. T reicht sie bei seiner Bank ein.

Im Dezember 10 verstirbt die Witwe und hinterlässt ihr umfangreiches Erbe von etwa 10 Millionen € dem T als Alleinerben. Sachbearbeiter A erfährt erst Anfang des Jahres 12 von der Erbschaft und schreibt dem T mit Datum vom 06. Februar 12, dass er die Nichtveranlagungsbescheinigung mit Wirkung vom 01.01.11 aufhebe und unverzüglich die Rückgabe verlange. Das Schreiben enthält keine Rechtsbehelfsbelehrung.

Im gleichen Schreiben fordert er T außerdem auf, bis zum 31. Mai 12 eine Steuererklärung für das Jahr 11 abzugeben. T kommt der Aufforderung nicht fristgerecht nach. Am 29. Juni 12 droht A dem T ein Zwangsgeld in Höhe von 500 € für den Fall an, dass dieser der Abgabeverpflichtung nunmehr nicht bis zum 15. August 12 nachkommt, eine Rechtsbehelfsbelehrung war dem Schreiben beigefügt. Da T weiterhin nicht reagiert, schickt A mit Schreiben vom 31. August 12 eine Zwangsgeldfestsetzung (mit Rechtsbehelfsbelehrung) in Höhe von 500 € wegen der Nichtabgabe der Einkommensteuererklärung 11 an T ab. A wird hierin zur Zahlung des Zwangsgeldes innerhalb von 4 Wochen ab Bekanntgabe des Zwangsgeldes aufgefordert.

Da T bis Anfang November 12 trotz inhaltlich korrekter schriftlicher Mahnung vom 10.10.12 immer noch nicht reagiert hat, wird der Vollziehungsbeamte Sven Sörensen (S) mit einem entsprechenden Vollstreckungsauftrag zu T geschickt. Neben dem laut aktueller Abfrage noch zu zahlenden Zwangsgeld ist eine Forderung aus der Umsatzsteuervoranmeldung für Juli 12 i.H.v. 1.270 € offen. Nach dem Tod seiner Freundin war es T gelungen, innerhalb weniger Monate mit Hilfe einiger windiger Anlageberater das ererbte Vermögen nahezu vollständig zu verlieren. Er hatte daraufhin ab Januar 12 seine Kochtätigkeit wieder aufgenommen, mit der Zahlung der Steuern klappte es jedoch aufgrund einer allgemeinen Nachlässigkeit im Umgang mit Behörden nicht immer ganz.

Ausgestattet mit einem Vollstreckungsauftrag wegen Umsatzsteuer Juli und des Zwangsgelds wegen Nichtabgabe der Einkommensteuererklärung 11 besucht S am 07.11.12 den T in seiner Mietwohnung. Er weist sich gegenüber T als Vollziehungsbeamter des Finanzamts aus, zeigt seinen Vollstreckungsauftrag vor und fordert T zur Zahlung auf. T ist empört, lässt S aber eintreten. Im Gespräch führt T aus, er wisse von einer Zwangsgeldfestsetzung nichts, die habe er nie erhalten. Er vermute, dass dies einer der Briefe sei, den seine

Putzfrau ihm nach eigenen Angaben vorenthalten hatte, um ihm nach dem Stress rund um den Tod der Witwe weitere Aufregungen zu ersparen. Die ebenfalls in der Wohnung anwesende Putzfrau bestätigte die Aussage des T, sie erinnere sich genau, mindestens einen Brief vom Finanzamt aus dem Briefkasten genommen und im Kamin verbrannt zu haben, um T vor Unheil zu bewahren. Was die Umsatzsteuerforderung angehe, so T weiter, sei ihm diese Summe von einem Mitarbeiter im Finanzamt gestundet worden. S lässt sich von den Einwendungen des T nicht abhalten und pfändet, da T die rückständige Summe nicht sofort zahlen kann, eine im Wohnzimmer stehende 15 cm hohe chinesische Vase, die S auf einen Wert von 2.000 € schätzt. Weitere pfändbare Gegenstände findet S nicht. Er fertigt eine entsprechende Niederschrift und nimmt die Vase in seinem Dienstwagen mit.

Am 10.12.12 geht im Finanzamt Kaiserslautern folgendes Schreiben des T ein:

> Sehr geehrte Damen und Herren Finanzbeamte!
>
> Jetzt reicht's! Es ist Schluss mit Ihren Maßnahmen, mit denen Sie mich jetzt seit Monaten schikanieren, ich lege Einspruch gegen alles ein! Zuerst haben Sie meine Nichtveranlagungsbescheinigung zurückverlangt, diese ist doch bei meiner Bank hinterlegt! Ich habe ja jetzt außerdem immerhin seit einigen Monaten Zinsen steuerfrei erhalten, dies kann so schnell nicht von der Bank rückgängig gemacht werden. Unfair finde ich auch, dass ich überhaupt wieder eine Steuererklärung abgeben muss, davon hatten Sie mich doch befreit! Dann haben Sie mir ein Zwangsgeld angedroht, was ich besonders ungerecht finde, weil ich seit Monaten vor Trauer um meine liebe verstorbene Freundin kaum noch aus den Augen sehen kann! Zur Zwangsgeldfestsetzung habe ich Ihnen ja schon einiges mitgeteilt, was kann ich dafür, wenn meine Putzfrau meine Briefe verbrennt, das müssen Sie schon zu meinen Gunsten berücksichtigen.
> Aber die Krone wird noch durch die Pfändungsmaßnahme Ihres Schergen Sörensen aufgesetzt. Zunächst mal hätte er doch auf meine Einwände eingehen müssen, dass eine Stundung vorliegt und dass ich das Zwangsgeld-Schreiben gar nicht bekommen habe, das hat ihn alles überhaupt nicht interessiert. Und dann pfändet er mir doch noch einfach meine schöne Vase, ein besonderes Erinnerungs- und Erbstück weg! Diese ist mit 2.000 € auch viel mehr wert als die angeblichen Rückstände. Was die Umsatzsteuerforderung angeht, so möchte ich Sie auch noch an die Stundung erinnern, die Ihr Mitarbeiter, Herr Michael Machmal mir gewährt hatte. Gut, ich habe zwar die Umsatzsteuervoranmeldungen für September, Oktober und November noch nicht wie angefordert abgegeben, aber das kann doch keine Vollstreckung rechtfertigen!!
> Ich fordere Sie daher auf, sämtliche schikanösen Maßnahmen umgehend aus der Welt zu nehmen!
>
> Hochachtungsvoll
> Tony Moroni

Auf das Schreiben des T ermittelt A folgende Umstände: Eine Stundung durch seinen Mitarbeiter Machmal (M) war tatsächlich erfolgt, diese stand unter der auflösenden Bedingung der pünktlichen Abgabe der folgenden Umsatzsteuervoranmeldungen und Begleichung der aus ihnen hervorgehenden Zahllast nach der gesetzlichen Fälligkeit.

Aufgaben:

1. Prüfen Sie die Zulässigkeit der im Schreiben vom 10.12.12 eingelegten Einsprüche des T. Fassen Sie hierbei gleichartige Prüfungspunkte soweit möglich zusammen.
2. Prüfen Sie die Rechtmäßigkeit der Zwangsgeldfestsetzung, der „Aufhebung" der Nichtveranlagungsbescheinigung und der Pfändung der Vase. Gehen Sie bei letzterer Prüfung auch auf die allgemeinen Vollstreckungsvoraussetzungen sowohl hinsichtlich der USt-Voranmeldung als auch des Zwangsgeldes ein.

Auf Verfahrensfragen bzgl. der Pfändung ist nur einzugehen, soweit diese aufgrund des Sachverhalts problematisch erscheinen.

Hinweis! Gehen Sie davon aus, dass bei ihrem Erlass die Voraussetzungen für die Erteilung der Nichtveranlagungsbescheinigung nach § 44a EStG vorgelegen haben.

III. Teil

Der ledige Friedolin Faul (F) wird beim Finanzamt Neuwied zur Einkommensteuer veranlagt. Bei der Erstellung seiner Steuererklärung für 03 stößt F auf eine Mitteilung über Kapitaleinkünfte in Höhe von umgerechnet 13.000 € aus einem isländischen Anlagefonds, der bei der isländischen Depotbank Behaupthing (B) verwaltet wird. Abgeltungssteuer wurde nicht einbehalten. Aufgrund der enthaltenen Angaben sowie unter Zuhilfenahme der Erläuterungshinweise zu den Anlagen KAP und AUS und des Internets versucht er herauszufinden, ob die Einkünfte steuerpflichtig sind und in der Steuererklärung angegeben werden müssen. Nach 45 Minuten intensiven Studiums wird er der Aufklärung jedoch überdrüssig und entscheidet sich, einen befreundeten Steuerberater aus seinem Kegelclub anzurufen. Dieser erklärt F, seiner Ansicht nach müssten die Einkünfte aus rechtlichen Gründen steuerfrei sein, zumal derzeit in Island eine wirtschaftlich sehr schwierige Situation herrsche und weil auch keine Abgeltungssteuer einbehalten worden sei. Hundertprozentig sicher sei er sich aber auch nicht, aber es werde schon stimmen. F entschließt sich im Vertrauen auf die Kenntnisse des Steuerberaters, die Einkünfte nicht anzugeben. Die entsprechende Steuererklärung gibt F am 10.08.04 beim Finanzamt Neuwied ab, der Einkommensteuerbescheid vom 05.09.04 übernimmt die Werte des F.

Am 06. Dezember 04 besucht F eine Informationsveranstaltung im Finanzamt zum Thema Kapitaleinkünfte. Nach der Veranstaltung ist F richtigerweise überzeugt, dass seine Steuererklärung in Bezug auf die Einkünfte aus dem Anlagefonds falsch ist und geht nach Hause, um die Erklärung umgehend zu berichtigen. Dort überlegt es sich F allerdings aufgrund des sichtbaren Renovierungsbedarfs seiner Wohnung und seines konstanten Mangels an flüssigen Geldmitteln anders und sieht angesichts seiner langjährigen „Steuerzahlertreue“ schließlich davon ab, die Erklärung zu berichtigen. Er tut dies auch in der Folgezeit nicht.

Aufgabe:

Prüfen Sie die Strafbarkeit von F. Eine leichtfertige Steuerverkürzung ist nicht zu prüfen.

Kalender 12

Januar	Februar	März	April	Mai	Juni	Juli	August	September	Oktober	November	Dezember
1 So Neujahr	1 Mi	1 Do	**1 So**	1 Di Tag der Arbeit	1 Fr	**1 So**	1 Mi	**1 Sa**	1 Mo 40	1 Do	**1 Sa**
2 Mo 1	2 Do	2 Fr	2 Mo 14	2 Mi	**2 Sa**	2 Mo 27	2 Do	**2 So**	2 Di	2 Fr	**2 So**
3 Di	3 Fr	**3 Sa**	3 Di	3 Do	**3 So**	3 Di	3 Fr	3 Mo 36	3 Mi Tag der Dt. Einheit	**3 Sa**	3 Mo 49
4 Mi	**4 Sa**	**4 So**	4 Mi	4 Fr	4 Mo 23	4 Mi	**4 Sa**	4 Di	4 Do	**4 So**	4 Di
5 Do	**5 So**	5 Mo 10	5 Do	**5 Sa**	5 Di	5 Do	**5 So**	5 Mi	5 Fr	5 Mo 45	5 Mi
6 Fr	6 Mo 6	6 Di	6 Fr Karfreitag	**6 So**	6 Mi	6 Fr	6 Mo 32	6 Do	**6 Sa**	6 Di	6 Do
7 Sa	7 Di	7 Mi	**7 Sa**	7 Mo 19	7 Do	**7 Sa**	7 Di	7 Fr	**7 So**	7 Mi	7 Fr
8 So	8 Mi	8 Do	**8 So**	8 Di	8 Fr	**8 So**	8 Mi	**8 Sa**	8 Mo 41	8 Do	**8 Sa**
9 Mo 2	9 Do	9 Fr	9 Mo Ostermontag 15	9 Mi	**9 Sa**	9 Mo 28	9 Do	**9 So**	9 Di	9 Fr	**9 So**
10 Di	10 Fr	**10 Sa**	10 Di	10 Do	**10 So**	10 Di	10 Fr	10 Mo 37	10 Mi	**10 Sa**	10 Mo 50
11 Mi	**11 Sa**	**11 So**	11 Mi	11 Fr	11 Mo 24	11 Mi	**11 Sa**	11 Di	11 Do	**11 So**	11 Di
12 Do	**12 So**	12 Mo 11	12 Do	**12 Sa**	12 Di	12 Do	**12 So**	12 Mi	12 Fr	12 Mo 46	12 Mi
13 Fr	13 Mo 7	13 Di	13 Fr	**13 So**	13 Mi	13 Fr	13 Mo 33	13 Do	**13 Sa**	13 Di	13 Do
14 Sa	14 Di	14 Mi	**14 Sa**	14 Mo 20	14 Do	**14 Sa**	14 Di	14 Fr	**14 So**	14 Mi	14 Fr
15 So	15 Mi	15 Do	**15 So**	15 Di	15 Fr	**15 So**	15 Mi	**15 Sa**	15 Mo 42	15 Do	**15 Sa**
16 Mo 3	16 Do	16 Fr	16 Mo 16	16 Mi	**16 Sa**	16 Mo 29	16 Do	**16 So**	16 Di	16 Fr	**16 So**
17 Di	17 Fr	**17 Sa**	17 Di	17 Do Himmelfahrt	**17 So**	17 Di	17 Fr	17 Mo 38	17 Mi	**17 Sa**	17 Mo 51
18 Mi	**18 Sa**	**18 So**	18 Mi	18 Fr	18 Mo 25	18 Mi	**18 Sa**	18 Di	18 Do	**18 So**	18 Di
19 Do	**19 So**	19 Mo 12	19 Do	**19 Sa**	19 Di	19 Do	**19 So**	19 Mi	19 Fr	19 Mo 47	19 Mi
20 Fr	20 Mo 8	20 Di	20 Fr	**20 So**	20 Mi	20 Fr	20 Mo 34	20 Do	**20 Sa**	20 Di	20 Do
21 Sa	21 Di	21 Mi	**21 Sa**	21 Mo 21	21 Do	**21 Sa**	21 Di	21 Fr	**21 So**	21 Mi	21 Fr
22 So	22 Mi	22 Do	**22 So**	22 Di	22 Fr	**22 So**	22 Mi	**22 Sa**	22 Mo 43	22 Do	**22 Sa**
23 Mo 4	23 Do	23 Fr	23 Mo 17	23 Mi	**23 Sa**	23 Mo 30	23 Do	**23 So**	23 Di	23 Fr	**23 So**
24 Di	24 Fr	**24 Sa**	24 Di	24 Do	**24 So**	24 Di	24 Fr	24 Mo 39	24 Mi	**24 Sa**	24 Mo 52
25 Mi	**25 Sa**	**25 So**	25 Mi	25 Fr	25 Mo 26	25 Mi	**25 Sa**	25 Di	25 Do	**25 So**	25 Di 1. Weihnachtstag
26 Do	**26 So**	26 Mo 13	26 Do	**26 Sa**	26 Di	26 Do	**26 So**	26 Mi	26 Fr	26 Mo 48	26 Mi 2. Weihnachtstag
27 Fr	27 Mo 9	27 Di	27 Fr	**27 So**	27 Mi	27 Fr	27 Mo 35	27 Do	**27 Sa**	27 Di	27 Do
28 Sa	28 Di	28 Mi	**28 Sa**	28 Mo Pfingstmontag 22	28 Do	**28 Sa**	28 Di	28 Fr	**28 So**	28 Mi	28 Fr
29 So	29 Mi	29 Do	**29 So**	29 Di	29 Fr	**29 So**	29 Mi	**29 Sa**	29 Mo 44	29 Do	**29 Sa**
30 Mo 5		30 Fr	30 Mo 18	30 Mi	**30 Sa**	30 Mo 31	30 Do	**30 So**	30 Di	30 Fr	**30 So**
31 Di		**31 Sa**		31 Do		31 Di	31 Fr		31 Mi		31 Mo 1

B. Lösungen

I. Teil

Die Einkommensteuerbescheide für 02 vom 15.06.07 und 11.06.08 sind rechtmäßig, wenn Korrekturvorschriften vorgelegen haben und die Festsetzungsverjährung noch nicht eingetreten war, § 169 Abs. 1 S. 1 und 2 AO.

Bescheid vom 15.06.07

In Betracht kommt zunächst eine Änderung wegen neuer Tatsachen gem. § 173 Abs. 1 AO. Fraglich ist hierbei, ob die Einnahmen aus dem Auftrag bei der Firma M und die zugehörigen Ausgaben als eine einzige Tatsache oder aber getrennt zu betrachten sind. Da es sich hier nicht um eine neue Einkunftsquelle sondern lediglich um einen weiteren Auftrag im Rahmen der bekannten Tätigkeit des T handelt, sind Einnahmen und Ausgaben getrennt zu betrachten (vgl. AEAO zu § 173, Nr. 6.2 i.U.). Wegen der zusätzlichen Betriebseinnahmen von 15.600 € kommt daher eine Änderung nach § 173 Abs. 1 Nr. 1 AO in Betracht. Die Einnahmen sind Tatsachen, weil sie ein Merkmal oder Teilstück eines steuergesetzlichen Tatbestandes darstellen. Sie werden auch nachträglich, also nach abschließender Zeichnung des Steuerfalls bekannt, da das Finanzamt in 07 aufgrund einer Kontrollmitteilung davon erfährt. Die Einnahmen führen zu einer höheren Steuer, sie sind rechtserheblich. Eine Änderung war daher insoweit grundsätzlich möglich.

Die von T geltend gemachten Ausgaben ermöglichen eine Änderung des Steuerbescheides 02 aufgrund § 173 Abs. 1 Nr. 2 AO. Auch die Ausgaben stellen nachträglich bekannt gewordene Tatsachen dar. Zwar könnte T ein grobes Verschulden am nachträglichen Bekanntwerden treffen, da er verpflichtet ist, umfassende Angaben über Betriebsein- und -ausgaben zu machen und dafür sorgen muss, dass er nichts vergisst. Dieses Verschulden ist aber hier gem. Satz 2 unbeachtlich, da die Betriebsausgaben in einem unmittelbaren Zusammenhang zu den Einnahmen aus dem Auftrag bei M stehen. Folglich hätte auch bezüglich der Ausgaben eine Änderung erfolgen müssen, insoweit ist der Bescheid daher rechtswidrig.

Fraglich ist schließlich, ob der Vorbehalt der Nachprüfung nachträglich in den Bescheid eingefügt werden durfte. Es ist hierfür eine Korrekturvorschrift erforderlich, hier kommt § 129 Satz 1 AO in Betracht. Es müsste zunächst eine offenbare Unrichtigkeit vorliegen. Da kein Rechen- oder Schreibfehler ersichtlich ist, kommt nur eine ähnliche offenbare Unrichtigkeit in Betracht, also ein mechanisches Versehen. Sachbearbeiter A wollte den Fall nach der Aktenlage eindeutig mit einer Nebenbestimmung nach § 164 Abs. 1 Satz 1 AO versehen, dies geht aus dem Vermerk „BP 02-04" auf dem Aktendeckel und dem Erfassungsbogen hervor. Lediglich aufgrund fehlerhaften Umgangs mit dem Programm ist es nicht zu einer korrekten Beifügung gekommen. Es handelt sich folglich um ein Versehen im Sinne einer einem Rechen- oder Schreibfehler ähnlichen offenbaren Unrichtigkeit. Nach der Lage des Falls kann ausgeschlossen werden, dass A aus rechtlichen Erwägungen den Vermerk nicht beigefügt hat. Der Fehler ist auch beim Erlass des Verwaltungsakts unterlaufen, daher greift § 129 Satz 1 AO, die Hinzufügung des Vorbehalts war rechtmäßig.

> **Hinweis!** Konsequenz aus einer möglichen Hinzufügung des VdN ist auch, dass bereits der hier geprüfte Bescheid vom 15.06.07 gem. § 164 Abs. 2 Satz 1 AO und daher in vollem Umfang geändert kann (vgl. BFH vom 22.02.2006, BStBl II 2006, 400; Zusatzpunkt, da keine konkreten Hinweise im Sachverhalt).

Schließlich ist noch die Festsetzungsverjährung zu prüfen. Sie beginnt für den Veranlagungszeitraum 02 wegen der Verpflichtung des T zur Abgabe einer Steuererklärung gem. § 149 Abs. 1 Satz 2 aufgrund der Anlaufhemmung in § 170 Abs. 2 Nr. 1 AO mit Ablauf des Kalenderjahres, in dem T seine Steuererklärung abgegeben hat, hier also mit Ablauf 03. Sie dauert gem. § 169 Abs. 2 Nr. 2 AO 4 Jahre und endet somit mit Ablauf 07. Die Bekanntgabe lag daher innerhalb der Frist.

Insgesamt ist also der Bescheid vom 15.06.07 insoweit rechtswidrig, als noch die Betriebsausgaben aus dem M-Auftrag zu berücksichtigen sind, im Übrigen ist er rechtmäßig.

Bescheid vom 11.06.08

Fraglich ist, ob eine Änderung gem. § 164 Abs. 2 Satz 1 AO erfolgen konnte. Der ursprüngliche Bescheid vom 24.01.04 stand nicht unter dem Vorbehalt der Nachprüfung. Im Änderungsbescheid vom 15.06.07 ist dieser Vorbehalt nach § 164 Abs. 1 Satz 1 AO aber wie oben erläutert wirksam eingefügt worden, sodass die Veranlagung zunächst unter dem Vorbehalt der Nachprüfung stand. Allerdings könnte dieser aufgrund des Eintritts der Festsetzungsverjährung gem. § 164 Abs. 4 Satz 1 AO weggefallen sein. Wie oben geprüft lief die reguläre Festsetzungsfrist mit Ablauf des Jahres 07 ab. Hier kommt noch die Ablaufhemmung nach § 171 Abs. 4 AO in Betracht. Danach läuft die Festsetzungsfrist in Fällen, in denen vor Fristablauf mit einer Außenprüfung begonnen wird, so lange nicht ab, bevor aufgrund des Prüfungsergebnisses geänderte Bescheide unanfechtbar sind. Hier wurde im Dezember 07 eine Prüfungsanordnung an T verschickt. Allerdings hat der Prüfer die eigentliche Prüfung erst im Januar begonnen. Allein die Versendung der Anordnung vermag die Ablaufhemmung aber nicht auszulösen, es müssen tatsächliche Ermittlungshandlungen hinzutreten (vgl. u.a. BFH vom 24.04.2003, BStBl II 2003, 739; AEAO zu § 198, Rn. 1). Im vorliegenden Fall greift § 171 Abs. 4 AO daher nicht. Folglich ist der Vorbehalt der Nachprüfung weggefallen, eine Änderung nach § 164 Abs. 2 Satz 1 AO kann nicht mehr erfolgen.

In Betracht kommt auch eine Änderung gem. § 172 Abs. 1 Nr. 2a AO. T hat die Informationen über die Prämien selbst beim Finanzamt eingereicht. Allerdings ist hierin lediglich die Erfüllung der sich aus § 153 Abs. 1 Nr. 1 AO ergebenden Pflicht zur Berichtigung der bisher unvollständigen Steuererklärung zu sehen. Mit einer Zustimmung zur Änderung nach § 172 Abs. 1 Nr. 2a AO ist dies nicht gleichzusetzen (vgl. AEAO zu § 172, Rn. 3).

Weiterhin ist § 173 Abs. 1 Nr. 1 AO zu prüfen, da mit dem Prämien Tatsachen im Sinne dieser Vorschrift bekannt werden. Fraglich ist hier allerdings, ob diese wirklich nachträglich bekannt werden. In der Akte des T waren bereits sein Schreiben und der Zeitungsartikel sowie die Urkunde enthalten gewesen, die die Zahlung an T eindeutig belegen. Grundsätzlich muss sich der Sachbearbeiter den gesamten Inhalt der Akten, hier also auch die Prämienzahlung, als bekannt zurechnen lassen. Allerdings sind die Unterlagen erst seit Sommer 04, also zeitlich nach der Erstveranlagung bekannt geworden. Fraglich ist, auf welchen Zeitpunkt hier abzustellen ist. Geht man von der Maßgeblichkeit des Ursprungsbescheids aus dem Januar 04 aus, ist die Tatsache nachträglich bekannt geworden. Hier war der Bescheid aber bereits am 15.06.07 geändert worden, ohne dass die Zahlung berücksichtigt worden ist. Soweit dieser Zeitpunkt als maßgeblich angesehen würde, wäre das nachträgliche Bekanntwerden folglich zu verneinen. Nach der BFH-Rechtsprechung ist bei dem zwischenzeitlichen Erlass eines Änderungsbescheides grundsätzlich davon auszugehen, dass es für die Beurteilung des nachträglichen Bekanntwerdens einer Tatsache auf die abschließende Zeichnung dieses zeitlich letzten Bescheides ankommt. Eine Ausnahme wird hier nur für stark automatisierte Änderungen wie solche nach § 129 oder § 175 Abs. 1 Nr. 1 AO gemacht. Da die zwischenzeitliche Änderung hier aber auch gem. § 173 Abs. 1 AO erfolgt war, ist auf den Erlass des Änderungsbescheides abzustellen. Folglich ist die Einnahme aus der Prämienzahlung nicht nachträglich bekannt geworden, eine Änderung nach § 173 Abs. 1 Nr. 1 AO kann insoweit nicht erfolgen.

Es kommt weiterhin eine Änderung nach § 129 Satz 1 AO in Betracht. A hat das Schreiben und die Unterlagen des T betreffend die Kochprämien bei der Veranlagung nicht beachtet. Hierin könnte eine ähnliche offenbare Unrichtigkeit liegen. A hatte die Dokumente des T mit einem Vermerk versehen und dadurch deutlich gemacht, dass er die Berücksichtigung bei der Veranlagung 02 geplant hatte. Es ist nicht ersichtlich, dass die Nichtberücksichtigung auf einer besonderen rechtlichen Überlegung des A beruhte, es handelte sich um ein reines Versehen. Da die Unterlagen auch eindeutig den Veranlagungszeitraum 02 betreffen, kann in dem Übersehen ein nach § 129 AO berichtigungsfähiger Fehler bei Erlass des Verwaltungsaktes gesehen werden (vgl. BFH Urteil vom 27.05.2009, BStBl II 2009, 946).

Fraglich ist aber, ob die Änderung nicht aufgrund des Eintritts der Festsetzungsverjährung ausgeschlossen ist. Wie erläutert endet die Festsetzungsfrist regulär mit Ablauf des Jahres 07. Der Tatbestand der Steuerhinterziehung ist hier eindeutig nicht gegeben. Zu prüfen ist nun noch die Ablaufhemmung des § 171 Abs. 2 AO. Danach kann eine offenbare Unrichtigkeit noch bis zu ein Jahr nach Erlass des entsprechenden Bescheides korrigiert werden. Der berichtigungsfähige Fehler, nämlich die versehentliche Nichtberücksichtigung der Prämienzahlung, ist hier im Bescheid vom 15.06.07 enthalten, da dieser den Sachverhalt fälschlicherweise unberücksichtigt ließ. Folglich konnte eine Berichtigung noch bis zum 15.06.08 erfolgen, der Bescheid vom 11.06.08 ist somit rechtmäßig.

II. Teil

Zulässigkeit der Einsprüche des T

T wendet sich gegen alle Maßnahmen des Finanzamtes, dies sind laut seinem Schreiben:

- Aufforderung zur Abgabe der Steuererklärung 11,
- Rückforderung der Nichtveranlagungsbescheinigung,
- Androhung des Zwangsgeldes,
- Festsetzung des Zwangsgeldes,
- Pfändung der Vase.

Zunächst ist die Statthaftigkeit der Einsprüche zu prüfen. Gem. § 347 Abs. 1 Nr. 1, Abs. 2 AO ist der Einspruch gegen Verwaltungsakte in Abgabenangelegenheiten zulässig. Alle angefochtenen Maßnahmen stellen Verwaltungsakte i.S.d. § 118 AO dar. Die Zwangsgeldandrohung ist verbindliche Voraussetzung für eine spätere Festsetzung und hat daher Regelungscharakter. Die Aufforderung zur Abgabe der Steuererklärung begründet eine Rechtspflicht des T, die mit Zwangsmitteln durchgesetzt werden kann.

Die NV-Bescheinigung ermöglicht der Bank die Abstandnahme vom Abzug der Kapitalertragssteuer i.S.d. § 44a Abs. 1 Nr. 3 und Satz 4 i.V.m. Abs. 2 Nr. 2 EStG. Sie stellt daher selbst einen Verwaltungsakt dar, weshalb auch in ihrem Widerruf, den A hier vorgenommen hat, ein Verwaltungsakt zu sehen ist.

Folglich sind alle Einsprüche statthaft.

Die nach § 357 Abs. 1 S. 1 AO erforderliche Schriftform ist gewahrt.

Eine Beschwer gem. § 350 AO macht T geltend. Alle angefochtenen Maßnahmen begründen Rechtspflichten des T oder entziehen ihm bisherige Rechtspositionen.

Gem. § 355 Abs. 1 Satz 1 AO beträgt die Frist zur Einlegung eines Einspruchs einen Monat ab Bekanntgabe des Verwaltungsaktes. T's Einspruch ist am 10.12.12 beim Finanzamt eingegangen.

Die Aufforderung zur Abgabe der Steuererklärung wurde am 6. Februar 12 zur Post gegeben, folglich war die Bekanntgabe gem. § 122 Abs. 2 Nr. 1 AO am 9. Februar 12. Gleiches gilt für den Widerruf der Nichtveranlagungsbescheinigung. Die Einspruchsfrist beginnt gem. § 108 Abs. 1 AO i.V.m. § 187 Abs. 1 BGB am 10. Februar 12 und endet gem. § 188 Abs. 2 BGB am 9. März 12. Es fehlt jedoch bezogen auf diese Verwaltungsakte eine Rechtsbehelfsbelehrung. Dies führt gem. § 356 Abs. 1 AO dazu, dass die Einspruchsfrist nicht zu laufen beginnt, die Einlegung des Einspruchs ist nach Abs. 2 binnen eines Jahres nach Bekanntgabe des Verwaltungsaktes möglich. Somit ist der Einspruch insoweit fristgerecht erfolgt.

Die Androhung des Zwangsgeldes erfolgte am 29. Juni 12, Bekanntgabe war somit gem. § 122 Abs. 2 Nr. 1 AO am 2. Juli 12, die Festsetzung des Zwangsgeldes am 31. August 12, Bekanntgabe 3. September 12. Die Festsetzung ist auch ordnungsgemäß bekannt gegeben worden. Erforderlich ist der Zugang des Schriftstücks in den Machtbereich des Empfängers, sodass dieser unter normalen Umständen Gelegenheit hat, davon Kenntnis zu nehmen. Die Gefahr, dass die eigene Putzfrau Schreiben vernichtet, muss sich T selbst zurechnen lassen, es ist folglich von einer ordnungsgemäßen Bekanntgabe der Zwangsgeldfestsetzung auszugehen. Die jeweiligen Einspruchsfristen sind eindeutig abgelaufen. Eine Wiedereinsetzung gem. § 110 AO kommt nicht in Betracht, da T die Frist nicht unverschuldet versäumt hat. Auch das Vernichten des Briefs durch die Putzfrau führt zu keiner anderen Betrachtung, da T seine Putzfrau beaufsichtigen und anweisen muss, wie sie mit Eingangspost umgehen soll. Die Einsprüche gegen Zwangsgeldandrohung und -festsetzung sind daher unzulässig.

Die Pfändung der Vase erfolgte am 07.11.12, dies ist auch der Bekanntgabetag, da es sich nicht um einen schriftlichen Verwaltungsakt handelt. Gem. § 108 Abs. 1 AO i.V.m. § 187 Abs. 1 BGB ist damit der Fristbeginn am 08.11.12, und nach § 188 Abs. 2 BGB das Fristende am 07.12.12. Der Einspruch vom 10.12.12 ist damit verspätet. Wiedereinsetzungsgründe nach § 110 AO sind auch hier nicht ersichtlich und wurden von T auch nicht geltend gemacht.

Im Ergebnis sind daher die Einsprüche gegen die Aufforderung zur Abgabe der Steuererklärung sowie gegen den Widerruf der Nichtveranlagungsbescheinigung zulässig, die anderen Einsprüche sind unzulässig.

Rechtmäßigkeit der einzelnen Maßnahmen

Zwangsgeldfestsetzung

Die Zwangsgeldfestsetzung war rechtmäßig, wenn die Voraussetzungen nach den §§ 328 ff. AO vorgelegen haben. Die Aufforderung zur Abgabe der Steuererklärung 11 stellt zunächst einen gem. § 328 Abs. 1 Satz 1 AO erforderlichen wirksamen Finanzbefehl dar. Sie ist auch erzwingbar und vollstreckbar, Aussetzung der Vollziehung wurde nicht gewährt. Es erfolgte weiterhin eine wirksame schriftliche Androhung gem. § 332 Abs. 1 AO mit Setzung einer angemessenen Frist, hier von ca. 6 Wochen. T reagiert bis zum Ablauf der Frist nicht, folglich war es rechtmäßig, das Zwangsgeld wie hier in der angedrohten Höhe und zeitnah gegen T festzusetzen.

Auch die Bekanntgabe der Zwangsgeldfestsetzung ist wie oben geprüft ordnungsgemäß erfolgt.

Im Rahmen der Ermessensentscheidung sind auch die besonderen Umstände des Falls zu berücksichtigen. T wendet hier ein, aufgrund seiner starken Trauer wegen des Todes der Witwe sei das Zwangsgeld unzulässig gewesen. Hier ist allerdings zu berücksichtigen, dass die Witwe bereits im Dezember des Vorjahres gestorben war, also mehr als ein halbes Jahr vor der Zwangsgeldfestsetzung. Es war daher nicht unverhältnismäßig, T durch das Zwangsgeld zur Abgabe der Erklärung anzuhalten, da Trauerfälle den Steuerpflichtigen grundsätzlich auch nicht von der Erfüllung seiner steuerlichen Pflichten befreien.

Die Zwangsgeldfestsetzung war daher insgesamt rechtmäßig.

Widerruf der Nichtveranlagungsbescheinigung

Die Nichtveranlagungsbescheinigung ist kein Steuerbescheid sondern ein sonstiger Verwaltungsakt. Gleiches gilt für ihren Widerruf, sodass die §§ 130 und 131 AO einschlägig sind. Da im Zeitpunkt des Erlasses der Bescheinigung laut Sachverhalt die Voraussetzungen des § 44a Abs. 1 EStG vorgelegen haben, war die Bescheinigung rechtmäßig. Es ist daher § 131 AO anzuwenden, genauer Abs. 2, weil die NV-Bescheinigung aufgrund der Abstandnahme vom Kapitalertragsteuerabzug für T begünstigend war. In Betracht kommt hier § 131 Abs. 2 Nr. 1 AO ein Widerruf aufgrund Widerrufsvorbehalts. Da die Bescheinigung laut Sachverhalt mit den gesetzlich erforderlichen Nebenbestimmungen versehen war, enthielt sie auch laut § 44a Abs. 2 Satz 2 EStG den Vorbehalt des jederzeitigen Widerrufs. Das Finanzamt durfte die Bescheinigung daher grundsätzlich widerrufen. Allerdings ist der Widerruf mit Rückwirkung hier nicht zulässig. Gem. § 131 Abs. 2 Satz 1 AO ist ein Widerruf nur für die Zukunft möglich. Soweit er also für die Vergangenheit wirken sollte, ist der Widerruf daher rechtswidrig, er kann nur für die Zukunft gelten. Da die Bescheinigung hier nur noch für das Jahr 12 gilt, kann auf einen Widerruf auch verzichtet werden, da es für die Bank tatsächlich, wie T einwendet, Schwierigkeiten bei der nachträglichen Umsetzung geben könnte.

Pfändung der Vase

Zu prüfen ist, ob die Pfändung der Vase rechtmäßig war.

Es müssten zunächst die allgemeinen Vollstreckungsvoraussetzungen vorgelegen haben. Die Zwangsgeldfestsetzung stellt eine Leistungsverpflichtung gem. § 249 Abs. 1 S. 1 AO dar, die vollstreckt werden kann. Für die Umsatzsteuervoranmeldung für Juli 12 gilt dies gem. Satz 2 ebenfalls. Beide Verpflichtungen sind auch vollstreckbar gem. § 251 AO, da keine Aussetzung der Vollziehung gewährt worden ist. Weiterhin ist das Vorliegen eines wirksam bekannt gegebenen Leistungsgebotes gem. § 254 Abs. 1 Satz 1 AO zu prüfen. Hinsichtlich des Zwangsgeldes ist diese Voraussetzung zu bejahen, da T zur Zahlung des Betrages innerhalb einer Frist aufgefordert wird, die Bekanntgabe war, wie bereits geprüft, ordnungsgemäß. In Bezug auf die Umsatzsteuervoranmeldung ist das Leistungsgebot gem. § 254 Abs. 1 Satz 4 AO entbehrlich. Die Forderungen des Finanzamtes müssen auch fällig sein. Die Fälligkeit des Zwangsgeldes ist gesetzlich nicht ausdrücklich geregelt, somit ist § 220 Abs. 2 Satz 1 AO einschlägig. Danach ist der Betrag grundsätzlich mit Entstehung des Anspruchs fällig, es sei denn, es ist wie hier in einem Leistungsgebot eine Zahlungsfrist eingeräumt worden. Da es sich um eine behördliche Frist gem. § 108 Abs. 2 AO handelt, ist als Fristbeginn der auf die Bekanntgabe folgende Tag, hier also der 4. September 12 anzusehen. Die Fristdauer beträgt 4 Wochen, Fristende ist somit Montag, der 1. Oktober 12, dies ist auch der Fälligkeitstag.

Die Umsatzsteuerzahlung für Juli 07 ist gem. § 18 Abs. 1 Satz 4 UStG am 10. August 07 fällig. Allerdings wendet T ein, ihm sei der Betrag gestundet worden. Eine Stundung gem. § 222 AO bewirkt ein Hinausschieben der Fälligkeit mit der Folge, dass eine Vollstreckung nicht erfolgen kann. Hier hat aber T die Bedingung, unter der die Stundung stand, nicht erfüllt. Die Stundung war davon abhängig, dass T die weiteren Umsatzsteuervoranmeldungen fristgerecht abgibt und neu fällig werdende Beträge umgehend entrichtet. Eine solche, gem. § 120 Abs. 2 Nr. 2 AO in die Stundung eingefügte auflösende Bedingung hat im Fall ihres Eintritts, hier also der Nichtbefolgung der Anweisung, zur Folge, dass die Wirkung der Stundung gem. § 124 Abs. 2 AO a.E. ohne weiteres Zutun der Finanzbehörde entfällt, indem sie sich hier „auf andere Weise erledigt". Durch die Nichtabgabe der Voranmeldung entfällt daher die Wirkung der Stundung und der Betrag wird sofort in vollem Umfang fällig. Es kann hier dahinstehen, wann genau der Wiedereintritt der Fälligkeit anzusehen ist, jedenfalls hätte T mindestens ab dem 10. September 12 wieder eine Voranmeldung abgeben müssen. Da er dies nicht getan hat, war der gestundete Betrag im Zeitpunkt der Pfändung auf jeden Fall fällig.

Schließlich muss auch die Vollstreckungsschonfrist von 1 Woche ab Bekanntgabe des Leistungsgebots abgelaufen sein. Für die Voranmeldung entfällt diese Voraussetzung mangels Leistungsgebots, für das Zwangsgeld stellt sie kein Problem dar, da die Bekanntgabe des Leistungsgebots bereits am 03. September 12 erfolgt war.

Eine Mahnung gem. § 259 AO ist ebenfalls an T geschickt worden.

Die allgemeinen Vollstreckungsvoraussetzungen liegen somit vor.

Hinsichtlich des Verfahrens sind keine Fehler ersichtlich. T wendet ein, S hätte auf seine Einwände hinsichtlich des Zugangs der Zwangsgeldfestsetzung und auch der Stundung der Umsatzsteuer nicht reagiert. Dieses Verhalten war jedoch korrekt, da der Vollstreckungsschuldner Einwendungen gegen den zugrunde liegenden Verwaltungsakt außerhalb des Vollstreckungsverfahrens geltend machen muss, § 256 AO. Der Vollziehungsbeamte darf sich durch Einwendungen regelmäßig nicht von der Vollstreckung abhalten lassen, A. 31 Abs. 1 VollzA. Insoweit muss sich T an den Innendienst des Finanzamts wenden.

Es ist auch nicht zu beanstanden, dass S die Vase sofort mitgenommen hat. Da die Vase im Verhältnis zu ihrer Größe mit 15 cm einen hohen Wert an, kann sie als Kostbarkeit i.S.d. § 286 Abs. 2 AO angesehen werden, sodass die Inbesitznahme und Wegnahmepfändung geboten ist.

Eine Überpfändung gem. § 281 Abs. 2 AO liegt ebenfalls nicht vor. Da nicht prognostiziert werden kann, welchen Erlös die Vase bei der Versteigerung erzielen wird, ist es nicht zu beanstanden, wenn ein Gegenstand mit einem ungefähren Wert von 2.000 € bei Rückständen von insgesamt 1.770 € gepfändet wird, zumal die Vollstreckungskosten zu dem Rückstand noch hinzuzurechnen sind.

Was den Erinnerungswert der Vase angeht, so besteht diesbezüglich zwar gem. A. 8 Abs. 2 VollzA das Rücksichtnahmegebot. Hier waren jedoch keine weiteren pfändbaren Vermögensgegenstände ersichtlich, sodass das Absehen von der Pfändung allein aufgrund des Wunsches des T den Erfolg der Vollstreckung gefährdet hätte.

Die Pfändung war daher rechtmäßig.

III. Teil

Es ist zu prüfen, ob sich F durch die Nichtangabe seiner Kapitaleinkünfte aus Anlagefonds in Island wegen Steuerhinterziehung gem. § 370 Abs. 1 Nr. 1 AO strafbar gemacht hat.

Tatbestand

Objektiver Tatbestand

F müsste den Finanzbehörden über steuerlich erhebliche Tatsachen unrichtige oder unvollständige Angaben gemacht und dadurch Steuern verkürzt haben.

F hat gegenüber dem Finanzamt Neuwied, einer Finanzbehörde gem. § 6 Abs. 2 Nr. 5 AO, seine Kapitaleinkünfte unvollständig erklärt, weil er die Einnahmen aus Island dabei nicht berücksichtigte. Diese wären jedoch steuerpflichtig gewesen, und ihre Berücksichtigung bei der Einkommensteuer 03 als Kapitaleinkünfte gem. § 20 EStG hätte zu Mehrsteuern geführt.

Durch diese falschen Angaben des F ist es zu einer Verkürzung der Steuer gem. § 370 Abs. 4 Satz 1 AO gekommen. Dieser Taterfolg ist mit der Bekanntgabe des Einkommensteuerbescheides am 08.09.04 eingetreten.

Die Tathandlung müsste für den konkret eingetretenen Erfolg auch kausal gewesen sein. Kausalität liegt nach der Äquivalenztheorie vor, wenn die Tathandlung nicht hinweggedacht werden kann, ohne dass der Erfolg entfiele. Hätte F die Kapitaleinkünfte richtig erklärt, wäre die Einkommensteuer in korrekter Höhe festgesetzt worden, es wäre nicht zu einer Steuerverkürzung gekommen.

Subjektiver Tatbestand

Gem. § 369 Abs. 2 AO i.V.m. § 15 StGB ist nur die vorsätzlich begangene Steuerhinterziehung strafbar. Vorsatz bedeutet Wissen und Wollen zur Verwirklichung aller objektiven Tatbestandsmerkmale.

F hat hier darauf vertraut, dass die Einkünfte aus dem isländischen Anlagefonds nicht zu versteuern sind. Er handelte nicht mit bedingtem Vorsatz, hat es also nicht etwa billigend in Kauf genommen, dass seine Steuererklärung eventuell falsch sein könnte. Vielmehr hoffte er darauf, dass seine Rechtseinschätzung bzw. der Tipp des Steuerberaters stimmte. Es kann daher nicht von vorsätzlichem Handeln ausgegangen werden, F handelte allenfalls mit bewusster Fahrlässigkeit.

Der subjektive Tatbestand ist somit nicht erfüllt.

Ergebnis:

Durch das Nichtangeben der Einkünfte hat F keine Steuerhinterziehung begangen.

F könnte sich weiterhin dadurch, dass er nach der Erkenntnis über die falsche Einschätzung der Steuerfreiheit seiner Einkünfte keine Berichtigung der Steuererklärung vornahm, wegen Steuerhinterziehung durch Unterlassen gem. § 370 Abs. 1 Nr. 2 AO strafbar gemacht haben.

Tatbestandsmäßigkeit

Objektiver Tatbestand

F müsste das Finanzamt pflichtwidrig über steuerlich erhebliche Tatsachen in Unkenntnis gelassen haben. Als steuerlich erhebliche Tatsachen sind hier wie oben geprüft die Kapitaleinkünfte aus dem isländischen Fonds anzusehen. F hat das Finanzamt über diese Einnahmen in Unkenntnis gelassen, da er, nachdem er seine Fehleinschätzung in Bezug auf die rechtliche Behandlung bemerkt hatte, keine berichtigte Einkommensteuererklärung abgegeben hat.

Dieses Unterlassen des F war auch pflichtwidrig i.S.d. § 370 Abs. 1 Nr. 2 AO. Gem. § 153 Abs. 1 Nr. 1 AO ist ein Steuerpflichtiger in Fällen, in denen er die Unrichtigkeit seiner Angaben und die erfolgte Verkürzung erkennt, verpflichtet, die erforderliche Richtigstellung vorzunehmen. F hatte erkannt, dass er falsche Angaben in der Steuererklärung gemacht hatte und wusste auch, dass es zu einer Steuerverkürzung gekommen war. Die Erkenntnis kam dem F im Jahr 04 auch eindeutig innerhalb der Festsetzungsfrist.

Da die Einkommensteuer aufgrund der Erklärung zu niedrig festgesetzt worden ist, war es bereits zuvor zu einer Verkürzung der Steuer gem. § 370 Abs. 4 Satz 1 AO gekommen, die durch das Nichthandeln des F nun manifestiert wurde.

Das Unterlassen der Berichtigung durch F war kausal für diesen Erfolg, da die unterlassene Handlung nicht hinzugedacht werden kann, ohne dass der konkrete Erfolg entfiele. Wenn F die Einkünfte pflichtgemäß und korrekt angegeben und so die Erklärung korrigiert hätte, wäre die Steuer geändert und sodann korrekt festgesetzt worden.

Subjektiver Tatbestand

F müsste vorsätzlich in Bezug auf den objektiven Tatbestand gehandelt haben. Er wusste nunmehr, dass die Einkünfte hätten angegeben und besteuert werden müssen, ebenso war ihm klar, dass eine berichtigte Steuererklärung hätte eingereicht werden müssen. Gleichwohl entschied er sich dafür, diese Berichtigung nicht vorzunehmen.

F war sich auch darüber im Klaren, dass es dadurch zu einer Verkürzung der Einkommensteuer gekommen war, er wollte dies auch. Direkter Vorsatz war folglich gegeben.

Rechtswidrigkeit

Die Tatbestandsmäßigkeit indiziert die Rechtswidrigkeit. Rechtfertigungsgründe sind nicht ersichtlich.

Schuld

F handelte schuldhaft.

Es sind keine Entschuldigungsgründe gegeben.

Ergebnis:

Durch das Unterlassen der Berichtigung der Steuererklärung hat F eine Steuerhinterziehung i.S.d. § 370 Abs. 1 Nr. 2 AO begangen.

Punktetabelle zur Übungsklausur aus dem Gebiet Abgabenrecht

	Punkte
I. Teil	
Rechtmäßigkeit Bescheid vom 15.06.07	
Obersatz: Korrekturvorschrift, keine Festsetzungsverjährung, § 169 I 1	1 (1)
§ 173	1 (2)
Problem 1 / 2 Tatsachen ansprechen	1 (3)
Begründung warum keine Saldierung: bekannte Einkunftsquelle	1 (4)
§ 173 I Nr. 1 wegen Betriebseinnahmen; Tatsache + Definition	1 (5)
Nachträglich bekannt geworden, Definition + Subsumtion	1 (6)
Höhere Steuer + Ergebnis	1 (7)
§ 173 I Nr. 2 wegen Ausgaben	1 (8)
Grobes Verschulden?	1 (9)
Unbeachtlichkeit nach S. 2 wegen Zusammenhang zu Tats. nach Nr. 1	1 (10)
§ 129	1 (11)
Ähnliche offenbare Unrichtigkeit durch Vergessen Vorbehalt d. Nachprüfung	1 (12)

	Punkte
Keine rechtlichen Erwägungen + Ergebnis	1 (13)
Festsetzungsverjährung: § 170 II Nr. 1	1 (14)
Abgabepflicht lt. SV., § 149 I 1 AO i.V.m. §§ 25 III EStG, 56 EStDV, Beginn Ablauf 03	1 (15)
Dauer 4 Jahre, § 169 II Nr. 2, Ende Ablauf 07	1 (16)
Ergebnis	1 (17)
Rechtmäßigkeit Bescheid vom 11.06.08	
§ 164 II 1, VdN wirksam eingefügt	1 (18)
Wegfall § 164 IV zu prüfen	1 (19)
Hier § 171 IV zu berücksichtigen	1 (20)
Kein rechtzeitiger Beginn der Außenprüfung	1 (21)
Erg.: Wegfall VdN, § 164 II 1 (–)	1 (22)
§ 172 I Nr. 2a	1 (23)
Hier keine Zustimmung, nur Berichtigungspflicht nach § 153 erfüllt	1 (24)
§ 173 I Nr. 1 Einnahmen aus Prämien = Tatsachen	1 (25)
Nachträgl. Bekanntwerden: Zeitpunkt problematisch	1 (26)
Hier Änderungsbescheid maßgeblich mit Begründung	1 (27)
Nachtr. BW somit (–)	1 (28)
§ 129: Hinweise in Unterlagen übersehen	1 (29)
Durch Vermerk deutlich, keine Rechtsüberlegungen ersichtlich	1 (30)
§ 171 II zu prüfen	1 (31)
Frist bis 15.06.08	1 (32)
Ergebnis: Bescheid rechtmäßig	1 (33)
II. Teil: Zulässigkeit der Einsprüche	
Statthaftigkeit, § 347 I Nr. 1, II	1 (34)
Androhung VA mit Begründung, § 118	1 (35)
Aufforderung Abgabe Steuererklärung = VA mit Begründung	1 (36)
NV-Widerruf = VA mit Begründung	1 (37)
§ 357 I 1 Schriftform liegt vor	1 (38)
§ 350 Beschwer mit Begründung	1 (39)
§ 355 I 1: Frist 1 Monat ab Bekanntgabe	1 (40)
Bzgl. Aufforderung zur Abgabe Steuererkl. und Widerruf greift § 356 I	1 (41)
Frist 1 Jahr, daher hier rechtzeitig	1 (42)
Androhung Zwangsgeld Bekanntgabe 02.07.12, § 122 II Nr. 1	1 (43)
§ 108 I, §§ 187 I, 188 II BGB	1 (44)

	Punkte
Bzgl Festsetzung Zwangsgeld war Bekanntgabe ordnungsgemäß	1 (45)
Zugang erforderlich: Definition (Machtbereich ...)	1 (46)
Hier Zugang (+) mit Begründung	1 (47)
Wiedereinsetzung § 110 (–)	1 (48)
Also Einspruch bzgl. Androhung und Festsetzung Zwangsgeld verfristet und unzulässig	1 (49)
Pfändung 07.11., auch Bekanntgabetag (da kein schriftlicher VA)	1 (50)
Fristende 07.12.02, Einspruch verfristet	1 (51)
Ergebnis bzgl. Zulässigkeit	1 (52)
Rechtmäßigkeit der Maßnahmen	
Zwangsgeld: § 328 I 1, wirksamer Finanzbefehl in Aufforderung	1 (53)
Erzwingbar und vollstreckbar	1 (54)
Schriftliche Androhung, § 332 I	1 (55)
Nicht reagiert in der Frist, zeitnahe Festsetzung	1 (56)
Ordnungsgemäße Bekanntgabe s.o.	1 (57)
Ermessensausübung in Ordnung mit Begründung (Trauerfall ...) + Ergebnis	1 (58)
Widerruf NV: sonstiger VA	1 (59)
§ 131 anwenden mit Begründung	1 (60)
Abs. 2 da begünstigend mit Begründung	1 (61)
Hier § 131 II Nr. 1 (Nr. 3 alternativ zugelassen)	1 (62)
Widerrufsvorbehalt aufgrund § 44a II EStG enthalten (alternativ Begr. zu Nr. 3)	1 (63)
Wirkung für Vergangenheit nicht zulässig	1 (64)
Erg.: nur für Zukunft/auch Verzicht aus praktischen Gründen möglich	1 (65)
Pfändung: allg. Vollstreckungsvoraussetzung: Leistungsverpflichtung § 249 I 1	1 (66)
Satz 2 für Voranmeldung	1 (67)
Vollstreckbar § 251	1 (68)
Leistungsgebot § 254 I 1 liegt vor	1 (69)
Bzgl. Voranmeldung nach S. 4 entbehrlich	1 (70)
Fälligkeit Zwangsgeld § 220 II 1	1 (71)
Hier Zahlungsfrist, § 108 II	1 (72)
Beginn auf Bekanntgabe folgender Tag, hier 04.09.	1 (73)
Dauer 4 Wochen, Ende 01.10.12 = Fälligkeitstag	1 (74)
USt § 18 I 4 UStG, 10.08.07	1 (75)
Stundung § 222 bewirkt Hinausschieben der Fälligkeit	1 (76)
Hier auflösende Bedingung, Stundung verliert Wirkung	1 (77)
§ 124 II, Betrag fällig	1 (78)

	Punkte
Schonfrist, keine Bedeutung für Voranmeldung, für Zwangsgeld abgelaufen	1 (79)
Mahnung vorhanden, § 259	1 (80)
Keine Reaktion auf Einwendungen, § 256	1 (81)
Keine Überpfändung, § 281 II mit Begründung	1 (82)
Rücksichtnahmegebot nicht verletzt mit Begründung	1 (83)
Wegnahmepfändung in Ordnung	1 (84)
Ergebnis: Pfändung rechtmäßig	1 (85)
III. Teil Strafrecht: Abgabe falsche Steuererklärung	
§ 370 I Nr. 1 durch Falscherklärung Kapitaleinkünfte	1 (86)
Objektiver Tatbestand: steuerlich erhebliche Tatsachen mit Subs. + § 20 EStG	1 (87)
Unvollständige/unrichtige Angaben mit Subsumtion	1 (88)
Gegenüber Finanzbehörde, § 6 II Nr. 5, hier FA Neuwied	1 (89)
Steuerverkürzung, § 370 IV 1	1 (90)
Eintritt mit Bekanntgabe ESt-Bescheid, 8.9.04	1 (91)
Kausalität mit Begründung	1 (92)
Subjektiver Tatbestand: § 369 II, § 15 StGB Vorsatz erforderlich	1 (93)
Definition	1 (94)
Hier (–) mit Begründung	1 (95)
Unterlassene Berichtigung	
§ 370 I Nr. 2	1 (96)
Finanzbehörde in Unkenntnis gelassen	1 (97)
Pflichtwidrig, § 153 I Nr. 1	1 (98)
Subsumtion	1 (99)
Verkürzung und Kausalität	1 (100)
Vorsatz mit Subsumtion	1 (101)
Rechtswidrigkeit, Schuld, Ergebnis	1 (102)

Notentabelle

Korrekturpunkte	Punkte nach § 6 Abs. 1 StBAPO	Note
102–97	15	1
96–93	14	
92–88	13	2
87–83	12	
82–79	11	

78–74	10	3
73–70	9	
69–65	8	
64–60	7	4
59–56	6	
55–51	5	
50–41	4	5
40–31	3	
30–20	2	
19–10	1	6
9–0	0	

Fall 6

Prüfungsklausur aus dem Gebiet Abgabenrecht

Bearbeitungszeit: 5 Stunden
Hilfsmittel:
Beck'sche Bände
- Steuergesetze
- Steuerrichtlinien
- Steuererlasse

HGB, BGB, GmbHG
ZPO, InsO
StGB

A. Sachverhalte

Sachverhalt 1

Der ledige Uhrmachermeister Jakob Stimmli (J) ist gemeinsam mit seinen Brüdern Sigurd (S) und Felix (F) Stimmli an der Ührli-OHG mit Sitz in Landau beteiligt, die handgefertigte Edel-Armbanduhren herstellt. Die Gesellschafter J und F wie auch die OHG werden beim FA Landau geführt. S wohnt in Neustadt und wird beim dortigen Finanzamt veranlagt.

Die OHG hat als Empfangsbevollmächtigten ihren Steuerberater beim FA benannt. Die Feststellungserklärungen für die Veranlagungszeiträume 01 und 02 wurden in den jeweils auf den VZ folgenden Kalenderjahren abgegeben, die Veranlagung durch das FA erfolgte jeweils zeitnah und ohne Nebenbestimmungen.

In 08 wurden Änderungen der Bescheide aufgrund folgender Erkenntnisse des FA vorgenommen:
Im Jahr 01 hatten sich die Beteiligungseinkünfte der OHG als einzige Komplementärin der Mastertime KG mit Sitz in Mannheim geändert. Sie hatten sich nunmehr aufgrund einer Betriebsprüfung bei der KG um 25.000 € erhöht. Die Einkünfte der KG aus Auslandsgeschäften mit einer Tochterfirma haben sich aufgrund einer nunmehr abweichenden rechtlichen Betrachtung geändert, da bestimmte Betriebsausgaben nicht mehr anzuerkennen waren. Der entsprechend geänderte F-Bescheid für die KG vom zuständigen FA Mannheim erging am 12.04.08 an die OHG und enthielt den Hinweis, die Bekanntgabe wirke für und gegen die Beteiligten der KG. Die KG hatte keinen Empfangsbevollmächtigten benannt. Am 10.05.08 erhielt das FA Landau eine entsprechende Mitteilung. Diese wurde ausgewertet, am 30.05.08 wurde ein entsprechend geänderter Feststellungsbescheid 01 für die OHG zur Post gegeben.

Für das Jahr 02 ergab sich eine Änderung aufgrund folgender Sachlage:
Das FA Landau hatte bei der ursprünglichen Veranlagung bestimmte Betriebseinnahmen nicht bei der OHG sondern vom FA Neustadt beim Gesellschafter S ansetzen lassen, obwohl dies in den Bilanzen anders angegeben worden war. S ist neben seiner Beteiligung an der OHG noch selbständig in Neustadt als Goldschmied tätig. Dies hatte zu einer höheren Steuer des S in seinem ESt-Bescheid 02 vom 08.08.03 geführt. Gegen diesen Bescheid war S damals rechtzeitig mit Einspruch und späterer Klage vorgegangen. Die OHG war durch Gerichtsbeschluss vom 06.12.07 an diesen Verfahren beteiligt worden, hatte auch an einer mündlichen Verhandlung teilgenommen. Das Finanzgericht hatte mit Urteil vom 02.02.08 zugunsten des S entschieden und die Betriebseinnahme bei ihm gestrichen, da sie nicht ihm sondern der OHG zuzurechnen sei. Das FA Landau hat nunmehr die Einnahme in Höhe von 55.000 € wieder bei der OHG angesetzt.

Weiterhin hatte das FA durch eine Kontrollmitteilung eines anderen V-Bezirks im Amt von zusätzlichen Einkünften der OHG erfahren. Diese hatte exklusiv 100 handgefertigte Uhren an den ortsansässigen Autounternehmer Wöller geliefert, der diese im Kommunalwahlkampf als Geschenke verteilt hatte. Bereits im Dezember 02 hatte das FA eine anonyme Anzeige erhalten, in der mögliche Ungereimtheiten bei der OHG im Zusammenhang mit Wöller vermutet wurden, denen das FA „doch im Interesse der Gerechtigkeit nachgehen solle". Die Anzeige hatte der zuständige Bearbeiter jedoch unberücksichtigt gelassen. Aufgrund der nun eingegangen Kontrollmitteilung stellte sich heraus, dass die OHG die Angelegenheit damals absichtlich zu Zwecken der Steuerersparnis verschwiegen hatte. Man hatte seinerzeit von Wöller für die Uhren eine Summe von 100.000 € erhalten.

Aufgrund dieser beiden Sachverhalte hatte das FA im Juni 08 den Feststellungsbescheid 02 entsprechend geändert und die Einnahmen der OHG um insgesamt 155.000 € erhöht.

Die OHG ist mit den geänderten Bescheiden nicht einverstanden und legt jeweils in zulässiger Weise Einspruch ein. Bezüglich des VZ 01 trägt sie vor, die Änderung beruhe auf der rechtswidrigen Erhöhung des Feststellungsbescheides für die Mastertime KG. Hier habe man anscheinend eine Änderung gem. § 164 Abs. 2 AO vorgenommen, obwohl der Bescheid gar nicht unter dem Vorbehalt der Nachprüfung gestanden habe. Dieses Vorgehen sei einfach skandalös. Es könne auch nicht argumentiert werden, es habe sich um neue Tatsachen gehandelt, da dem FA alle bereits relevanten Fakten vorgelegen hatten, der Prüfer habe lediglich eine andere Rechtsansicht vertreten als der Innendienst-Sachbearbeiter.

Vielmehr müsse man für den VZ 01 sogar eine erneute Änderung zugunsten der OHG beantragen: Es habe sich nämlich erst kürzlich herausgestellt, dass in diesem Jahr bei der OHG ein zu hoher Gewinn aus der Veräußerung eines Teilbetriebes angesetzt worden war.

Die OHG hatte in 01 einen selbständigen Teilbetrieb an die Firma Hoppsi-Puppen (H) zum Preis von 2,1 Millionen € verkauft. Im Vertrag war vereinbart worden, dass die OHG eine bereits bestehende Sicherungsgrundschuld auf einem anderen Betriebsgrundstück der OHG zugunsten der Gläubigerbank Moskau-Invest (M) der Erwerberin als zusätzliche Kreditsicherung auch nach dem Verkauf weiter zur Verfügung stellt.

Die H sei aber nun in 07 in Insolvenz gegangen, die M habe im Dezember 07 die OHG aus der Sicherungsgrundschuld auf Zahlung von 100.000 € Restschuld in Anspruch genommen, die die OHG zähneknirschend gezahlt hätte. Es müsse daher der in 01 angesetzte Gewinn um 100.000 € gemindert werden, da effektiv der Veräußerungsgewinn gemindert sei.

Die Änderung 02 sei ebenso wenig nachvollziehbar. Es lägen bereits die Voraussetzungen der genannten Korrekturvorschriften nicht vor. Vor allem sei es nicht in Ordnung, die OHG darunter leiden zu lassen, dass einer ihrer Gesellschafter einen Prozess gewonnen habe. Schließlich sei die Fehlberücksichtigung der Einnahmen einzig und allein auf ein Versäumnis des FA zurückzuführen, und in dem Zeitpunkt, als man die OHG zum Verfahren hinzugebeten habe, habe die Entscheidung des Gerichts ja auch praktisch schon festgestanden. Nach einer so langen Zeit könne daher keine Berücksichtigung bei der OHG mehr erfolgen.

Selbst wenn aber eine Änderung möglich wäre, wäre sie in jedem Fall auszugleichen: Zum einen habe man im Zusammenhang mit den nunmehr entdeckten Geschäften mit dem Autohändler Wöller im Jahr 02 auch Betriebsausgaben in Höhe von 30.000 € gehabt, die zu berücksichtigen seien. Des Weiteren habe man noch einige Quittungen aus Betriebsausgaben in Höhe von 45.000 € in der Hinterhand, die der Steuerberater aus Unfähigkeit nicht in der Bilanz berücksichtigt habe. Nun sei ja wohl die Zeit gekommen diese geltend zu machen.

Der im FA zuständige SB prüft die Einsprüche der OHG. Bei der Prüfung des Feststellungsbescheides 01 entdeckt er noch, dass sein Vorgänger einen schweren Rechenfehler zugunsten der OHG verursacht hatte: Es waren Einnahmen der OHG falsch addiert und daher um 80.000 € zu niedrig angesetzt worden.

Aufgaben:

- Sind die Einsprüche der OHG gegen die geänderten Feststellungsbescheide 01 und 02 begründet? Die Zulässigkeit ist nicht zu prüfen!
- Welche Entscheidungen hat das FA zu treffen?

Hinweis! Gehen Sie davon aus, dass das Vorbringen der OHG **in tatsächlicher Hinsicht** zutreffend ist.

Sachverhalt 2

Der ledige Mathieu Macho (M) aus Lay ist als selbständiger Personal-Fitness-Coach tätig. Für das Jahr 01 übermittelt M am 31.05.02 eine korrekte Steuererklärung und Einnahmenüberschussrechnung an das für ihn zuständige Finanzamt Koblenz. Der Fall landet bei Sachbearbeiter Zust (Z). Dieser hat durch die herausragende Betreuungsleistung des M in den vergangenen 2 Jahren 45 kg Körpergewicht verloren und seine Fitness und sein Aussehen erheblich verbessert. Aufgrund dessen konnte er nach langer Junggesellenzeit auch seine neue Verlobte Rosita für sich gewinnen. Daher ist Z dem M sehr dankbar und möchte sich nun bei der Bearbeitung der Einkommensteuererklärung revanchieren. Er ändert daher die von M in seiner Erklärung korrekt angegebenen Zahlen der Anlage „V". Es ergibt sich aufgrund dessen statt der von M erklärten Einkünfte von 8.700 € aus Vermietung und Verpachtung nunmehr lediglich ein Betrag von 900 €. Der Bescheid wird am 22.07.02 ohne Nebenbestimmungen bekannt gegeben.

Am 30.07.02 trifft Z den M zufällig beim Joggen. Er berichtet ihm stolz von seiner Tat. M überlegt kurz, ob er das Vorgehen des Z gutheißen kann, entscheidet sich dann aber dafür, nichts zu unternehmen. Er ist der Auffassung, dass Z als Finanzbeamter ja an der Quelle sitze und die Sache daher ohnehin nicht herauskomme, außerdem habe er selbst wegen seiner Tätigkeit als Coach schon so hohe Steuern zu zahlen, da sei das schon moralisch in Ordnung, an dieser Stelle einmal ausnahmsweise zu sparen.

Aufgaben:

1. Prüfen Sie, ob sich M oder Z wegen Steuerhinterziehung strafbar gemacht haben. Eine etwaige Teilnahme an der Tat ist nicht zu prüfen.
2. Kann der Einkommensteuerbescheid 01 geändert werden, wenn dem Mitarbeiter im Bezirk des Z im Januar 08 anhand von versteckten Unterlagen in der Schublade des Z die fehlerhafte Erfassung der Vermietungseinkünfte auffällt? Prüfen Sie hierbei alle ernsthaft in Betracht kommenden Korrekturvorschriften.

Sachverhalt 3

Der ledige Konstantin Kanns (K), wohnhaft in Konz, hat Rückstände in Höhe von ca. 20.000 € beim zuständigen Finanzamt Trier. Alle Beträge sind bereits seit einiger Zeit in Vollstreckung.

Der Vollziehungsbeamte Veit Baur (VB) des FA wird im November 07 zu K geschickt, um neue Vollstreckungsmöglichkeiten zu ermitteln. Er findet tatsächlich heraus, dass K seit wenigen Monaten ein Mietshaus in der Innenstadt von Konz besitzt, das mit hohen Grundpfandrechten belastet ist. Eine Vollstreckung in das unbewegliche Vermögen kommt insoweit nicht Betracht.

VB ermittelt jedoch als Mieterin u.a. die Susi Sorglos (S). Er teilt seine Ermittlungsergebnisse dem Sachbearbeiter Ricardo (R) der Vollstreckungsstelle mit.

Dieser erlässt eine Pfändungs- und Einziehungsverfügung mit dem üblichen Inhalt, die S am 15.12.07 zugestellt wird. In der Verfügung werden die Pfändung und die Einziehung der dem K gegen S zustehenden gegenwärtigen und künftigen Ansprüche auf Mietzahlung für die Wohnung Klosterstraße 11, 1. Obergeschoss, 54329 Konz angeordnet.

S reagiert nicht. SB R überlegt, was nun zu tun ist.

Aufgaben:

1. Wie kann das FA Trier die Abgabe der Drittschuldnererklärung erzwingen? Schildern Sie kurz den weiteren Verfahrensablauf, die Voraussetzungen etwaiger zu treffender Maßnahmen und die Konsequenzen im Fall der Erfolglosigkeit der Maßnahmen.
2. Welche Auswirkungen hätte es auf die Pfändung, wenn das zuständige Amtsgericht am 20.11.07 die Zwangsverwaltung des Grundstücks wirksam angeordnet hätte?

Sachverhalt 4 (Fortsetzung von Sachverhalt 3)

> **Hinweis!** Gehen Sie für diese Fortsetzung davon aus, dass die Zwangsverwaltung des Grundstücks nicht angeordnet worden ist.

Aufgrund der Forderungspfändung kommt es im Februar und März 08 zu regem Schriftverkehr zwischen Finanzamt und S. Schließlich zahlt S am 25. März 08 für die Monatsmieten Januar bis März 08, die jeweils zu Beginn des Monats fällig gewesen wären, insgesamt 2.400 € an das Finanzamt, bevor sie im April schließlich aus der Wohnung auszieht.

Am 31. März 08 stellt K einen formgerechten Antrag auf Eröffnung des Verbraucherinsolvenzverfahrens. Am 20. April 08 wird vom zuständigen Gericht der Rechtsanwalt Paul Protz (P) als vorläufiger Insolvenzverwalter eingesetzt.

Aufgaben:

1. Welche Konsequenzen hat allgemein die Einsetzung eines vorläufigen Insolvenzverwalters mit Verhängung eines allgemeinen Verfügungsverbots gegen den Insolvenzschuldner? Welche Maßnahmen sind im Regelinsolvenzverfahren von Seiten des Finanzamts in solchen Fällen zu treffen? Beschreiben Sie kurz die notwendigen Arbeitsabläufe.
2. Welche Auswirkungen hätte es, wenn im Juni 08 das Verbraucherinsolvenzverfahren über das Vermögen des K eröffnet würde? Kann der eingesetzte Insolvenzverwalter vom Finanzamt die Auszahlung des von S vereinnahmten Geldes verlangen?
3. Würde sich die Betrachtung ändern, wenn der Antrag des K alternativ am 10. Dezember 08 gestellt worden und die Eröffnung des Insolvenzverfahrens im Februar 09 erfolgt wäre?

B. Lösungen

Sachverhalt 1

Die Einsprüche gegen die Feststellungsbescheide 01 und 02 sind begründet, wenn die angefochtenen Bescheide rechtswidrig sind.

Die Änderungsbescheide sind rechtswidrig, wenn entweder keine Korrekturvorschrift vorgelegen hat oder die Feststellungsverjährung bereits abgelaufen war. Es hat eine Gesamtfallüberprüfung gem. § 367 Abs. 2 Satz 1 AO zu erfolgen, allerdings, da es sich um Änderungsbescheide handelt, gem. § 351 Abs. 1 AO beschränkt auf den Umfang der Änderung.

> **Hinweis!** Zwar handelt es sich bei § 351 Abs. 1 AO systematisch gesehen um eine Voraussetzung für die Zulässigkeit eines Einspruchs. Die beabsichtigte Wirkung der Norm soll es jedoch sein, im Ergebnis die Wertung des § 177 AO bei der Gesamtfallüberprüfung des Bescheides zu erreichen. Für Klausuren gilt daher, dass – solange klar dargestellt ist, dass § 351 Abs. 1 AO eigentlich eine Zulässigkeitsvoraussetzung ist – die Korrekturvorschriften, die im Fall angelegt sind, auch im Rahmen der Begründetheitsprüfung erörtert werden können. Ergibt sich dann ein Ergebnis außerhalb des „Änderungsrahmens“, ist der Einspruch eben nicht nur teilweise unbegründet, sondern ggf. sogar teilweise unzulässig.

Gem. § 181 Abs. 1 Satz 1 AO gelten für Feststellungsbescheide die Vorschriften für Steuerbescheide sinngemäß.

Feststellungsbescheid 01:

Es liegt hier eine Änderung gem. § 175 Abs. 1 Nr. 1 AO vor. Der Feststellungsbescheid für die Mastertime KG erging gem. §§ 180 Abs. 1 Nr. 2a, 179 Abs. 2 Satz 2 AO und ist Grundlagenbescheid für die beteiligte Ührli OHG. Für deren Besteuerung ist der Bescheid bindend gem. § 182 Abs. 1 AO, da die Beteiligungseinkünfte der OHG verbindlich festgestellt werden. Der F-Bescheid 01 für die KG hat sich geändert, daher ist die Änderung im Folgebescheid, dem Feststellungsbescheid der OHG gem. § 175 Abs. 1 Nr. 1 AO nachzuvollziehen.

Die OHG trägt vor, der F-Bescheid der KG habe nicht geändert werden dürfen. Gem. § 351 Abs. 2 AO ist dieser Einwand im Einspruchsverfahren gegen den Folgebescheid nicht möglich. Eine Änderung nach § 175 Abs. 1 Nr. 1 AO ist nur dann nicht möglich, wenn der Grundlagenbescheid keine Wirkung entfaltet, weil er nichtig oder nicht wirksam bekannt gegeben worden ist. Vorliegend ist der F-Bescheid der KG scheinbar gem. § 164 Abs. 2 Satz 1 AO geändert worden, obwohl kein Vorbehalt der Nachprüfung vorgelegen hat. Die Voraussetzungen für eine Änderung nach § 173 Abs. 1 Nr. 1 AO lagen ebenfalls nicht vor. Dies führt jedoch allenfalls zur Rechtswidrigkeit und nicht zur Nichtigkeit des Bescheides. Eine wirksame Bekanntgabe liegt ebenfalls vor. Die KG hatte keinen Empfangsbevollmächtigten benannt. Dann gilt gem. § 183 Abs. 1 Satz 2 AO ein zur Vertretung der Gesellschaft Berechtigter als zum Empfang bevollmächtigt. Bei einer KG sind gem. §§ 125 Abs. 1, 161 Abs. 2 HGB die Komplementäre einzeln zur Vertretung berechtigt. Da die OHG Komplementärin der KG ist, war die Bekanntgabe an sie somit nicht zu beanstanden, zumal auch der nach § 183 Abs. 1 Satz 5 AO erforderliche Hinweis enthalten war. Der Grundlagenbescheid ist also wirksam, die Voraussetzungen für eine Änderung nach § 175 Abs. 1 Nr. 1 AO lagen vor.

Alternativlösung zur Frage der wirksamen Bekanntgabe des Feststellungsbescheids für die KG: Abweichend von § 183 AO ist es auch möglich, an alle Gesellschafter der KG einzeln bekannt zu geben. In diesem Fall wäre der Bescheid auf jeden Fall gegenüber denjenigen Gesellschaftern wirksam, die eine Ausfertigung erhalten haben, gegenüber den anderen kann die Bekanntgabe nachgeholt werden. Insofern wäre die Bekanntgabe an die OHG mit Wirkung für diese ausreichend. Kandidaten, die diese Lösung wählen müssen allerdings darstellen, dass bei von § 183 AO abweichender Einzelbekanntgabe an einen von mehreren Gesellschaftern gem. BFH-Rechtsprechung die Bekanntgabe gegenüber diesem wirksam ist (vgl. AEAO zu § 122, Nr. 2.5.1).

Es ist gem. § 169 Abs. 1 Satz 1 AO die Feststellungsverjährung zu prüfen. Diese beginnt hier aufgrund der Abgabepflicht der OHG aus § 181 Abs. 2 AO gem. § 170 Abs. 2 Nr. 1 AO mit Ablauf des Jahres, in dem die Feststellungserklärung abgegeben worden ist, hier also mit Ablauf des Jahres 02. Sie dauert gem. § 169 Abs. 2 Nr. 2 AO 4 Jahre, endet daher regulär mit Ablauf des Jahres 06, wäre also zur Zeit der vollzogenen Änderung am 30.05.08 bereits abgelaufen.

Für die Korrektur wegen des geänderten Grundlagenbescheides kommt eine Ablaufhemmung nach § 171 Abs. 10 Satz 1 AO in Betracht. Danach endet die Festsetzungsfrist für den Folgebescheid nicht vor Ablauf von zwei Jahren nach Bekanntgabe des Grundlagenbescheides. Diese geschah hier am 12.04.08. Somit war eine Änderung bis zum 12.04.10 möglich, ist hier also rechtzeitig vollzogen worden.

Weiter ist zu prüfen, ob aufgrund des Vorbringens der OHG eine anderweitige Änderung des Feststellungsbescheides der OHG vorzunehmen ist.

Es handelt sich bei den nachträglichen Kosten der OHG aus der Inanspruchnahme durch M nicht um neue Tatsachen i.S.v. § 173 Abs. 1 Nr. 1 AO, da letztere nur dann gegeben sind, wenn die maßgeblichen Sachverhalte bereits vor Erlass des Steuerbescheides vorlagen, dem FA aber erst später bekannt werden. Dies ist hier nicht der Fall, die Inanspruchnahme durch die M erfolgte erst in 08.

Die Inanspruchnahme durch die Gläubigerbank der Erwerberin könnte zu einer rückwirkenden Minderung des Veräußerungsgewinns gem. § 16 EStG mit der Folge einer Änderungsmöglichkeit nach § 175 Abs. 1 Nr. 2 AO führen. Es müsste sich hier um ein nachträgliches Ereignis handeln, das steuerliche Wirkung für die Vergangenheit hat. Da die OHG aufgrund der mit der Erwerberin vereinbarten Sicherung durch die Grundschuld auf Zahlung in Anspruch genommen worden ist, ist wirtschaftlich gesehen für sie der Erlös aus der Teilbetriebsveräußerung gemindert (vgl. BFH GrS vom 19.07.1993, BStBl II 1993, 894). Ergibt sich aufgrund von Umständen, die nach der Veräußerung neu hinzutreten, dass der der Besteuerung zugrunde gelegte Wert des Betriebsvermögens zu hoch oder zu niedrig ist, so ist demnach dieser Wert mit Wirkung auf den Zeitpunkt der Veräußerung entsprechend zu korrigieren. Es liegt folglich ein rückwirkendes Ereignis i.S.d. § 175 Abs. 1 Nr. 2 AO vor, wenn der Veräußerer nachträglich von den Gläubigern für Verbindlichkeiten des veräußerten Betriebs in Anspruch genommen wird und sich dadurch der tatsächlich erzielte

Veräußerungsgewinn entsprechend endgültig mindert. Dabei ist nicht entscheidend, ob bereits im Zeitpunkt der Veräußerung ernsthaft mit einer späteren Inanspruchnahme durch einen Gläubiger – hier aus dem Grundpfandrecht – zu rechnen war.

Es liegen daher die Voraussetzungen für eine Änderung des Bescheides gem. § 175 Abs. 1 Nr. 2 AO in Höhe des zu mindernden Veräußerungsgewinns von 100.000 € zugunsten der OHG vor.

Hinsichtlich der Verjährung für die nachträgliche Berücksichtigung der Inanspruchnahme aus der Grundschuld ist die Anlaufhemmung des § 175 Abs. 1 Satz 2 AO anzuwenden. Die Festsetzungsfrist beginnt insoweit also erst mit Ablauf des Kalenderjahres, in dem das Ereignis eintritt, hier also mit Ablauf des Jahres 07, da in diesem Jahr die Inanspruchnahme durch die M-Bank erfolgte und die OHG die Summe zahlen musste. Die Festsetzungsfrist ist daher insoweit erst mit Ende des Jahres 11 abgelaufen. Auch für diesen Sachverhalt ist somit noch keine Festsetzungsverjährung eingetreten.

Wegen des Rechenfehlers kommt eine Änderung nach § 129 Satz 1 AO in Betracht. Der Fehler ist beim Erlass des Feststellungsbescheides unterlaufen und kann daher grundsätzlich beseitigt werden. Es steht allerdings der Ablauf der Festsetzungsfrist entgegen. Diese endet wie oben geprüft regulär mit Ablauf des Jahres 06. Die Ablaufhemmung des § 171 Abs. 2 AO greift nicht, da der unrichtige Bescheid bereits aus dem Jahr 02 stammt, die verlängerte Berichtigungsfrist daher nicht über die reguläre Feststellungsfrist hinausgeht. Eine Änderung gem. § 129 Satz 1 kommt daher nicht in Betracht. Der Fehler kann allenfalls im Rahmen der Gesamtfallüberprüfung gem. §§ 367 Abs. 2 Satz 1, 351 Abs. 1 AO Berücksichtigung finden. Offenbare Unrichtigkeiten i.S.d. § 129 AO sind hier erfasst.

Das FA hat somit auf den Einspruch der OHG den Bescheid dergestalt abzuändern, dass neben der Änderung nach § 175 Abs. 1 Nr. 1 AO mit den um 25.000 € erhöhten Besteuerungsgrundlagen noch die Änderung gem. § 175 Abs. 1 Nr. 2 AO berücksichtigt wird, die die Besteuerungsgrundlagen wiederum um 100.000 € verringert. Weiterhin ist der Rechenfehler i.H.v. 80.000 € als materieller Fehler erhöhend mit einzubeziehen.

Hinweis! Laut BFH (Urteil vom 09.06.1993, BStBl II 1993, 822) ist es hier aus Vereinfachungsgründen nicht zu beanstanden, entgegen dem Gesetzeswortlaut nicht die steuerlichen Auswirkungen aller materieller Fehler bzw. Änderungsmöglichkeiten zu vergleichen, sondern mit den zu ändernden Besteuerungsgrundlagen zu arbeiten, solange sich diese in vergleichbarer Weise auswirken.

Änderungsrahmen des § 351 Abs. 1 AO	
Änderung § 175 Abs. 1 Nr. 1 AO	+ 25.000 €
Änderung § 175 Abs. 1 Nr. 2 AO	./. 100.000 €
Materieller Fehler	+ 80.000 €
Änderung	**+ 5.000 €**

Richtigerweise wären daher die Besteuerungsgrundlagen gegenüber dem ursprünglichen Bescheid um 5.000 € zu erhöhen gewesen. Da die dem Einspruch vorausgehende Änderung die Besteuerungsgrundlagen um 25.000 € erhöht hatte, muss nunmehr eine weitere Änderung erfolgen, in der die Besteuerungsgrundlagen wieder um 20.000 € verringert werden. Es ist eine entsprechende Einspruchsentscheidung zu erlassen, da dem Einspruch der OHG nicht in vollem Umfang entsprochen worden ist, § 367 Abs. 1 S. 1 AO.

Feststellungsbescheid 02

Die Berücksichtigung der beim Gesellschafter S aufgrund des Gerichtsurteils gestrichenen Einnahmen bei der OHG könnte nach § 174 Abs. 4 AO erfolgt sein. Aufgrund einer falschen rechtlichen Beurteilung durch das FA war ein bestimmter Sachverhalt falsch beurteilt worden, nämlich Einnahmen statt bei der OHG beim Gesellschafter S angesetzt worden. Diese sind nun nach erfolglosem Einspruch auf die Klage des S durch das Finanzgericht zu seinen Gunsten wieder gestrichen worden. § 174 Abs. 4 AO ermöglicht es, aus dieser Entscheidung die richtigen rechtlichen Konsequenzen durch Änderung eines anderen Steuerbescheides zu ziehen. Richtig ist es im vorliegenden Fall, die Einnahmen bei der OHG anzusetzen. Es kann daher grundsätzlich eine Änderung des Feststellungsbescheides 02 der OHG vorgenommen werden. Weitere Voraussetzung des § 174 Abs. 4 ist die Einhaltung bestimmter Fristen, die sich u.a. auf die Verjährung beziehen. Die Feststellungsverjährung 02 beginnt gem. § 170 Abs. 2 Nr. 1 AO für den VZ 02 mit Ablauf des Kalenderjahres, in dem die OHG ihre Feststellungserklärung abgegeben hat, also mit Ablauf 03, sie dauert gem. § 169 Abs. 2 Nr. 2 AO 4 Jahre und endet somit mit Ablauf 07. Die Änderung erfolgte hier jedoch erst im Juni 08. Hier greift aber § 174 Abs. 4 Satz 3 AO, wonach die Änderung noch innerhalb eines Jahres nach Änderung des fehlerhaften Bescheides, hier also nach der Entscheidung des FG vom 02.02.08 erfolgen kann. Dies war hier mit der Korrektur vom Juni 08 demnach rechtzeitig.

Ebenso hindert § 174 Abs. 4 Satz 4 AO nicht die Änderung, da der Erlass des fehlerhaften Bescheides gegenüber S am 08.08.03, also eindeutig noch innerhalb der Feststellungsfrist für die Feststellung 02 der OHG erfolgte, die wie bereits erläutert erst mit Ablauf 07 endete.

Gem. § 174 Abs. 5 AO ist eine Änderung gegenüber der OHG nur dann möglich, wenn diese ordnungsgemäß am Verfahren beteiligt war, das zur Aufhebung des fehlerhaften Bescheides geführt hat. Hier ist die OHG vom Finanzgericht durch Beschluss vom 06.12.07 zum Verfahren beigeladen worden. Dies ist zwar spät aber noch vor Ablauf der regulären Feststellungsverjährung bei der OHG (vgl. AEAO zu § 174, Nr. 6). Aufgrund der Beiladung hatte die OHG als Dritte die Möglichkeit, sich am Verfahren zu beteiligen, sodass sie ihre Argumente vorbringen konnte. Es ist davon auszugehen, dass die OHG hierzu ausreichend Gelegenheit hatte.

Die Änderung gem. § 174 Abs. 4, Abs. 5 AO ist daher zulässig.

Weiterhin hat das FA zusätzliche Einnahmen der OHG aus Uhrenverkäufen berücksichtigt. Korrekturgrundlage hierfür könnte § 173 Abs. 1 Nr. 1 AO sein. Danach können Steuerbescheide und gleichgestellte Bescheide wegen neu bekannt gewordener Tatsachen korrigiert werden. Tatsache kann alles sein, was Merkmal oder Teilstück eines steuergesetzlichen Tatbestandes sein kann, hier die Betriebseinnahmen aus dem Uhrenverkauf an W. Diese werden nachträglich bekannt, wenn der zuständige Bearbeiter erst nach abschließender Zeichnung davon Kenntnis erlangt. Dies ist hier der Fall, da die Einnahmen erst durch die Betriebsprüfung festgestellt worden sind. Die Einnahmen führen zu einem höheren Gewinn der OHG, daher später zu höheren Steuern bei den Gesellschaftern. Die Änderung ist auch nicht nach Treu und Glauben wegen Verletzung der Ermittlungspflicht des FA aus § 88 AO ausgeschlossen. Zwar lag bereits in 02 eine anonyme Anzeige wegen des Sachverhalts vor. Das FA ist jedoch nicht verpflichtet, jeder Anzeige umfassend nachzugehen, es darf grundsätzlich auf die Richtigkeit der Angaben des Steuerpflichtigen vertrauen. Selbst wenn man eine Verletzung der Ermittlungspflicht bejaht, muss hier der OHG entgegengehalten werden, dass sie durch das bewusste Verschweigen der Einnahmen ihre Mitwirkungspflicht eklatant verletzt hat, was auf jeden Fall schwerer wiegt als ein etwaiges Versäumnis des FA.

Die Voraussetzungen für eine Änderung gem. § 173 Abs. 1 Nr. 1 AO liegen somit vor.

Es ist hinsichtlich der neuen Tatsachen noch die Feststellungsfrist zu prüfen. Wie oben erläutert endet diese regulär mit Ablauf 07. Hier kommt jedoch wegen der Steuerhinterziehung eine verlängerte Dauer der Frist gem. § 169 Abs. 2 Satz 2 AO von 10 Jahren zur Anwendung. Die OHG hat absichtlich Einnahmen verschwiegen um dadurch Steuern zu sparen. Die Änderung gem. § 173 Abs. 1 Nr. 1 AO geschah daher innerhalb der Frist, die somit insoweit erst mit Ablauf des Jahres 13 endet.

Die OHG macht im Zusammenhang mit den Uhrengeschäften mit W noch Ausgaben geltend. Hier könnte eine Änderung gem. § 173 Abs. 1 Nr. 2 AO in Betracht kommen. Die Ausgaben sind nicht mit den Einnahmen zu saldieren und als eine Tatsache zu betrachten, da es sich nicht um eine völlig neue Einkunftsquelle handelt und auch keine Schätzung des FA vorausgegangen ist. Die Betriebsausgaben sind neue Tatsachen, die nachträglich bekannt geworden sind. Sie führen zu einer niedrigeren Steuer. Allerdings trifft die OHG ein grobes Verschulden am nachträglichen Bekanntwerden. Grobes Verschulden ist Vorsatz und grobe Fahrlässigkeit. Die OHG hat absichtlich, also vorsätzlich die Ein- und Ausgaben aus dem Uhrengeschäft mit W verschwiegen. Allerdings ist das Verschulden unbeachtlich, da die Ausgaben gem. § 173 Abs. 1 Nr. 2 Satz 2

AO in unmittelbaren Zusammenhang mit Tatsachen nach Nr. 1, nämlich den oben erwähnten Einnahmen stehen. Ohne diese Einnahmen hätte die OHG auch die entsprechenden Ausgaben nicht getätigt. Die Voraussetzungen für eine Änderung nach § 173 Abs. 1 Nr. 2 AO liegen daher ebenfalls vor.

Bezüglich der Ausgaben liegt jedoch keine Steuerhinterziehung vor, sodass der Berücksichtigung nach § 173 Abs. 1 Nr. 2 AO der Ablauf der Feststellungsfrist entgegensteht. Der Betrag kann daher nur im Rahmen der Ermittlung des Gesamtergebnisses nach § 351 Abs. 1 AO berücksichtigt werden.

Hinweis! Auch vertretbar ist es, hinsichtlich der o.g. Änderung nach § 173 Abs. 1 Nr. 1 AO wegen der nachträglich bekannt gewordenen **Einnahmen** nur in Höhe des hinterzogenen Betrages eine verlängerte Festsetzungsfrist zuzulassen, da die zugehörigen Ausgaben bei der Prüfung des Taterfolgs der Steuerverkürzung als tatzugehörige Ermäßigungsgründe gegengerechnet werden dürfen. Dann läge nur in Bezug auf die Differenz der Tatbestand der Steuerhinterziehung vor, der die Anwendung der 10-jährigen Verjährungsfrist rechtfertigt. Das Ergebnis bleibt gleich, da jeweils die Differenz aus Einnahmen und Ausgaben nachträglich noch angesetzt werden kann.

Schließlich macht die OHG weitere Ausgaben geltend, die der Steuerberater „aus Unfähigkeit" nicht berücksichtigt habe. Eine Geltendmachung gem. § 173 Abs. 1 Nr. 2 AO kommt wegen groben Verschuldens nicht in Betracht. Die OHG muss sich das grob fahrlässige Handeln ihres Steuerberaters hier zurechnen lassen. Dieser ist verpflichtet, die eingereichten Belege sorgfältig zu prüfen. Tut er dies nicht, verletzt er die im Verkehr erforderliche Sorgfalt in besonders hohem Maße, schließlich gehört genau dies zu seinen Pflichten als steuerlicher Vertreter der OHG. Somit können auch diese Ausgaben allenfalls gem. § 351 Abs. 1 AO angesetzt werden.

Es bestehen daher folgende Korrekturmöglichkeiten:

Änderungsrahmen des § 351 Abs. 1 AO	
Änderung gem. § 174 Abs. 4 AO	+ 55.000 €
Änderung gem. § 173 Abs. 1 Nr. 1 AO	+ 100.000 €
materielle Fehler Ausgaben Uhren	./. 30.000 €
vergessene Ausgaben	./. 45.000 €
Änderung	**+ 80.000 €**

Die Besteuerungsgrundlagen sind insgesamt gegenüber dem ursprünglichen Bescheid um 80.000 € zu erhöhen. Das FA hatte bereits einen Änderungsbescheid über um 155.000 € erhöhte Besteuerungsgrundlagen zu erlassen. Es hat nunmehr eine Änderung dergestalt zu erfolgen, dass die Ausgaben in Höhe von insgesamt 75.000 € abzuziehen sind. Im Übrigen ist der Einspruch durch Einspruchsentscheidung zurückzuweisen (bzw. durch Einspruchsentscheidung die Steuer in korrekter Höhe festzusetzen und der Einspruch im Übrigen zurückzuweisen).

Sachverhalt 2

Zu Aufgabe 1:

Z könnte durch die Erfassung falscher Zahlen bei der Veranlagung des M eine Steuerhinterziehung gem. § 370 Abs. 1 Nr. 1 AO begangen haben.

Z müsste zunächst gegenüber einer Finanzbehörde unrichtige oder unvollständige Angaben gemacht haben. Entgegen der Steuererklärung hat Z die Einkünfte des M aus Vermietung und Verpachtung zu niedrig im PC eingegeben. Diese Angaben macht Z auch gegenüber der Finanzbehörde, hier dem FA Koblenz (§ 6 Abs. 2 Nr. 5 AO). Dem steht nicht entgegen, dass Z selbst der zuständige Sachbearbeiter ist. Die eingegebenen Daten fließen in die Bearbeitung des Steuervorgangs, Z nimmt daher Einfluss auf das Verfahren (vgl. Ransiek in Kohlmann, Steuerstrafrecht, § 370 Tz. 581 f.), das Tatbestandsmerkmal ist erfüllt. Die Angaben sind auch steuerlich erheblich, da sie die Einkünfte aus § 21 EStG beeinflussen.

Weiterhin muss auch ein Taterfolg gem. § 370 Abs. 4 Satz 1 AO eintreten, es muss zu einer Steuerverkürzung gekommen sein. Das ist gegeben durch Bekanntgabe des unrichtigen Einkommensteuerbescheides am 22.07.02. Es handelt sich um eine Steuerhinterziehung zugunsten eines Dritten, hier des M.

Die Handlung des Z müsste auch kausal für diese Steuerverkürzung gewesen sein, es gilt die Äquivalenztheorie. Ohne die fehlerhaften Angaben des Z bei der Erfassung wäre die Steuer nicht zu niedrig festgesetzt worden, weil die korrekten Daten des M verwendet worden wäre, die Kausalität ist also gegeben.

Der objektive Tatbestand ist somit erfüllt.

Z müsste gem. § 369 Abs. 2 AO i.V.m. § 15 StGB vorsätzlich gehandelt haben. Vorsatz bedeutet Handeln mit Wissen und Wollen in Bezug auf die Verwirklichung des objektiven Tatbestandes. Z wusste, dass die Einkünfte aus Vermietung und Verpachtung von M anders erklärt worden waren, er gab sie aber bewusst falsch ein, um M einen Gefallen zu tun. Es liegt also Vorsatz vor, hier in Form von Absicht, da es Z gerade auf den Erfolg ankam.

Anhaltspunkte für eine Rechtfertigung oder Entschuldigung der Tat sind nicht gegeben, daher handelte Z auch rechtswidrig und schuldhaft.

Z hat sich daher wegen Steuerhinterziehung gem. § 370 Abs. 1 Nr. 1 AO strafbar gemacht.

Auch M könnte eine Steuerhinterziehung begangen haben.

Eine Tat nach § 370 Abs. 1 Nr. 1 AO kommt nicht in Betracht, da M gegenüber dem Finanzamt eine korrekte Steuererklärung abgegeben hat. Er hat auch keinen Einfluss auf Z bei dessen Tat genommen oder ihn als Anstifter hierzu angeregt.

Fraglich ist, ob er nach Kenntnis der falschen Veranlagung verpflichtet gewesen wäre, auf eine Korrektur des Bescheides hinzuwirken und durch Unterlassen dieser Berichtigung eine Steuerhinterziehung gem. § 370 Abs. 1 Nr. 2 AO zu bejahen ist.

M hatte jedoch vorliegend keine Pflicht zur Berichtigung der Veranlagung gem. § 153 Abs. 1 S. 1 AO, da die von ihm abgegebene Erklärung wie oben erläutert nicht unrichtig gewesen ist.

M hat daher keine Steuerhinterziehung begangen.

Zu Aufgabe 2:
Der Einkommensteuerbescheid könnte im Januar 08 geändert werden, wenn eine Korrekturvorschrift hierfür gegeben ist und die Festsetzungsverjährung noch nicht eingetreten ist.

§ 164 Abs. 2 Satz 1 AO kommt mangels Vorbehalts der Nachprüfung nicht in Betracht, der Bescheid ist ohne Nebenbestimmungen ergangen. Ebenso wenig kann eine Berichtigung nach § 129 AO erfolgen, da kein Versehen beim Erlass des Bescheides gegeben ist, sondern dieser absichtlich von Z unrichtig erstellt wurde.

Zu prüfen ist eine Korrektur nach § 173 Abs. 1 Nr. 1 AO. Die Einkünfte aus Vermietung und Verpachtung in der korrekten Höhe sind eine Tatsache, da sie Merkmal eines steuergesetzlichen Tatbestandes sind. Fraglich ist jedoch, ob sie der Finanzbehörde nachträglich bekannt werden, wenn dem Mitarbeiter im Januar 08 die Abweichung von der Steuererklärung auffällt. Dies hängt davon ab, ob das Wissen des Sachbearbeiters Z der Finanzbehörde zuzurechnen ist mit der Folge, dass ein nachträgliches Bekanntwerden nicht in Betracht kommt. Es gilt insoweit als bekannt, was sich aus dem Inhalt der Akten ergibt. Da Z die korrekte Anlage V entfernt hat, sind die echten Einkünfte aus Vermietung und Verpachtung nicht aus der Akte ersichtlich. Dem zuständigen Sachbearbeiter waren sie aber bekannt. Wenn wie im vorliegenden Fall Tatsachen vom zuständigen Beamten bewusst unterdrückt und ein fingierter Sachverhalt der Besteuerung zugrunde gelegt wird, kommt es für die Frage, ob die Kenntnis des Beamten der Finanzbehörde zuzurechnen ist, darauf an, ob der Steuerpflichtige den Verstoß veranlasst oder auf sonstige Weise mit dem Finanzbeamten einvernehmlich zusammengearbeitet hat (vgl. BFH vom 28.04.1998, BStBl II 1998, 458).

Wenn der Steuerpflichtige, wie hier M, von der zutreffenden Bearbeitung der Erklärung ausgeht und seiner Mitwirkungspflicht voll nachgekommen ist, dann gelten die Tatsachen als der Finanzbehörde bekannt. Das Vertrauen des M in die zutreffende Behandlung des Sachverhalts und die Bestandskraft des Steuerbescheides ist insoweit schutzwürdig.

Da somit die tatsächlichen Einkünfte aus § 21 EStG nicht nachträglich bekannt werden, kann eine Korrektur des Steuerbescheides nach § 173 Abs. 1 Nr. 1 AO nicht erfolgen.

Weiterhin ist § 172 Abs. 1 Nr. 2c AO zu prüfen. Danach kann ein Steuerbescheid geändert werden, soweit er durch unlautere Mittel wie arglistige Täuschung erwirkt worden ist. Eine solche Täuschung kann auch wie hier durch jemand anderen als den Steuerpflichtigen, also auch durch einen Finanzbeamten geschehen (BFH a.a.O.).

Die Anwendung der Vorschrift und damit die Korrektur des Bescheides stehen jedoch im Ermessen der Finanzbehörde. Nach dem Sinn und Zweck der Vorschrift soll diese nur dann eine Durchbrechung der Bestandskraft des Bescheides bewirken können, wenn der Steuerpflichtige selbst zumindest Kenntnis von der Täuschung hatte, also einen gewissen Beitrag zur Herbeiführung des falschen Bescheides geleistet hat. Da M vorliegend von der falschen Erfassung durch Z nichts wusste, erscheint es nicht ermessensgerecht, den Bescheid nun nach Aufdeckung der Tat zu ändern.

Hinweis! An dieser Stelle kann mit guten Argumenten auch eine gegenteilige Auffassung vertreten werden; immerhin hat M noch vor Bestandskraft seines Bescheides von der Tat des Z erfahren, sodass er evtl. nicht auf den Bestand der Steuerfestsetzung vertrauen durfte. Entscheidend sind die Argumentation und das Erkennen des Problems.

Folglich greift auch § 172 Abs. 1 Nr. 2c AO nicht. Eine Änderung des Einkommensteuerbescheides 01 des M kann daher mangels Korrekturvorschrift nicht erfolgen.

Hinweis! Die korrekte Festsetzungsfrist beträgt hier in Bezug auf die hinterzogenen Steuern 10 Jahre, endet also mit Ablauf des Jahres 12. Die verlängerte Frist greift auch, wenn die Steuerhinterziehung wie hier nicht durch den Steuerpflichtigen selbst begangen wird (Kruse in: Tipke/Kruse, AO, § 169 Tz. 18 m.w.N.).

Sachverhalt 3

1. Erzwingung der Abgabe der Drittschuldnererklärung

Die Drittschuldnerin S ist gem. § 316 Abs. 1 Satz 1 AO aufgrund der in der Pfändungs- und Einziehungsverfügung enthaltenen Aufforderung verpflichtet, eine Drittschuldnererklärung abzugeben. Tut sie dies nicht freiwillig, kann gem. § 316 Abs. 2 Satz 3 AO gegen sie ein Zwangsgeld festgesetzt werden. Hierfür gelten die Voraussetzungen der §§ 328 ff. AO. Die Aufforderung zur Abgabe ist ein vollstreckbarer Verwaltungsakt, mit dem eine Handlung gefordert wird. Nach schriftlicher Androhung gem. § 332 Abs. 1 Satz 1 AO mit Fristsetzung kann nach Fristablauf zeitnah ein Zwangsgeld festgesetzt werden, wenn S die Pflicht immer noch nicht erfüllt hat. Die Vollstreckung dieses Zwangsgeldbetrages durch den Vollziehungsbeamten ist möglich. Eine Umwandlung des Zwangsgelds in Zwangshaft gem. § 334 AO ist wegen § 316 Abs. 2 Satz 3 AO nicht zulässig. Ggf. kommt auch eine zivilrechtliche Inanspruchnahme der S gem. § 316 Abs. 2 Satz 2 AO für den aufgrund der Nichterfüllung entstandenen Schaden in Betracht.

2. Auswirkung einer angeordneten Zwangsverwaltung

Eine Pfändung der Mietforderungen wäre dann nicht möglich gewesen, wenn die Forderungen aufgrund der Anordnung der Zwangsverwaltung in die Zwangsvollstreckung in das unbewegliche Vermögen fallen würden. Hier greift § 322 Abs. 1 Satz 2 AO i.V.m. § 865 Abs. 1 Satz 1 ZPO und § 1123 BGB. Mietforderungen werden aufgrund § 865 Abs. 2 Satz 2 ZPO dann von der Immobiliarvollstreckung erfasst, wenn ihre

Beschlagnahme z.B. im Wege der Anordnung der Zwangsverwaltung erfolgt ist, vgl. § 148 Abs. 1 i.V.m. §§ 20, 21 Abs. 2 ZVG. Somit war die Pfändung der Mietforderungen nicht möglich.

Sachverhalt 4

1. Auswirkungen vorläufige Insolvenzverwaltung

Aufgrund eines vom Gerichts ausgesprochenen allgemeinen Verfügungsverbots handelt es sich gem. § 22 Abs. 1 InsO um einen sogenannten „starken" vorläufigen Insolvenzverwalter. Die Verwaltungs- und Verfügungsbefugnis über das Vermögen des Insolvenzschuldners geht damit auf den Verwalter über.

Die Vollstreckungsstelle muss bei Kenntnis des Insolvenzantrags alle betroffenen Stellen des Finanzamts informieren, insbesondere den zuständigen Veranlagungsbezirk. Da der starke Insolvenzverwalter gesetzlicher Vertreter des Schuldners ist, muss der Veranlagungsbezirk eine Änderung der Kenndaten in den entsprechenden Dateien vornehmen, da alle weiteren Verwaltungsakte an ihn bekannt zu geben sind. Neu begründete Abgabenforderungen sind Masseforderungen, es ist hierfür eine Massesteuernummer zu vergeben. Die Finanzkasse muss im Konto des Schuldners Sperrvermerke setzen, da keine Zahlungen mehr an ihn geleistet werden dürfen. Laufende Einspruchs- und Klageverfahren werden unterbrochen. Vollstreckungsmaßnahmen durch den Vollziehungsbeamten sind – soweit das Gericht kein Vollstreckungsverbot angeordnet hat – zwar weiterhin möglich, jedoch ist eine Einziehung gepfändeter Forderungen zunächst unzulässig. Vorliegende Steuererklärungen sind umgehend zu bearbeiten. Allerdings können für vor Insolvenzanmeldung liegende Zeiträume keine Steuerbescheide mehr ergehen, hier ist eine Steuerberechnung vorzunehmen. Die hieraus resultierenden Steuerforderungen wie auch die bereits festgesetzten Steuern sind von der Vollstreckungsstelle zur Insolvenztabelle anzumelden. Die Anregung der Haftung ist ggf. zu prüfen.

> **Hinweis!** Die Kandidaten müssen aus den vorhergehenden Ausführungen 4 Punkte bringen, um die vollständige Punktzahl zu erreichen.

2. Auswirkungen der Insolvenzeröffnung, Anspruch auf Rückzahlung

Es ist hier zu prüfen, ob aufgrund der insolvenzrechtlichen Bestimmungen ein Unwirksamwerden der Pfändung in Betracht kommt. In diesem Fall könnte der eingesetzte Insolvenzverwalter die Rückzahlung des Betrages an die Insolvenzmasse fordern.

Gem. § 88 InsO werden bei Eröffnung eines Insolvenzverfahrens solche von einem Gläubiger erlangten Sicherungen unwirksam, die er im letzten Monat vor dem Antrag auf Eröffnung des Verfahrens erlangt hat. Die Frist verlängert sich bei Verbraucherinsolvenzverfahren gem. § 88 Abs. 2 InsO auf 3 Monate. Somit wären alle in den letzten 3 Monaten vor dem 31. März 08, also vom 31. Dezember 07 an erlangten Sicherungen unwirksam (vgl. § 139 InsO).

Hier hat das FA die Pfändung Anfang Dezember 07 vorgenommen, also früher als 3 Monate vor dem Antrag auf Eröffnung des Insolvenzverfahrens. Aber die Mietforderungen für die späteren Monate sind erst später entstanden. Fraglich ist, wann diese Ansprüche vom FA „erlangt" wurden i.S.v. § 88 InsO. Laut BFH entsteht das Pfändungspfandrecht an zur Zeit der Pfändung zukünftigen Forderungen erst mit Entstehung der Forderungen (BFH vom 12.04.2005, BStBl II 2005, 543). Im vorliegenden Fall ist jedoch ein Anspruch aus einem Dauerschuldverhältnis gepfändet worden. Sollte dieser Anspruch unter die Regelung des § 313 AO fallen, würde sich das mit der Pfändung erworbene Pfandrecht auch auf die später fällig werdenden Beträge erstrecken. Nach h.M. allerdings sind Mietforderungen keine einer Gehaltsforderung ähnlichen Bezüge (vgl. Beermann in Hübschmann/Hepp/Spitaler, AO/FGO, § 313, Rn. 7 m.w.N.; str.).

Das bedeutet, dass das FA vorliegend die Sicherung in Form der gepfändeten Mietansprüche für Januar, Februar und März noch nicht mit der Pfändung erlangt hat. Folglich muss das FA den von S gezahlten Betrag an den Insolvenzverwalter auszahlen.

Hinweis! Ausreichend ist, wenn die Kandidaten erkennen, dass die eigentliche Pfändung bereits vor dem 3-Monats-Zeitraum erfolgt ist und die Frage problematisieren, wie die Folgemonate zu beurteilen sind.

3. Rechtslage bei späterer Insolvenzeröffnung

Im Falle eines Insolvenzantrags erst im Dezember 08 kommt die Anwendung des § 88 InsO nicht in Betracht. Hier ist die insolvenzrechtliche Anfechtung zu prüfen. Liegt ein Anfechtungstatbestand vor, kann der Insolvenzverwalter ebenfalls die Rückzahlung der Summe an die Insolvenzmasse fordern.

Die Tatbestände der §§ 130, 131 InsO sind jedoch vorliegend nicht anwendbar, da diese sich lediglich auf Handlungen der letzten maximal drei Monate vor dem Insolvenzantrag beziehen. Allenfalls § 133 InsO wäre grundsätzlich hier anwendbar. Diese Vorschrift ermöglicht jedoch nur die Anfechtung von Rechtshandlungen, die der Schuldner selbst vorgenommen hat. Dies ist hier nicht gegeben.

Demnach kann das FA in diesem Fall das Geld behalten.

Punktetabelle zur Prüfungsklausur aus dem Gebiet Abgabenrecht

	Punkte
Sachverhalt 1:	
Obersatz: Einspruch begründet, wenn F-Bescheide rechtswidrig, § 367 II 1	1 (1)
§ 181 I 1	1 (2)
F-Bescheid 01: § 175 I Nr. 1	1 (3)
§§ 180 I Nr. 2a, 179 II 2, Grundlagenbescheid	1 (4)
Bindungswirkung, § 182 I 1	1 (5)
§ 351 II: Einwendungen gegen F-Bescheid KG nicht möglich	1 (6)
Nur Wirksamkeit zu prüfen: Bescheid allenfalls rechtswidrig	1 (7)
Weiter Bekanntgabe bei KG zu prüfen: hier kein Empfangsbevollmächtigter benannt	1 (8)
Hier ordnungsgemäß, § 183 I 2; §§ 125 I, 161 II HGB	1 (9)
Feststellungsverjährung, § 169 I 1	1 (10)
Beginn §§ 181 II, 170 II Nr. 1: Ablauf 02	1 (11)
4 Jahre gem. § 169 II Nr. 2 bis Ende 06	1 (12)
§ 171 X: 2 Jahre ab Bekanntgabe	1 (13)
Hier bis 12.04.10, also gewahrt	1 (14)
§ 173 wegen Bürgschaft?	1 (15)
(-), da Inanspruchnahme erst nach Erlass Steuerbescheid	1 (16)
§ 175 I Nr. 2	1 (17)
Rückwirkendes Ereignis: hier Inanspruchnahme aus Bürgschaft	1 (18)
Mindert steuerlichen Veräußerungsgewinn im VZ 01	1 (19)
Verjährung § 175 I 2, Beginn Ablauf Ereignisjahr 07	1 (20)
Ende Ablauf 11, damit Frist gewahrt	1 (21)
§ 129 S. 1: Rechenfehler bei Erlass des Bescheides	1 (22)

	Punkte
Feststellungsfrist § 171 II zu prüfen	1 (23)
Hier abgelaufen mit Subs.	1 (24)
§ 367 II 1, § 351 I	1 (25)
Ergebnis: folgerichtige Berechnung der Änderung	1 (26)
Neufestsetzung/Einspruchsentscheidung o.ä.	1 (27)
F-Bescheid 02: § 174 IV	1 (28)
Bestimmter Sachverhalt falsch beurteilt: Zurechnung der Einnahmen	1 (29)
Aufgrund Klage zugunsten des S geändert	1 (30)
Korrekte rechtliche Folgerung: Änderung Bescheid OHG	1 (31)
Feststellungsverjährung bei OHG: 03-07	1 (32)
Änderung erst in 08; § 174 IV 3: innerhalb 1 Jahr ab Änderung falscher Bescheid	1 (33)
Hier bis 02.02.09, also im Juni 08 rechtzeitig	1 (34)
§ 174 IV 4: unproblematisch: Frist OHG lief bei Erlass Bescheid S noch	1 (35)
§ 174 V (+): OHG rechtzeitig zum Verfahren beigeladen	1 (36)
§ 173 I Nr. 1 wegen Uhrenverkauf	1 (37)
Def. und Subs. Tatsache; hier Betriebseinnahmen aus Verkauf	1 (38)
Nachträglich bekannt geworden = nach abschließender Zeichnung durch BP	1 (39)
Höhere Steuer (+)	1 (40)
Änderung wegen Treu und Glauben ausgeschlossen	1 (41)
Verletzung Ermittlungspflicht § 88 diskutieren	1 (42)
Keine Verletzung/auch Verletzung Mitwirkungspflicht OHG	1 (43)
§ 173 I Nr. 2 wegen zugehöriger Betriebsausgaben	1 (44)
Neue Tatsache (+), niedrigere Steuer	1 (45)
Grobes Verschulden (+) hier Vorsatz mit Subs.	1 (46)
Unbeachtlich wegen S. 2, da unmittelbarer Zusammenhang	1 (47)
Festsetzungsfrist hier wegen Steuerhinterziehung 10 Jahre, § 169 II 2; Ergebnis	1 (48)
§ 173 I Nr. 2 wegen weiterer Ausgaben	1 (49)
Hier grobes Verschulden Steuerberater mit Begründung	1 (50)
Zurechnung	1 (51)
Als „materieller Fehler" zu berücksichtigen	1 (52)
Folgerichtige Ermittlung Gesamtergebnis	1 (53)
Sachverhalt 2: Strafbarkeit von M und Z	
Strafbarkeit Z: § 370 I Nr. 1 durch falsche Eingabe der Zahlen	1 (54)
Obj. Tatbestand: unrichtige Angaben ggü. Finanzbehörde + Subs.	1 (55)

	Punkte
Über steuerlich erhebliche Tatsachen, hier Höhe V+V	1 (56)
Dadurch Steuern verkürzt, § 370 IV 1	1 (57)
Kausalität mit Subs.	1 (58)
Vorsatz, § 369 II AO, § 15 StGB	1 (59)
Rechtswidrigkeit, Schuld, Ergebnis	1 (60)
Strafbarkeit M: § 370 I Nr. 1 (–), da keine falschen Angaben	1 (61)
§ 370 I Nr. 2 (–), keine Berichtigungspflicht, da keine falsche Steuererklärung	1 (62)
Korrektur ESt-Bescheid: § 173 I Nr. 1	1 (63)
Nachträglich bekannt geworden hier fraglich	1 (64)
Problem Zurechnung des Verhaltens des Z	1 (65)
Argumentation und folgerichtiges Ergebnis	1 (66)
§ 172 I Nr. 2c: arglistige Täuschung	1 (67)
Auch durch Dritten möglich	1 (68)
Hier (+); Ermessensentscheidung: Keine Änderung (Argumentation)	1 (69)
Sachverhalt 3:	
Pflicht aus § 316 I 1; nach § 316 II 3 Zwangsgeld möglich	1 (70)
Zwangsgeldfestsetzung §§ 328 ff., vollstreckbarer Verwaltungsakt	1 (71)
Nicht über 25.000 €, schriftliche Androhung § 332 I 1	1 (72)
Bei Nichterfüllung Festsetzung, zeitnah;	1 (73)
Ggf. Vollstreckung durch Vollziehungsbeamten	1 (74)
Umwandlung in Zwangshaft nicht möglich, § 334	1 (75)
Ggf. Haftung § 316 II 2, im Zivilrechtsweg	1 (76)
Mietforderung? § 322 I 2 AO, § 865 I 1 ZPO,	1 (77)
§ 1123 BGB	1 (78)
Unterliegen gem. § 865 II 2 nach Beschlagnahme Immobiliarvollstreckung	1 (79)
§ 148 I/§§ 20 I, 21 ZVG	1 (80)
Pfändung daher nicht möglich	1 (81)
Sachverhalt 4:	
1. Starker Insolvenzverwalter, § 22 I InsO	1 (82)
Verfügungsverbot für Schuldner	1 (83)
Sperrvermerke setzen, Einspruchsverfahren ruhen	1 (84)
Stellen informieren, Forderungen zur Tabelle anmelden	1 (85)
Ausstehende Steuerberechnungen vornehmen, Vollstreckung einstellen	1 (86)
Neue Masse-Steuernummer, Kenndaten ändern, Bekanntgabe an Verwalter	1 (87)

	Punkte
2. Insolvenzverwalter kann Auszahlung verlangen, wenn § 88 erfüllt	1 (88)
i.V.m. § 88 II:, alles was 3 Monate vor Antrag erlangt	1 (89)
Pfändung FA im Dezember, also früher als 3 Monate	1 (90)
Problem erkennen: Mieten erst später zu zahlen: spätere Monate in Rückschlagsperre?	1 (91)
Folgerichtiges Ergebnis	1 (92)
10.12.: § 88 (–), da früher als 3 Monate	1 (93)
3. Hier Anfechtung nach InsO zu prüfen	1 (94)
§§ 130/131 InsO (–), länger als 3 Monate her	1 (95)
§ 133 InsO (–), keine Rechtshandlung des Schuldners gegeben	1 (96)

Notentabelle		
Korrekturpunkte	**Punkte nach § 6 Abs. 1 StBAPO**	**Note**
96–92	15	1
91–87	14	
86–83	13	2
82–79	12	
78–74	11	
73–70	10	3
69–65	9	
64–61	8	
60–57	7	4
56–52	6	
51–48	5	
47–38	4	5
37–29	3	
28–19	2	
18–10	1	6
9–0	0	

Fall 7

Übungsklausur aus dem Gebiet Umsatzsteuer

Bearbeitungszeit: 5 Stunden
Hilfsmittel:
Beck'sche Bände

- Steuergesetze
- Steuerrichtlinien
- Steuererlasse

A. Sachverhalte

Sachverhalt 1

Fernsehhändler **Flat** (Hainfeld/Pfalz) veräußerte am 13.12.12 an den Sohn eines langjährigen Mitarbeiters einen LCD-Fernseher für 2.380 €. Der Kaufpreis wurde dem Gehaltskonto des Vaters belastet. Normalerweise hätte Flat diesen Fernseher für 2.900 € verkaufen können. Der Einkaufspreis am 27.06.12 betrug 1.800 € netto. Im November 12 erhöhte der Hersteller seine Preise um 10 %. Transportkosten für den Bezug eines Fernsehers fallen i.d.R. i.H.v. 50 € netto an.

Aufgabe:

Beurteilen Sie den Sachverhalt aus umsatzsteuerlicher Sicht für **Flat** in 12. Unterstellen Sie dabei Regelbesteuerung (Voranmeldungszeitraum = Monat) nach Soll-Grundsätzen. Gliedern Sie Ihre Lösung nach:

- Umsatzart, Ort des Umsatzes, Steuerbarkeit,
- Steuerpflicht,
- Bemessungsgrundlage, Umsatzsteuer,
- Entstehung der Umsatzsteuer und Steuerschuldner.

Begründen Sie Ihre Ausführungen unter Hinweis auf die einschlägigen gesetzlichen Vorschriften und - sofern erforderlich - Verwaltungsanweisungen.

Sachverhalt 2

Als selbständiger Schriftsteller schreibt Andreas Echbeach (E) Romane, die der BESTBUCH-Verlag (Hamburg) veröffentlicht. E erwarb mit notariellem Vertrag vom 02.06.12 ein Einfamilienhaus in Edenkoben. Im notariellen Kaufvertrag wurde u.a. der Übergang des wirtschaftlichen Eigentums auf den 01.07.12 (entspricht dem reellen Kalenderjahr 2014) und die Umsatzsteuerpflicht des Verkaufs (zulässigerweise) vereinbart. Der Kaufpreis betrug 220.000 €. Das Haus hat eine Nutzfläche von 140 m². Im Obergeschoss nutzt E ein Arbeitszimmer (21 m²) für seine schriftstellerische Tätigkeit. Ab Juli 12 sind folgende laufenden Kosten für das Einfamilienhaus angefallen:

• Stromkosten	600 €	zzgl. 19 % USt
• Grundbesitzabgaben	500 €	
• Wasserverbrauch (im Arbeitzimmer befindet sich ein Waschbecken)	100 €	zzgl. 7 % USt
• Schornsteinfegergebühren	50 €	zzgl. 19 % USt
• Schuldzinsen	4.200 €	

Die steuerpflichtigen Umsätze aus schriftstellerischer Tätigkeit für 12 betragen 10.000 € (netto). Die Vorjahresumsätze lagen in etwa in der gleichen Höhe. Ordnungsgemäße Rechnungen liegen vor.

Aufgaben:

1. Welche Besteuerungsform bzw. -art käme für E in Betracht? Welche davon würden Sie ihm aus umsatzsteuerlicher Sicht empfehlen und welche Schritte muss er dabei beachten? Gehen Sie davon aus, dass E einen möglichst hohen Vorsteuerabzug wünscht.
2. Beurteilen Sie den Sachverhalt für E in 12. Unterstellen Sie dabei Regelbesteuerung (Voranmeldungszeitraum = Monat) nach Ist-Grundsätzen und dass er einen möglichst hohen Vorsteuerabzug wünscht. Der Verkauf des Einfamilienhauses ist ebenfalls zu würdigen. Gliedern Sie Ihre Lösung nach:
   - Unternehmereigenschaft von E,
   - Rahmen seines Unternehmens,
   - Umsatzart, Ort des Umsatzes, Steuerbarkeit,
   - Steuerpflicht,
   - Bemessungsgrundlage, Umsatzsteuer,
   - Entstehung der Umsatzsteuer und Steuerschuldner,
   - Abziehbarkeit und Abzugsfähigkeit angefallener Vorsteuerbeträge sowie deren Abzugszeitpunkt.
3. Auf welche Weise kann E mit seinem Verlag abrechnen? Was ist dabei zu beachten und welche umsatzsteuerlichen Auswirkungen ergeben sich daraus?
4. Welche Folgen ergeben sich:
   a) wenn E ab dem Jahr 18 das Arbeitszimmer als Kinderzimmer für seine neu geborene Tochter verwendet?
   b) wenn E ab August 22 das Arbeitszimmer als Kinderzimmer für seine neu geborene Tochter verwendet?
   Stellen Sie die Folgen lediglich dem Grunde nach dar, Berechnungen sind nicht durchzuführen.

Begründen Sie Ihre Ausführungen unter Hinweis auf die einschlägigen gesetzlichen Vorschriften und – sofern erforderlich – Verwaltungsanweisungen.

Sachverhalt 3

Bauunternehmer **Bruch** verkaufte eine Lagerhalle (Landau) an den Bauunternehmer **Cico**. Zum Rangieren der Baustoffe ist ein Schwerlastenkran fest mit dem Gebäude verbunden. B und C nutzten/nutzen die Lagerhalle ausschließlich im Rahmen ihres Unternehmens; eine Geschäftsveräußerung im Ganzen i.S.d. § 1 Abs. 1a UStG liegt nicht vor. Im notariell beurkundeten Kaufvertrag vom 07.12.11 wurde vereinbart, dass der Verkauf umsatzsteuerpflichtig sein soll und dass Käufer C die gesamte Grunderwerbsteuer übernimmt. Besitz, Nutzen und Lasten sollen zum 01.01. des Jahres übergehen, das dem Jahr der Anzahlung (i.H.v. 300.000 €) folgt.

B rechnete über den Vorgang nur einmal mit C am 01.01.12 mit folgendem Inhalt (Auszug) ab:

Grund und Boden	90.000 €
Bodenbefestigung, Umzäunung	10.000 €
Gebäude	350.000 €
Schwerlastenkran	50.000 €
	500.000 €
19 % MwSt	95.000 €
abzüglich Anzahlung vom 21.12.11	./. 300.000 €
Restzahlung	**295.000 €**

Die Rechnung ist darüber hinaus ordnungsgemäß.

Aufgabe:

Beurteilen Sie den Sachverhalt für **B** und **C** in 11 und 12. Unterstellen Sie dabei Regelbesteuerung (Voranmeldungszeitraum = Monat) nach Soll-Grundsätzen. Gliedern Sie Ihre Lösung nach:

- Umsatzart, Ort des Umsatzes, Steuerbarkeit,
- Steuerpflicht,
- Bemessungsgrundlage, Umsatzsteuer,
- Entstehung der Umsatzsteuer und Steuerschuldner,
- Abziehbarkeit und Abzugsfähigkeit angefallener Vorsteuerbeträge sowie deren Abzugszeitpunkt.

Begründen Sie Ihre Ausführungen unter Hinweis auf die einschlägigen gesetzlichen Vorschriften und – sofern erforderlich – Verwaltungsanweisungen.

B. Lösungen

Sachverhalt 1

Es liegt eine bewegte Lieferung von Flat an den Sohn seines langjährigen Mitarbeiters vor, da an dem Fernseher Verfügungsmacht verschafft wird (§ 3 Abs. 1 UStG). Der Ort der Lieferung bestimmt sich nach § 3 Abs. 6 Satz 1 UStG und befindet sich Hainfeld/Pfalz und somit im Inland (§ 1 Abs. 2 Satz 1 UStG). Damit sind alle Voraussetzungen des § 1 Abs. 1 Nr. 1 Satz 1 UStG erfüllt. Die Lieferung ist steuerbar. Mangels Befreiung nach § 4 UStG ist sie auch steuerpflichtig.

Bemessungsgrundlage ist das Entgelt (§ 10 Abs. 1 Satz 1 UStG). Entgelt ist alles, was den Wert der Gegenleistung bildet, die der leistende Unternehmer vom Leistungsempfänger oder von einem anderen (Vater) als dem Leistungsempfänger (Sohn) für die Leistung erhält, jedoch abzüglich der für diese Leistung gesetzlich geschuldeten Umsatzsteuer (§ 10 Abs. 1 Satz 2 UStG). Das Entgelt beträgt demnach 2.000 €. Da der verbilligte Verkauf an den Sohn eines Mitarbeiters auf das Dienstverhältnis zurückzuführen ist, muss die Mindestbemessungsgrundlage geprüft werden (§ 10 Abs. 5 Satz 1 Nr. 2 UStG). Diese entspricht der Bemessungsgrundlage i.S.d. § 10 Abs. 4 Satz 1 Nr. 1 i.V.m. Abs. 4 Satz 2 UStG und beträgt 2.030 € (1.800 € × 110 % + 50 €). Da dieser Wert das tatsächliche Entgelt übersteigt kommt die Mindestbemessungsgrundlage zum Ansatz. Das marktübliche Entgelt ist ohne Bedeutung, da es das tatsächliche Entgelt, als auch den Wert nach § 10 Abs. 4 UStG übersteigt. Der Steuersatz beträgt 19 % (§ 12 Abs. 1 UStG). Die Umsatzsteuer beläuft sich auf 385,70 €. Sie entsteht mit Ablauf des Voranmeldungszeitraums Dezember 12 (§ 13 Abs. 1 Nr. 1 Buchstabe a Satz 1 UStG). Steuerschuldner ist Flat (§ 13a Abs. 1 Nr. 1 UStG).

Sachverhalt 2

Aufgabe 1:

Als Besteuerungs**form** käme die Regelbesteuerung oder eine besondere Besteuerungsform in Betracht: hier die Regelung für Kleinunternehmer. E ist ein inländischer Unternehmer, der die maßgebenden Umsatzgrenzen (22.000 €/50.000 €) offensichtlich nicht übersteigt (§ 19 Abs. 1 Satz 1 UStG). Zwar würde die Umsatzsteuer für Umsätze i.S.d. § 1 Abs. 1 Nr. 1 UStG nicht erhoben, aber auch ein Vorsteuerabzug – insbesondere für den Grundstückserwerb – wäre ausgeschlossen (§ 19 Abs. 1 Satz 1 und 4 UStG). Demnach wäre ihm zu empfehlen, zur Regelbesteuerung zu optieren (§ 19 Abs. 2 UStG). Dafür ist keine bestimmte Form vorgeschrieben (A. 19.2 Abs. 1 Satz 4 Nr. 2 UStAE). E sollte aber – um Unklarheiten zu vermeiden – darauf achten, dass das Finanzamt unmissverständlich davon Kenntnis erlangt, z.B. in dem er die Option bereits in 11 schriftlich anzeigt, wenn er nicht bereits schon in früheren Jahren zur Regelbesteuerung optiert hat. Da die Erklärung vom Beginn des Kalenderjahres gilt, für das er sie abgegeben hat, sollte er die Option ab 12 erklären, um u.a. den Vorsteuerabzug für den Erwerb des Einfamilienhauses zu erhalten (A. 19.2 Abs. 1 Satz 4 Nr. 1 Satz 1 UStAE). Die dem Verlag von ihm in Rechnung gestellte Umsatzsteuer, kann dieser i.d.R. als Vorsteuer geltend machen, sodass der Verlag wirtschaftlich nicht benachteiligt ist.

Als Besteuerungs**art** wäre die Berechnung der Steuer nach vereinnahmten Entgelten zu empfehlen. E müsste dann erst Umsatzsteuer abführen, wenn er das Entgelt vereinnahmt hat (Liquiditätsvorteil) und könnte Vorsteuern nach den allgemeinen Grundsätzen des § 15 UStG abziehen. Dazu müsste er beim Finanzamt einen Antrag stellen, der von diesem zu genehmigen ist (§ 20 Satz 1 UStG). Dem Antrag wird das

Finanzamt entsprechen, wenn E zum berechtigten Personenkreis des § 20 Satz 1 UStG gehört (A. 20.1 Abs. 1 Satz 2 UStAE). Er ist als Schriftsteller freiberuflich tätig i.S.d. § 18 Abs. 1 Nr. 1 EStG, sodass er ohne Einhaltung von Umsatzgrenzen die Besteuerung nach vereinnahmten Entgelten in Anspruch nehmen kann (§ 20 Satz 1 Nr. 3 UStG). Auch hier sollte er – bei erstmaligem Wechsel zur Regelbesteuerung – den schriftlichen Antrag bereits in 11 für 12 stellen.

Aufgabe 2:

Schriftstellerische Tätigkeit

E ist als Schriftsteller Unternehmer, da er als natürliche Person eine berufliche Tätigkeit selbstständig ausübt (§ 2 Abs. 1 Satz 1 und 3 UStG). Das Unternehmen umfasst die schriftstellerische Tätigkeit (§ 2 Abs. 1 Satz 2 UStG).

Es liegen sonstige Leistungen vor, die darin bestehen, dass er dem Verlag Nutzungsrechte an seinem Urheberrecht einräumt (§ 3 Abs. 9 Satz 1 und 2 UStG i.V.m. A. 3.1 Abs. 4 Satz 2 UStAE). Das Schreiben des jeweiligen Romans und die Übersendung des Manuskripts begründet i.d.R. für sich alleine noch keine wirtschaftliche Tätigkeit. Erst die Veröffentlichung durch den Verlag oder eine andere Vereinbarung zum Zeitpunkt der Übertragung des Nutzungsrechts begründet die sonstige Leistung.

Der Ort der jeweiligen sonstigen Leistung bestimmt sich nach § 3a Abs. 2 Satz 1 UStG („B2B"-Umsatz) und ist in Hamburg belegen. Hamburg ist Inland (§ 1 Abs. 2 Satz 1 UStG). Damit sind alle Voraussetzungen des § 1 Abs. 1 Nr. 1 Satz 1 UStG erfüllt. Die sonstigen Leistungen sind steuerbar. Mangels Befreiung nach § 4 UStG sind sie auch steuerpflichtig.

Bemessungsgrundlage ist das Entgelt = 10.000 € (§ 10 Abs. 1 Satz 1, 2 UStG). Bei einem Steuersatz von 7 % (§ 12 Abs. 2 Nr. 7 Buchst. c UStG i.V.m. A. 12.7 Abs. 6 UStAE), beträgt die Umsatzsteuer 700 €. Sie entsteht mit Ablauf des Voranmeldungszeitraums, in dem das Entgelt jeweils vereinnahmt wurde (§ 13 Abs. 1 Nr. 1 Buchst. b UStG). Steuerschuldner ist E (§ 13a Abs. 1 Nr. 1 UStG).

Einfamilienhaus

Da E einen möglichst hohen Vorsteuerabzug wünscht, wird er das Einfamilienhaus in vollem Umfang dem Unternehmensvermögen zuordnen. Dies ist möglich, da zum einen die unternehmerische Nutzung mindestens 10 % beträgt (Arbeitszimmer = 15 % nach Nutzflächenverhältnis, § 15 Abs. 1 Satz 2 UStG), und zum anderen eine solche Zuordnung nach A. 15.2c Abs. 2 Satz 1 Nr. 2 Buchstabe b Satz 1 und 2 UStAE auch erlaubt ist.

Im Hinblick auf die private Nutzung des Einfamilienhauses ist es für Zwecke des § 15a Abs. 6a i.V.m. § 15 Abs. 1b UStG unabdingbare Voraussetzung, dass das Einfamilienhaus auch insoweit dem Unternehmensvermögen zugerechnet wird (A. 15.6a Abs. 1 Satz 3 i.V.m. Abs. 5 Satz 3 UStAE).

Verkauf des Einfamilienhauses an E

Der Verkauf des Einfamilienhauses ist eine unbewegte Lieferung des veräußernden Unternehmers an E, deren Ort sich nach § 3 Abs. 7 Satz 1 UStG bestimmt. Danach ist dieser in Edenkoben, da sich das Einfamilienhaus zur Zeit der Verschaffung der Verfügungsmacht (Übergang Besitz, Nutzen und Lasten am 01.07.12 = Übergang des wirtschaftlichen Eigentums, § 39 Abs. 2 Nr. 1 Satz 1 AO) dort befindet. Die Lieferung ist steuerbar, aber grundsätzlich steuerfrei (§ 4 Nr. 9 Buchstabe a UStG). Nach § 9 Abs. 1 und Abs. 3 UStG wurde jedoch zulässigerweise zur Umsatzsteuerpflicht optiert.

Zu beachten ist, dass ein Fall des sog. Reverse-Charge-Verfahrens vorliegt (§ 13b Abs. 2 Nr. 3 UStG). E muss demnach den Umsatz versteuern (§ 13b Abs. 5 Satz 1 Halbsatz 1 UStG). Bemessungsgrundlage ist der Kaufpreis i.H.v. 220.000 €; Umsatzsteuer ist in diesem Betrag nicht enthalten, da davon auszugehen ist, dass in der zugrundeliegenden Rechnung (kann auch im Kaufvertrag enthalten sein) auf die Steuerschuldnerschaft von E hingewiesen wurde und ein Ausweis der USt nicht erfolgte (§ 14a Abs. 5 UStG). Die USt beträgt 41.800 € und entsteht nach § 13b Abs. 2 UStG mit Ausstellung der Rechnung, spätestens jedoch mit Ablauf des der Ausführung der Lieferung folgenden Kalendermonats.

Nutzung des Arbeitszimmers

Die Nutzung des Arbeitszimmers im zum Unternehmensvermögen gehörenden Einfamilienhauses begründet keinen steuerbaren Umsatz i.S.d. § 1 UStG. Sie kann als Innenumsatz betrachtet werden (§ 2 Abs. 1 Satz 2 UStG i.V.m. A. 2.7 Abs. 1 Satz 3 UStAE).

Vorsteuerabzug

Alle Vorsteuerbeträge, die ausschließlich auf das Arbeitszimmer entfallen sind in vollem Umfang abziehbar und abzugsfähig, da das bebaute Grundstück insoweit (mittelbar) ausschließlich zu sog. Abzugsumsätzen verwendet wird (§ 15 Abs. 1 Satz 1 Nr. 1 Satz 1, 2 und § 15 Abs. 2 UStG i.U.). Vorsteuern, die auf Leistungen entfallen, die ausschließlich die eigengenutzte Wohnung betreffen, sind nach § 15 Abs. 1b Satz 1 UStG nicht abziehbar. Die Besteuerung einer unentgeltlichen Wertabgabe unterbleibt (§ 3 Abs. 9a Nr. 1 Halbsatz 2 UStG).

Demnach kann E die Vorsteuer aus dem Grundstückserwerb i.H.v. 41.800 € zu 21/140 (Aufteilung nach dem Nutzflächenverhältnis, § 15 Abs. 4 Satz 4 UStG i.V.m. A. 15.17 Abs. 7 Satz 4 UStAE) = 6.270 € in dem Voranmeldungszeitraum ansetzen, in dem er den Umsatz nach § 13b UStG zu versteuern hat (§ 15 Abs. 1 Satz 1 Nr. 4 Satz 1 UStG i.V.m. § 16 Abs. 2 Satz 1 i.V.m. § 18 Abs. 1 Satz 3 UStG und A. 13b.15 Abs. 5 UStAE). Die Vorsteuerbeträge aus den laufenden Kosten kann er dann anteilig geltend machen, wenn er die jeweiligen Leistungen bezogen hat und die Rechnungen vorliegen (s.a. A. 13.1 Abs. 2 Satz 4 UStAE).

Aufgabe 3:

E muss grundsätzlich selbst Rechnungen i.S.d. § 14 UStG erstellen (§ 14 Abs. 2 Satz 1 Nr. 2 Satz 2 UStG). Es besteht aber auch die Möglichkeit, dass der Verlag als Leistungsempfänger im Wege einer Gutschrift mit ihm abrechnet (§ 14 Abs. 2 Satz 2 UStG). E und der Verlag müssen dies jedoch vorher vereinbart haben (A. 14.3 Abs. 2 UStAE). Voraussetzung für die Wirksamkeit einer Gutschrift ist, dass diese E übermittelt wird und er der Gutschrift nicht widerspricht (§ 14 Abs. 2 Satz 3 UStG i.V.m. A. 14.3 Abs. 3 UStAE). Der Verlag hat bei Erstellen der Gutschrift die Inhaltserfordernisse des § 14 Abs. 4 UStG zu beachten.

Die Gutschrift gilt als Rechnung i.S.d. § 14 und ermöglicht dem Verlag den Vorsteuerabzug. Für die Entstehung der Umsatzsteuer bei E ist die Art der Abrechnung ohne Bedeutung.

Aufgabe 4:

a) Das Verwenden des Arbeitszimmers als Kinderzimmer ist als eine einer Lieferung des Grundstücks gegen Entgelt gleichgestellten Wertabgabe zu beurteilen (fiktive Lieferung, § 3 Abs. 1b Satz 1 Nr. 1 und Satz 2 UStG):

- Es liegt eine Entnahme eines Unternehmensgegenstandes vor. In diesem Fall wird das gesamte Grundstück (zwingend) entnommen, da ab dem Zeitpunkt der neuen Verwendung des Arbeitszimmers keine (originäre) unternehmerische Nutzung des (gesamten) Grundstücks mehr vorliegt.
- Das Grundstück hat bei seinem Erwerb teilweise zum Vorsteuerabzug berechtigt.

Der Ort der fiktiven Lieferung bestimmt sich nach § 3 Abs. 7 Satz 1 UStG und liegt in Edenkoben. Die fiktive Lieferung ist steuerbar. Zu prüfen ist, ob eine Befreiung nach § 4 UStG in Betracht kommt. Nach A. 4.9.1 Abs. 2 Nr. 6 UStAE findet die Steuerbefreiung des § 4 Nr. 9 Buchstabe a UStG unabhängig davon Anwendung, ob mit der Entnahme ein Rechtsträgerwechsel am Grundstück verbunden ist. Somit ist die fiktive Lieferung zwingend steuerfrei; eine Option zur Steuerpflicht nach § 9 Abs. 1 UStG ist nicht möglich, da die Lieferung nicht an einen anderen Unternehmer für dessen Unternehmen ausgeführt wird.

Die steuerfreie fiktive Lieferung des Grundstücks innerhalb von 10 Jahren nach Beginn der erstmaligen Verwendung führt zur Berichtigung des Vorsteuerabzugs nach § 15a UStG. Die Berichtigung ist durchzuführen, da sich die Verhältnisse ab dem Zeitpunkt der erstmaligen Verwendung (01.07.12) gegenüber den für den ursprünglichen Vorsteuerabzug maßgebenden Verhältnissen (01.07.12, teilweise Abzugsumsätze bezüglich des Arbeitszimmers und Nichtabziehbarkeit der Vorsteuern bzgl. der eigenen Wohnung) durch die fiktive Lieferung (Ausschlussumsatz) innerhalb des 10-jährigen Berichtigungszeitraums (01.07.12–30.06.22) geändert haben (§ 15a Abs. 1 i.V.m. Abs. 8 UStG). Für die Berichtigung ist die fiktive Lieferung so anzusehen, als ob das Grundstück ab dem Zeitpunkt der fiktiven Lieferung bis zum Ablauf des Berichtigungszeitraums nur noch zur Ausführung von Umsätzen verwendet würde, die den Vorsteuerabzug ausschließen (§ 15a Abs. 9 UStG).

b) Auch hier liegt eine steuerbare, aber steuerfreie fiktive Lieferung des Grundstücks vor; vgl. a). § 15a UStG ist dem Grunde nach nicht zu prüfen, da der Vorgang außerhalb des 10-jährigen Berichtigungszeitraums liegt (§ 15a Abs. 1 Satz 2 UStG).

Sachverhalt 3

Verkauf Grundstück

Der Verkauf des bebauten Grundstücks inklusive der Betriebsvorrichtung »Schwerlastenkran« (BMF vom 05.06.2013, BStBl I 2013, 734 – Anlage 1 unter Beförderungsanlagen -1) und der Außenanlagen (Bodenbefestigung, Umzäunung) ist **eine** unbewegte Lieferung von B an C (§ 3 Abs. 1 UStG i.V.m. § 94 BGB).

Der Ort der Lieferung ist nach § 3 Abs. 7 Satz 1 UStG in Landau belegen. Die Verschaffung der Verfügungsmacht erfolgt durch die Übertragung des wirtschaftlichen Eigentums am 01.01.12 (§ 39 Abs. 2 Nr. 1 Satz 1 AO). Landau ist Inland (§ 1 Abs. 2 Satz 1 UStG). Damit sind alle Voraussetzungen des § 1 Abs. 1 Nr. 1 Satz 1 UStG erfüllt. Die Lieferung ist steuerbar.

Für Zwecke der Steuerbefreiung ist die jedoch diese (einheitliche) Lieferung aufzusplitten:

- Die Lieferung des Grund und Bodens, des Gebäudes sowie der Außenanlagen fällt grundsätzlich unter § 4 Nr. 9 Buchstabe a UStG. Es wurde aber zur Umsatzsteuerpflicht nach § 9 optiert. Die Option ist zulässig, da die Lieferung des Grundstücks an einen anderen Unternehmer für dessen Unternehmen erfolgte (§ 9 Abs. 1 UStG). Die Option ist auch wirksam, da sie im Kaufvertrag erklärt wurde (§ 9 Abs. 3 Satz 2 UStG).
- Die Lieferung der Betriebsvorrichtung fällt nicht unter § 4 Nr. 9 Buchstabe a UStG, da dieser Vorgang nicht von der Grunderwerbsteuer erfasst wird (§ 1 Abs. 1 Nr. 1 i.V.m. § 2 Abs. 1 Satz 2 Nr. 1 GrEStG).

Damit ist die Lieferung insgesamt steuerpflichtig.

Auch für Zwecke der Ermittlung der Bemessungsgrundlage – Steuerschuldner ist die Lieferung aufzusplitten:

- Bezüglich der Betriebsvorrichtung beträgt das Entgelt 50.000 €. Die Umsatzsteuer beläuft sich auf 9.500 €. Sie entsteht grundsätzlich mit Ablauf 1/12 (§ 13 Abs. 1 Nr. 1 Buchstabe a Satz 1 UStG i.V.m. A. 13.1 Abs. 2 Satz 1 UStAE). Da aber zum 21.12.11 ein Teil des Entgelts vereinnahmt wird, bevor die Lieferung ausgeführt wurde entsteht die Umsatzsteuer insoweit mit Ablauf 12/11 (§ 13 Abs. 1 Nr. 1 Buchstabe a Satz 4 UStG). Die Anzahlung bezieht sich jedoch auf die gesamte Lieferung und entfällt deshalb nur teilweise auf die Betriebsvorrichtung. Dementsprechend ist sie aufzuteilen und der Betriebsvorrichtung zuzuordnen (A. 13.5 Abs. 3 Satz 1 bis 3 UStAE sinngemäß). Als Aufteilungsmaßstab kann hier das Verhältnis der Entgelte herangezogen werden, sodass 10 % der Anzahlung auf die Betriebsvorrichtung entfällt = 30.000 €. Somit entsteht die Umsatzsteuer i.H.v. 9.500 € wie folgt: 4.789,92 € (30.000 € × 19/119) mit Ablauf 12/11 und die restlichen 4.710,08 € mit Ablauf 1/12. Steuerschuldner ist insoweit B (§ 13a Abs. 1 Nr. 1 UStG).
- Bezüglich Grund und Boden, Gebäude sowie Außenanlagen handelt es sich um einen Fall des »Reverse-Charge-Verfahrens« nach § 13b Abs. 2 Nr. 3 UStG. Auch in diesen Fällen ist die Bemessungsgrundlage nach § 10 Abs. 1 Satz 1 und 2 UStG zu ermitteln. § 10 Abs. 1 Satz 2 UStG ist mit Wirkung ab 1.1.2019 neu gefasst worden. Entgelt ist danach nun alles, was den Wert der Gegenleistung bildet, die der leistende Unternehmer ... für die Leistung erhält oder erhalten soll, ..., jedoch abzüglich der für diese Leistung gesetzlich geschuldeten Umsatzsteuer. Stellt der leistende Unternehmer fälschlicherweise USt in Rechnung, ist (auch) diese gesetzlich nicht geschuldete Umsatzsteuer als Entgelt anzusehen, auf die dann die „richtige" USt noch draufzurechnen ist. Der leistende Unternehmer B hat im vorliegenden Fall unrichtige USt in Rechnung gestellt. Er hätte in der Rechnung lediglich auf die Steuerschuldnerschaft des C hinweisen müssen

(§ 14a Abs. 5 UStG). Fehlt es an diesem Hinweis, wird C von seiner Steuerschuldnerschaft jedoch nicht entbunden (A. 13b.14 Abs. 1 Satz 4 UStAE). Der unrichtige Ausweis der Umsatzsteuer i.H.v. 85.500 € führt zur Rechtsfolge des § 14c Abs. 1 Satz 1 UStG (vgl. später). Das Entgelt beträgt demnach 535.500 €. Bei einer Grundstücksveräußerung gehört die nach § 13 Nr. 1 GrEStG gesamtschuldnerisch von Erwerber und Veräußerer geschuldete Grunderwerbsteuer auch dann nicht zum Entgelt für die Grundstücksveräußerung, wenn die Parteien des Grundstückskaufvertrags vereinbaren, dass der Erwerber die Grunderwerbsteuer allein zu tragen hat, weil der Erwerber mit der Zahlung der vertraglich übernommenen Grunderwerbsteuer eine ausschließlich eigene Verbindlichkeit begleicht (A. 10.1 Abs. 7 Satz 6 UStAE). Die Umsatzsteuer beläuft sich also auf 535.500 € x 19 % = 101.745 €.
Steuerschuldner ist insoweit nicht der leistende Unternehmer B, sondern der Leistungsempfänger C (§ 13b Abs. 5 Satz 1 Halbsatz 1 UStG).

Hinweis! Die nach § 13b UStG von C geschuldete USt ist nicht Bestandteil der grunderwerbsteuerlichen Bemessungsgrundlage, da er insoweit keine zusätzliche Gegenleistung für die Grundstückslieferung an B erbringt (keine Schuldübernahme).

Die USt i.H.v. 101.745 € entsteht grundsätzlich am 11.01.12 (§ 13b Abs. 2 Nr. 3 Halbsatz 1 UStG). Da aber zum 21.12.11 ein Teil des Entgelts vereinnahmt wird, bevor die Lieferung ausgeführt wurde, entsteht die Umsatzsteuer insoweit mit Ablauf 12/11 (§ 13b Abs. 4 Satz 2 i.V.m. A. 13b.12 Abs. 3 Satz 1 und 2 UStAE). Die Anzahlung bezieht sich hier auf die gesamte Lieferung und deshalb nur teilweise auf diesen Teil der Lieferung. Dementsprechend ist sie aufzuteilen und diesem Teil zuzuordnen. Als Aufteilungsmaßstab kann hier das Verhältnis der Entgelte herangezogen werden, sodass 90 % der Anzahlung auf diesen Teil entfällt = 270.000. Somit entsteht die Umsatzsteuer i.H.v. 101.745 € wie folgt: 51.300 € (270.000 € × 19 %) mit Ablauf 12/11 und die restlichen 50.445 € am 11.01.12.

Unrichtiger Steuerausweis

Neben der von C für die Lieferung nach § 13b UStG gesetzlich geschuldeten USt, schuldet B durch den unrichtigen Steuerausweis i.H.v. 85.500 € bezüglich Grund und Boden, Gebäude und Außenanlagen diese zusätzlich nach § 14c Abs. 1 Satz 1 UStG (§ 14a Abs. 5 UStG i.V.m. A. 13b.14 Abs. 1 Satz 5 sowie A. 14c.1 Abs. 1 Satz 5 Nr. 2 UStAE). Diese entsteht nach § 13 Abs. 1 Nr. 3 Halbsatz 2 UStG im Zeitpunkt der Ausgabe der Rechnung = am 11.01.12 = 85.500 € (s.a. A. 13.7 UStAE). Steuerschuldner ist B (§ 13a Abs. 1 Nr. 1 UStG). Er hat jedoch die Möglichkeit die Rechnung entsprechend zu berichtigen (§ 14c Abs. 1 Satz 2 UStG).

Vorsteuerabzug

Auch für Zwecke des Vorsteuerabzugs ist die Lieferung aufzusplitten:
Bezüglich der Betriebsvorrichtung ist die Vorsteuer abziehbar und abzugsfähig. C kann die Vorsteuer i.H.v. 9.500 € im Voranmeldungszeitraum Januar 12 berücksichtigen (§ 16 Abs. 2 Satz 1 i.V.m. § 18 Abs. 1 Satz 3 UStG). Ein Fall des § 15 Abs. 1 Satz 1 Nr. 1 Satz 3 UStG liegt im Dezember 11 nicht vor, weil die entsprechende Rechnung fehlt.

Die nach § 13b UStG von C geschuldete USt kann er i.H.v. 51.300 € in der Voranmeldung Dezember 11 als Vorsteuer berücksichtigen (§ 15 Abs. 1 Satz 1 Nr. 4 Satz 2 UStG). Die restlichen 50.445 € in der Voranmeldung Januar 12 (A. 13b.15 Abs. 5 UStAE). Die von B nach § 14c Abs. 1 UStG geschuldete USt kann C nicht als Vorsteuer abziehen, da diese (Straf-)Steuer nicht die gesetzlich geschuldete USt für die Lieferung darstellt (§ 15 Abs. 1 Satz 1 Nr. 1 Satz 1 UStG i.V.m. A. 15.2 Abs. 1 Satz 1 und 2 sowie A. 14c.1 Abs. 1 Satz 6 UStAE).

Punktetabelle zur Übungsklausur aus dem Gebiet Umsatzsteuer

	Punkte
Sachverhalt 1	
Lfg Flat an Sohn + § 3 Abs. 1	1 (1)
Hainfeld + § 3 Abs. 6 Satz 1	1 (2)
Inland + § 1 Abs. 2 Satz 1	1 (3)
Steuerbar, steuerpflichtig + § 1 Abs. 1 Nr. 1	1 (4)
Entgelt = 2.000 + § 10 Abs. 1 Satz 1, 2	1 (5)
Auch von dritter Seite	1 (6)
Mindestbemessungsgrundlage prüfen + § 10 Abs. 5 Nr. 2	1 (7)
2.030 + § 10 Abs. 4 Nr. 1	1 (8)
USt = 385,70 + § 12 Abs. 1	1 (9)
Ablauf 12/12 + § 13 Abs. 1 Nr. 1a) Satz 1	1 (10)
Flat + § 13a Abs. 1 Nr. 1	1 (11)
Sachverhalt 2/Aufgabe 1	
Regelbesteuerung	1 (12)
Kleinunternehmer prüfen	1 (13)
Umsatzgrenzen + § 19 Abs. 1 Satz 1	1 (14)
Hier unterschritten	1 (15)
Kein Vorsteuerabzug möglich + § 19 Abs. 1 Satz 4	1 (16)
Option + § 19 Abs. 2	1 (17)
Aussage zur Form + ab 12	1 (18)
Vereinnahmte Entgelte/Ist-Besteuerung	1 (19)
Begr	1 (20)
Antrag stellen + § 20 Satz 1	1 (21)
Voraus erfüllt + § 20 Satz 1 Nr. 3	1 (22)
Sachverhalt 2/Aufgabe 2	
E als Schriftsteller = Unternehmer + § 2 Abs. 1 Satz 1 + 3	1 (23)
Rahmen = schriftstellerische Tätigkeit + § 2 Abs. 1 Satz 2	1 (24)
Sonstige Leistung + Begründung + § 3 Abs. 9 Satz 1	1 (25)
§ 3a Abs. 2 Satz 1 = Hamburg	1 (26)
Steuerbar + steuerpflichtig	1 (27)
7 % + § 12 Abs. 2 Nr. 7c)	1 (28)
700, Entstehung mit Vereinnahmung + § 13 Abs. 1 Nr. 1b)	1 (29)
Steuerschuldner = E	1 (30)

	Punkte
Einfamilienhaus = in vollem Umfang Unternehmensvermögen + Begründung	1 (31)
§ 15 Abs. 1 Satz 2 und A. 15.2c Abs. 2 Satz 1 Nr. 2 Buchstabe b UStAE	1 (32)
Verkauf Einfamilienhaus = unbewegte Lieferung Verkäufer an E	1 (33)
Ort § 3 Abs. 7 Satz 1 = Edenkoben + Begründung	1 (34)
Steuerfrei + § 4 Nr. 9a	1 (35)
Option nach § 9 Abs. 1 und 3	1 (36)
§ 13b Abs. 2 Nr. 3 Fall	1 (37)
E = Steuerschuldner + § 13b Abs. 5 Satz 1	1 (38)
Bemessungsgrundlage = 220.000, USt = 41.800	1 (39)
Aussage zur Entstehung	1 (40)
Nutzung Arbeitszimmer = Innenumsatz + Begründung	1 (41)
Vorsteuern für Arbeitszimmer = abziehbar und abzugsfähig	1 (42)
Kein Vorsteuerabzug für eigene Wohnung + § 15 Abs. 1b	1 (43)
Aufteilung der Vorsteuer bezüglich Kauf Einfamilienhaus = 6.270 + § 15 Abs. 4 Satz 4	1 (44)
Aussage zu Vorsteuern für laufende Kosten	1 (45)
Sachverhalt 2/Aufgabe 3	
E rechnet selbst ab o.Ä.	1 (46)
Gutschrift durch Verlag + § 14 Abs. 2 Satz 2	1 (47)
Vereinbarung, Übermittlung, kein Widerspruch	1 (48)
VorSt für Verlag	1 (49)
Sachverhalt 2/Aufgabe 4	
Fiktive Lfg + § 3 Abs. 1b Nr. 1 + Satz 2	1 (50)
Gesamtes Grundstück wird entnommen + Begründung	1 (51)
Ort = Edenkoben + § 3 Abs. 7 Satz 1	1 (52)
§ 4 Nr. 9a)	1 (53)
§ 15a erkennen + Begründung	1 (54)
Berichtigungszeitraum = 01.07.12 – 30.06.22 + § 15a Abs. 1	1 (55)
§ 15a Abs. 8	1 (56)
Variante b) = gleiche Lösung wie a)	1 (57)
Aber kein § 15a, da außerhalb des Berichtigungszeitraums	1 (58)
Sachverhalt 3	
1 Lieferung + Begründung	1 (59)
Landau + § 3 Abs. 7 Satz 1	1 (60)

	Punkte
VdVgM durch Übergang wirtschaftliches Eigentum/§ 39 Abs. 2 Nr. 1 AO	1 (61)
Am 01.01.12	1 (62)
Grund und Boden, Gebäude + Außenanlagen = § 4 Nr. 9a)	1 (63)
Option möglich + § 9 Abs. 1	1 (64)
Option wirksam + § 9 Abs. 3 Satz 2	1 (65)
BVO kein § 4 Nr. 9a) + Begründung (GrESt)	1 (66)
Entgelt BVO = 50.000, USt = 9.500	1 (67)
Anzahlung + § 13 Abs. 1 Nr. 1a) Satz 4	1 (68)
Aufteilung nach Verhältnis Entgelt = 30.000	1 (69)
Ablauf 12/11 = 4.789,92	1 (70)
Ablauf 1/12 = 4.710,08	1 (71)
Steuerschuldner = B	1 (72)
§ 13b Abs. 2 Nr. 3	1 (73)
Bemessungsgrundlage = 535.500	1 (74)
GrESt gehört nicht dazu + Begründung	1 (75)
USt = 101.745	1 (76)
Steuerschuldner = C + § 13b Abs. 5 Satz 1	1 (77)
Anzahlung + § 13b Abs. 4 Satz 2	1 (78)
270.000 × 19 % = 51.300	1 (79)
Ablauf 12/11	1 (80)
50.445 am 11.01.12	1 (81)
B unrichtiger Steuerausweis + § 14c Abs. 1 Satz 1	1 (82)
§ 14a Abs. 5	1 (83)
§ 13 Abs. 1 Nr. 3 + Aussage zur Entstehung	1 (84)
Steuerschuldner = B	1 (85)
C = VSt BVO in 1/12 = 9.500 + § 15 Abs. 1 Nr. 1 Satz 1, 2	1 (86)
Kein § 15 Abs. 1 Nr. 1 Satz 3 + Begründung	1 (87)
C = 12/11 = 51.300 + § 15 Abs. 1 Nr. 4 Satz 2	1 (88)
C = 1/12 = 50.445	1 (89)
C hat keinen Vorsteuerabzug bezüglich § 14c-Steuer des B + Begründung	1 (90)

Notentabelle		
Korrekturpunkte	**Punkte nach § 6 Abs. 1 StBAPO**	**Note**
90–86	15	1
85–82	14	
81–78	13	2
77–74	12	
73–70	11	
69–65	10	3
64–61	9	
60–57	8	
56–53	7	4
52–49	6	
48–45	5	
44–36	4	5
35–27	3	
26–18	2	
17–9	1	6
8–0	0	

Fall 8

Prüfungsklausur aus dem Gebiet Umsatzsteuer

Bearbeitungszeit: 5 Stunden
Hilfsmittel:
Beck'sche Bände

- Steuergesetze
- Steuerrichtlinien
- Steuererlasse

A. Sachverhalt

Bei der **A** KG fand eine Umsatzsteuersonderprüfung statt. Die A-KG hat ihren Sitz in Freiburg (DE) und erbringt Dienstleistungen auf dem Gebiet der PC-Software. Die Geschäftsräume sind angemietet. Dem Umsatzsteuersonderprüfer Urs Schmitt fielen folgende Vorgänge auf:

1. Gründung A-KG

Die A-KG wurde zum 01.01.12 gegründet. Gesellschafter sind Komplementär **B**ernd Reibach (Beteiligung i.H.v. 75 %) und Kommanditistin **C**indy Cash (Beteiligung i.H.v. 25 %). Die Geschäftsführung wurde einem angestellten Betriebswirt übertragen.

B, wohnhaft in Rümmingen (DE) bei Lörrach (DE), betrieb bisher in Lörrach einen Handel mit Büchern. Zum 31.12.11 stellte er folgende Schlussbilanz auf:

Aktiva	**31.12.11**		**Passiva**
Grund und Boden	120.000 €	Kapital	813.400 €
Gebäude	432.200 €	Hypothek Grundstück	4.600 €
Einrichtung	3.800 €	Umsatzsteuer	6.000 €
Fuhrpark (BMW)	50.000 €	Bank	15.000 €
Waren (Bücher)	211.000 €	RAP	3.000 €
Forderungen	21.000 €		
Kasse	4.000 €		
	842.000 €		**842.000 €**

Nach einem von B vorgelegten Gutachten betrugen die Teilwerte zum 31.12.11:

- Grund und Boden 250.000 €
- Gebäude 600.000 €
- Einrichtung 105.000 €
- Fuhrpark 49.000 €

B brachte seine Firma in die KG ein; Besitz, Nutzen und Lasten gingen mit Wirkung 01.01.12 auf die KG über. Die KG verpflichtete sich zur Zahlung aller ggf. anfallenden Umsatzsteuerbeträge und es wurde vereinbart, dass B eine Rechnung mit gesondertem Ausweis der Umsatzsteuer in allen gesetzlich zwingenden und möglichen Fällen erstellt. Das aktivierte bebaute Grundstück (bisher in vollem Umfang dem Handel dienend) behält B einschließlich der darauf entfallenden Hypothek zurück und überlässt es ab dem 03.03.12 auf Dauer unentgeltlich an einen befreundeten Studienkollegen für dessen Wohnzwecke. B hatte das Gebäude von einer Baufirma bezugsfertig bauen lassen (Nutzung nach Fertigstellung ab 08.06.03) und in der Voranmeldung 7/03 diesbezüglich einen Vorsteuerabzug i.H.d. ausgewiesenen Umsatzsteuer von 180.000 € vorgenommen (unstreitig). Die Bücher (Bilanzwert 11.000 €) werden ebenfalls nicht übertragen, da B diese in Zukunft »aus Spaß an der Freud« auf Flohmärkten verkaufen will. Auch der Pkw wird zurückbehalten und an die KG vermietet (vgl. 2.). Die Einrichtung wurde von einem Schweizer **S**peditionsunternehmen (Sitz in Bern) im Auftrag der KG am 21.01.12 in Lörrach abgeholt und noch am gleichen Tag nach Freiburg verbracht; in der vom Speditionsunternehmen am 23.01.12 erteilten Rechnung wurden 7.200 € zzgl. 1.368 € ausgewiesener (deutscher) Umsatzsteuer berechnet.

C leistet eine Einlage von 80.000 €. Sie ist ansonsten als Betriebsprüferin beim Finanzamt Lörrach tätig.

Die KG trug sämtliche Beratungskosten, die bezüglich der Gründung angefallen sind. Der beratende Rechtsanwalt berechnete dafür 10.000 €. Die Abrechnung enthielt weder den Steuersatz noch den auf das Honorar entfallenden Steuerbetrag.

2. Überlassung BMW

B hatte in seinem Einzelunternehmen den auf eigene Rechnung im Jahr 11 für 60.000 € (netto) erworbenen BMW 530d genutzt (unverbindliche Preisempfehlung der BMW AG = 78.400 € brutto; Nutzungsdauer 6 Jahre), und damals auch zu Recht Vorsteuern zu 100 % in Abzug gebracht. Der BMW wird nach Auflösung seines Handelsbetriebs an die A-KG ab dem 01.01.12 für 3 Jahre vermietet. B erhält für die Überlassung nach den Vereinbarungen im Gesellschaftsvertrag 10.000 € (netto) für das gesamte Jahr am Jahressende vergütet. Die KG verbuchte den Betrag als Aufwand.

Folgende Angaben ergeben sich für 12 aus den Aufzeichnungen des B:

- laufende Betriebskosten mit Vorsteuerabzug (netto): 4.000 €
- Jahresfahrleistung (lt. Inspektionsrechnungen): 18.400 km
  - Nutzung für Fahrten der KG, für eigene Privatfahrten sowie für eigene Fahrten Wohnung zur KG zwecks Besuch von befreundeten Kunden (Entfernung = 7 km).
  - Unterlagen zur Ermittlung der einzelnen Nutzungsanteile lagen nicht vor; ertragsteuerlich handelte es sich unstreitig um notwendiges (Sonder-)Betriebsvermögen.

Durch ordnungsgemäße Rechnung im Dezember 12 berechnete B der KG 10.000 € zzgl. 19 %.

Aufgaben:

1. Beurteilen Sie den Sachverhalt für **B, S, C und die A-KG** für das Jahr 12 aus Sicht der Umsatzsteuer. Gehen Sie dabei – soweit nach den Angaben im Sachverhalt erforderlich – auf die Unternehmereigenschaft, den jeweiligen Rahmen des Unternehmens, die entsprechenden Umsätze (soweit möglich) und den Vorsteuerabzug ein. Unterstellen Sie Regelbesteuerung (Voranmeldungszeitraum = Monat) nach Soll-Grundsätzen.
2. Stellen Sie kurz dar, welche Änderungen sich für **B** in der umsatzsteuerlichen Beurteilung ergeben würden, wenn er den Pkw ohne besondere Vergütung an die KG überlassen hätte?

Begründen Sie Ihre Ausführungen unter Hinweis auf die einschlägigen gesetzlichen Vorschriften und – sofern erforderlich – Verwaltungsanweisungen.

B. Lösungen

Aufgabe 1:

1. Gründung der A-KG

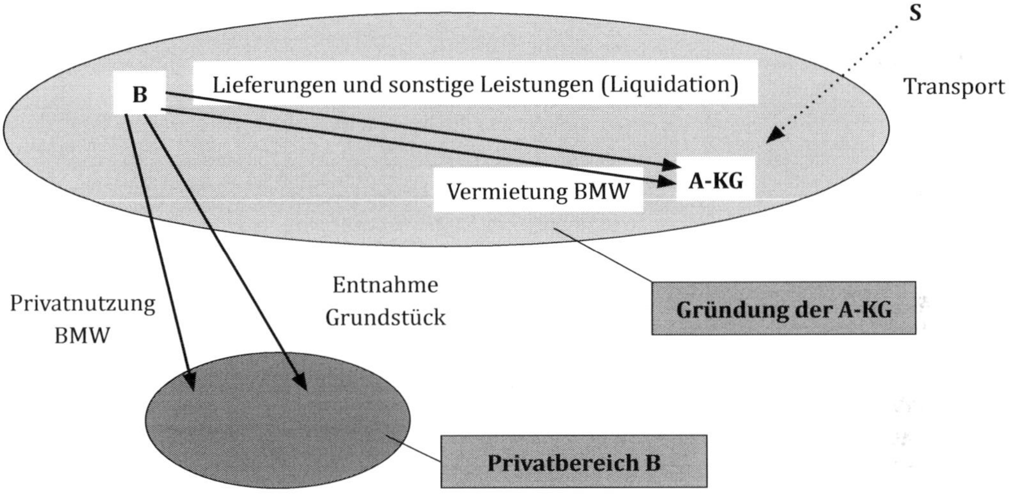

Bernd Reibach
B war bisher mit seinem Handel als Unternehmer tätig (§ 2 Abs. 1 Satz 1 und 3 UStG).

Zu prüfen ist, ob die Einbringung seiner Einzelfirma nicht steuerbare Umsätze im Rahmen einer Geschäftsveräußerung im Ganzen nach § 1 Abs. 1a Satz 1 UStG darstellen. Voraussetzung dafür ist nach § 1 Abs. 1a Satz 2 UStG i.V.m. A. 1.5 Abs. 1 Satz 1 UStAE insbesondere, dass die KG das Handelsunternehmen des B fortführt. Dies ist nicht der Fall, da die KG mit ihren Dienstleistungen im Bereich der PC-Software ein völlig anderes Unternehmen betreibt, sodass die Voraussetzungen für eine Geschäftsveräußerung im Ganzen nicht vorliegen. Die im Rahmen der Einbringung getätigten Umsätze sind nach den allgemeinen Regeln des UStG zu beurteilen (Auflösung durch Liquidation).

Grundstück
Die (dauerhafte) unentgeltliche Überlassung des bebauten Grundstücks an den Studienfreund ist eine einer Lieferung gegen Entgelt gleichgestellte Wertabgabe (§ 3 Abs. 1b Satz 1 Nr. 1 und Satz 2 UStG). Es liegt eine Entnahme eines Unternehmensgegenstandes vor, da private Motive die unentgeltliche Überlassung begründen. In diesem Fall wird das gesamte Grundstück entnommen, da ab dem Zeitpunkt der unentgeltlichen Überlassung keine unternehmerische Nutzung des Grundstücks mehr vorliegt. Zudem hat das Grundstück bei seinem Erwerb zum vollen Vorsteuerabzug berechtigt. Der Ort der fiktiven Lieferung bestimmt sich nach § 3 Abs. 7 Satz 1 UStG (Lörrach). Lörrach ist Inland (§ 1 Abs. 2 Satz 1 UStG). Die fiktive Lieferung ist demnach steuerbar (§ 1 Abs. 1 Nr. 1 Satz 1 UStG), jedoch nach § 4 Nr. 9 Buchst. a UStG steuerfrei (A. 4.9.1 Abs. 2 Nr. 6 UStAE).

Die abziehbaren Vorsteuern i.H.v. 180.000 € waren in der Voranmeldung 7/03 auch abzugsfähig (§ 15 UStG). Verwendet wurde das Grundstück (mittelbar) für die Abzugsumsätze des B.

Durch die steuerfreie fiktive Lieferung des Grundstücks liegt ein Anwendungsfall des § 15a Abs. 1 Satz 1 UStG vor. Das Berichtigungsobjekt ist das Grundstück, da es nicht nur einmalig zur Ausführung von Umsätzen verwendet wurde. Der Berichtigungszeitraum beträgt 10 Jahre = 01.06.03–31.05.13 (§ 15a Abs. 1 Satz 2 UStG i.V.m. § 45 Satz 1 UStDV). Ab dem Zeitpunkt der erstmaligen Verwendung (08.06.03) haben sich die maßgebenden Verhältnisse (mittelbare Verwendung für Abzugsumsätze) im Berichtigungszeitraum durch die steuerfreie fiktive Lieferung (Ausschlussumsatz) geändert (§ 15a Abs. 8 Satz 1 UStG). Die auf die Herstellungskosten entfallende Vorsteuer ist linear auf 10 Jahre zu verteilen (§ 15a Abs. 5 Satz 1 UStG). Nach § 15a Abs. 9 UStG berechnet sich der Berichtigungsbetrag wie folgt:

Beginn Berichtigungszeitraum	01.06.03	
Änderung der Verhältnisse (Lieferung)	01.03.12	(Rechtsgedanke § 45 UStDV)
Ende Berichtigungszeitraum	31.05.13	
Ausschlussumsätze	1 Jahr, 3 Monate	
Berichtigungsbetrag	180.000 € × 15/120 = 22.500 €	

Der Berichtigungsbetrag i.H.v. 22.500 € ist in einem Betrag in der Voranmeldung 3/12 anzugeben und das Finanzamt zurückzuzahlen (§ 44 Abs. 3 Satz 2 UStDV).

Das Zurückbehalten der Hypothek ist umsatzsteuerlich unbeachtlich.

Bücher
Die zum Verkauf auf Flohmärkten zurückbehaltenen Bücher werden nicht dem Unternehmensvermögen entnommen, sondern dienen weiterhin dem auf Einnahmeerzielung gerichteten Grundgeschäft »Handel mit Waren«, wenn auch in geänderter Form. Das Einzelunternehmen wird insoweit fortgesetzt; fiktive Lieferungen i.S.d. § 3 Abs. 1b Satz 1 Nr. 1 UStG finden nicht statt.

Pkw
Durch die Vermietung des Pkw an die KG gegen Sonderentgelt (vgl. 2.), wird ein neues Grundgeschäft begründet. Dadurch wird der Rahmen des Unternehmens erweitert (§ 2 Abs. 1 Satz 2 UStG). Eine fiktive Lieferung scheidet damit aus.

Sacheinlagen
Da eine Geschäftsveräußerung im Ganzen zu verneinen ist, sind die Übertragungen der einzelnen Vermögenswerte umsatzsteuerlich zu würdigen. Das Entgelt (§ 10 Abs. 1 Satz 1 und 2 UStG) für die steuerbaren Lieferungen und sonstigen Leistungen des B besteht zum einen aus der (nicht steuerbaren) Gewährung von Gesellschaftsrechten, und zum anderen aus der Übernahme von Verbindlichkeiten (Schuldbefreiung) durch die KG (A. 1.6 Abs. 2 Satz 4 bis 6 UStAE):

Gemeiner Wert Gesellschaftsrechte	240.000 €
Schuldübernahmen (auch passiver RAP, da zukünftige Sachleistungsverpflichtung)	+ 24.000 €
Zuzahlung Umsatzsteuer	–
Umsatzsteuer	–
Gesamtentgelt	**264.000 €**
übertragene Aktiva lt. Schlussbilanz (Einrichtung, Forderungen, Kasse)	./. 228.800 €
stille Reserven der übertragenen Einrichtung	./. 1.200 €
Firmenwert	**34.000 €**

Die Beurteilung der einzelnen Umsätze und deren Steuerpflicht sowie die Berechnung der Umsatzsteuer stellen sich wie folgt dar:

Einrichtung
Es liegen bewegte (Versendungs-)Lieferungen von B an die KG vor (§ 3 Abs. 1 UStG). Der Ort der Lieferungen bestimmt sich nach § 3 Abs. 6 Satz 1 i.V.m. Satz 3, 4 UStG und befindet sich in Lörrach. Lörrach ist Inland (§ 1 Abs. 2 Satz 1 UStG). Damit sind alle Voraussetzungen des § 1 Abs. 1 Nr. 1 Satz 1 UStG erfüllt. Die Lieferungen sind steuerbar. Mangels Befreiung nach § 4 UStG sind sie auch steuerpflichtig.

Bemessungsgrundlage ist das Entgelt = 105.000 € (§ 10 Abs. 1 Satz 1, 2 UStG). Der Steuersatz beträgt 19 % (§ 12 Abs. 1 UStG). Die Umsatzsteuer beträgt 19.950 €. Sie entsteht mit Ablauf des Voranmeldungszeitraums Januar 12 (§ 13 Abs. 1 Nr. 1 Buchst. a Satz 1 UStG). Steuerschuldner ist nach § 13a Abs. 1 Nr. 1 UStG der B.

Forderungen

Durch die Abtretung der Forderungen werden sonstige Leistungen von B an die KG bewirkt (§ 3 Abs. 9 Satz 1 UStG). Der Ort bestimmt sich nach § 3a Abs. 2 Satz 1 UStG (»B2B«-Umsatz) und befindet sich in Freiburg und damit im Inland. Die sonstigen Leistungen sind steuerbar. Die Abtretung von Forderungen fällt grundsätzlich unter § 4 Nr. 8 Buchstabe c UStG. Es wurde aber eine (mögliche) Option zur Umsatzsteuerpflicht nach § 9 UStG gewünscht. Die Option ist zulässig, da die Leistung an einen anderen Unternehmer (KG) für dessen Unternehmen (Gründung) erfolgte (§ 9 Abs. 1 UStG). Die Option ist auch durch den gesonderten Ausweis der Umsatzsteuer in der von B zu erstellenden Rechnung wirksam (A. 9.1 Abs. 3 Satz 5 bis 7 UStAE). Die Abtretungen sind somit steuerpflichtig.

Bei einem Entgelt von 121.000 € beträgt die Umsatzsteuer 22.990 €. Die Abtretungen erfolgten am 01.01.12 somit entsteht die Umsatzsteuer mit Ablauf des Voranmeldungszeitraums Januar 12. Steuerschuldner ist B.

Kasse

Die Übergabe des Kasseninhalts (kursgültige Münzen und Banknoten) wird (in diesem Ausnahmefall) in bewegten Lieferungen vollzogen. Der Ort bestimmt sich nach § 3 Abs. 6 Satz 1 UStG und befindet sich in Lörrach und damit im Inland. Die Lieferungen sind steuerbar, jedoch nach § 4 Nr. 8 Buchstabe b Satz 1 UStG von der Umsatzsteuer befreit. Es wurde aber eine (mögliche) Option zur Umsatzsteuerpflicht gewünscht. Die Option ist zulässig, da die Leistung an einen anderen Unternehmer (KG) für dessen Unternehmen (Gründung) erfolgte. Die Option ist auch durch den gesonderten Ausweis der Umsatzsteuer in der von B zu erstellenden Rechnung wirksam. Die Lieferungen sind somit steuerpflichtig.

Bei einem Entgelt von 4.000 € beträgt die Umsatzsteuer 760 €. Die Lieferungen erfolgten am 01.01.12 somit entsteht die Umsatzsteuer mit Ablauf des Voranmeldungszeitraums Januar 12. Steuerschuldner ist B.

Firmenwert

Die Übertragung des Firmenwerts zum 01.01.12 stellt eine sonstige Leistung dar (A. 3.1 Abs. 4 Satz 2 UStAE), deren Ort nach § 3a Abs. 2 Satz 1 UStG in Freiburg und damit im Inland liegt. Die Leistung ist steuerbar und steuerpflichtig. Bei einem Entgelt von 34.000 € beträgt die Umsatzsteuer 6.460 €. Die Umsatzsteuer entsteht mit Ablauf des Voranmeldungszeitraums Januar 12. Steuerschuldner ist B.

Verbindlichkeiten

Alle übernommenen, auf der Passivseite der Schlussbilanz stehenden Vermögenswerte haben als Schuldübernahmen Entgeltscharakter.

Transport S

Durch Selbsteintritt liegt eine Beförderungsleistung des Speditionsunternehmens an die KG vor (§ 3 Abs. 9 Satz 1 i.V.m. A. 4.3.2 Abs. 5 Satz 1 und 2 UStAE). Der Ort bestimmt sich nach § 3a Abs. 2 Satz 1 UStG. Da eine Güterbeförderung an einen Unternehmer vorliegt, ist der Leistungsempfängerort maßgebend = Freiburg. Sie ist somit steuerbar und steuerpflichtig. Es handelt sich um einen Fall des »Reverse-Charge-Verfahrens« nach § 13b Abs. 2 Nr. 1 Alternative 2 UStG, da S ein im Ausland ansässiger Unternehmer i.S.d. § 13b Abs. 7 Satz 1 Halbsatz 1 UStG ist. Auch in diesen Fällen ist die Bemessungsgrundlage nach § 10 Abs. 1 Satz 1 und 2 UStG zu ermitteln. Entgelt ist nun alles, was den Wert der Gegenleistung bildet, die der leistende Unternehmer ... für die Leistung erhält oder erhalten soll, ..., jedoch abzüglich der für diese Leistung gesetzlich geschuldeten Umsatzsteuer. Stellt der leistende Unternehmer fälschlicherweise USt in Rechnung, ist (auch) diese gesetzlich nicht geschuldete Umsatzsteuer als Entgelt anzusehen, auf die dann die „richtige" USt noch draufzurechnen ist. Das Entgelt beträgt demnach 8.568 €.

Die Umsatzsteuer beläuft sich also auf 1.627,92 €. Steuerschuldner ist die KG (§ 13b Abs. 5 Satz 1 Halbsatz 1 UStG). Die Umsatzsteuer entsteht nach § 13b Abs. 2 Nr. 1 UStG am 23.01.12.

In der Rechnung hätte S auf die Steuerschuldnerschaft der KG hinweisen müssen und die Umsatzsteuer nicht ausweisen dürfen (§ 14a Abs. 5 UStG). Durch den fehlenden Hinweis wird die KG jedoch nicht von ihrer Steuerschuldnerschaft entbunden (A. 13b.14 Abs. 1 Satz 4 UStAE). S schuldet die zu Unrecht ausgewiesene Umsatzsteuer i.H.v. 1.368 € zusätzlich nach § 14c Abs. 1 Satz 1 UStG (A. 13b.14 Abs. 1 Satz 5 sowie A. 14c.1 Abs. 1 Satz 5 Nr. 2 UStAE). Diese entsteht nach § 13 Abs. 1 Nr. 3 Halbsatz 2 UStG im Zeitpunkt der Ausgabe der Rechnung = am 23.01.12 (s.a. A. 13.7 UStAE). Steuerschuldner ist S (§ 13a Abs. 1 Nr. 1 UStG). Diese Umsatzsteuer kann die KG nicht als Vorsteuer abziehen, da es sich insoweit nicht um die gesetzlich geschuldete Umsatzsteuer für die Beförderungsleistung handelt (§ 15 Abs. 1 Satz 1 Nr. 1 Satz 1 UStG i.V.m. A. 15.2 Abs. 1 Satz 1 und 2 sowie A. 14c.1 Abs. 1 Satz 6 UStAE).

Cindy Cash

Die von C erbrachte Bareinlage ist lediglich das Entgelt für die erhaltenen Gesellschaftsrechte. Der Vorgang entfaltet keine umsatzsteuerlichen Folgen (A. 1.1 Abs. 3 Satz 2 und 3 und A. 2.3 Abs. 1 Satz 4 UStAE). Als Finanzbeamtin ist C nicht selbständig tätig und insoweit auch kein Unternehmer (§ 2 Abs. 2 Nr. 1 UStG).

A-KG

Durch die Gründung wird die A-KG Unternehmerin i.S.d. § 2 Abs. 1 Satz 1 und 3 UStG. Ihre Unternehmereigenschaft beginnt im Jahr 12 und umfasst die Dienstleistungen im Bereich der PC-Software (§ 2 Abs. 1 Satz 2 UStG).

Die Gewährung von Gesellschaftsrechten anlässlich der Gründung ist mangels wirtschaftlichen Gehalts keine steuerbare Leistung i.S.d. UStG (A. 1.6 Abs. 2 Satz 1 UStAE).

Vorsteuerabzug

Die von **B** gesetzlich geschuldeten Umsatzsteuerbeträge für die an die KG getätigten Sacheinlagen sind für die KG jeweils als Vorsteuer nach § 15 Abs. 1 Satz 1 Nr. 1 Satz 1 UStG abziehbar und abzugsfähig. Die A-KG kann somit diese als Vorsteuern nach § 16 Abs. 2 Satz 1 UStG in dem Voranmeldungszeitraum ansetzen, in dem B die entsprechende Rechnung erstellt (§ 15 Abs. 1 Satz 1 Nr. 1 Satz 2 UStG i.V.m. A. 15.2 Abs. 2 Satz 7 und 8 UStAE).

Die von ihr nach § 13b UStG geschuldete Umsatzsteuer i.H.v. 1.627,92 € für die Beförderungsleistung des S ist im Voranmeldungszeitraum 1/12 abziehbar und abzugsfähig (§ 15 Abs. 1 Satz 1 Nr. 4 Satz 1 UStG).

Die von dem beratenden **Rechtsanwalt** erstellte Abrechnung ist keine ordnungsgemäße Rechnung i.S.d. § 14 UStG. Nach § 14 Abs. 4 Satz 1 Nr. 8 UStG muss eine ordnungsgemäße Rechnung den anzuwendenden Steuersatz sowie den auf das Entgelt entfallenden Steuerbetrag enthalten. Da es insbesondere am gesonderten Ausweis der Umsatzsteuer fehlt, ist ein Vorsteuerabzug nicht möglich (§ 15 Abs. 1 Satz 1 Nr. 1 Satz 2 UStG i.V.m. A. 15.2a Abs. 1 Satz 1 und 3 UStAE).

2. Überlassung BMW

Die Vergütung die B im Rahmen der Vermietung des BMW von der KG erhält, erfolgt gegen ein gewinnunabhängiges und damit leistungsbezogenes Sonderentgelt (A. 1.6 Abs. 4 Satz 3 bis 5 UStAE). Da ein Sonderentgelt gezahlt wird, liegt ein steuerbarer Leistungsaustausch zwischen B und der KG vor (A. 1.6 Abs. 3 Satz 1 und 2 UStAE). Durch die entgeltliche Vermietung des BMW begründet B ein neues Grundgeschäft und erweitert dadurch den Rahmen seines Unternehmens. Der Pkw verbleibt im Unternehmensvermögen.

Privatnutzung

Die private Nutzung des zum Unternehmensvermögen gehörenden Pkw führt zu einer fiktiven sonstigen Leistung nach § 3 Abs. 9a Nr. 1 Halbsatz 1 Alternative 1 UStG. Die Ortsbestimmung erfolgt nach § 3a Abs. 1 Satz 1 UStG (Rümmingen). Die im Inland ausgeführte fiktive sonstige Leistung ist steuerbar und steuerpflichtig.

Die Bemessungsgrundlage bestimmt sich nach § 10 Abs. 4 Satz 1 Nr. 2 UStG. Eine Ermittlung der tatsächlichen Ausgaben scheitert daran, dass Anhaltspunkte für den Privatanteil nicht vorliegen. Da im Rahmen der ertragsteuerlichen Gewinnermittlung die 1 %-Methode zur Anwendung gelangt (§ 6 Abs. 1 Nr. 4 Satz 2 EStG), kann diese auch für Zwecke der Umsatzsteuer verwendet werden (A. 15.23 Abs. 5 Satz 4 Nr. 1 Buchstabe a UStAE). Der Privatanteil beträgt demnach: 78.400 € × 12 % = 9.408 € × 0,8 = 7.526 €. Es ergibt sich eine Umsatzsteuer i.H.v. 7.526 € × 19 % = 1.429,94 € für das Jahr 12. Die Steuer entsteht mit Ablauf eines jeden monatlichen Voranmeldungszeitraums i.H.v. 119,16 € (§ 13 Abs. 1 Nr. 2 UStG). Die Umsatzsteuer wird nach § 13a Abs. 1 Nr. 1 UStG von B geschuldet.

Fahrten Wohnung → KG

Die Fahrten des Unternehmers B zwischen Wohnung und Betriebsstätte der KG sind der privaten Nutzung des Fahrzeugs zuzurechnen, da ein unternehmerischer Anlass nicht zu erkennen ist. Sie sind im pauschal berechneten Privatanteil mit enthalten.

Vermietung

Die Vermietung stellt eine sonstige Leistung des B dar (§ 3 Abs. 9 Satz 1 und 2 UStG). Der Ort bestimmt sich nach § 3a Abs. 2 Satz 1 UStG (kein Fall des § 3a Abs. 3 Nr. 2 Satz 3 UStG) und liegt in Freiburg = Inland. Die sonstige Leistung ist steuerbar und steuerpflichtig. Bemessungsgrundlage ist das Entgelt = 10.000 €. Die Überlassung erfolgt an eine nahe stehende Person (A. 10.7 Abs. 1 Satz 2 UStAE), sodass die Mindestbemessungsgrundlage zu prüfen ist (§ 10 Abs. 5 Satz 1 Nr. 1 2. Alternative UStG). Diese entspricht der Bemessungsgrundlage nach § 10 Abs. 4 Satz 1 Nr. 2 UStG und ermittelt sich wie folgt:

• Betriebskosten (§ 10 Abs. 4 Satz 1 Nr. 2 Satz 1 UStG)	4.000 €
• »USt-AfA« (§ 10 Abs. 4 Satz 1 Nr. 2 Satz 2, 3 i.V.m. § 15a Abs. 1 Satz 1 UStG): 60.000 € × 20 %	12.000 €
Summe	**16.000 €**
Privatanteil nach der 1 %-Methode	./. 7.526 €
auf Fahrten der KG entfallen	**8.474 €**

Da dieser Wert das tatsächliche Entgelt unterschreitet kommt die Mindestbemessungsgrundlage nicht zum Ansatz. Bemessungsgrundlage ist demnach das Entgelt i.H.v. 10.000 €. Bei einem Steuersatz von 19 % ergibt sich eine Umsatzsteuer i.H.v. 1.900 €.

Die Umsatzsteuer entsteht grundsätzlich erst mit Ablauf des Voranmeldungszeitraums, in dem die Vermietung vollendet wird (Dezember 14, § 13 Abs. 1 Nr. 1 Buchst. a Satz 1 UStG). Die Jahresmiete ist Entgelt für eine Teilleistung i.S.d. § 13 Abs. 1 Nr. 1 Buchst. a Satz 3 UStG. Die Vermietung ist wirtschaftlich teilbar (Jahr) und das Entgelt dafür wurde gesondert vereinbart (Fälligkeit jeweils am Jahresende). Insoweit entsteht die Umsatzsteuer i.H.v. jeweils 1.900 € mit Ablauf eines jeden Jahres (§ 13 Abs. 1 Nr. 1 Buchst. a Satz 2 i.V.m. Satz 1 UStG). Steuerschuldner ist B.

Für die A-KG ist der in der Rechnung von B ausgewiesene Umsatzsteuerbetrag als Vorsteuer abziehbar und abzugsfähig. Sie kann 1.900 € im Voranmeldungszeitraum 12/12 als Vorsteuer ansetzen.

Aufgabe 2:

Der Pkw wird nicht gegen Sonderentgelt an die KG vermietet; ein Leistungsaustausch findet somit nicht statt. Die Überlassung vollzieht sich in einem unentgeltlichen und damit nicht steuerbaren Gesellschafterbeitrag (A. 1.6 Abs. 3 Satz 1 und 2 UStAE).

Punktetabelle zur Prüfungsklausur aus dem Gebiet Umsatzsteuer

	Punkte
Aufgabe 1/1. Gründung KG/B	
B = Unternehmer mit Handel	1 (1)
§ 2 Abs. 1 Satz 1, 3	1 (2)
Geschäftsveräußerung im Ganzen prüfen + § 1 Abs. 1a	1 (3)
KG führt Unternehmen des B nicht fort + Begründung + A. 1.5 Abs. 1 Satz 2	1 (4)
Keine Geschäftsveräußerung im Ganzen + Folge	1 (5)
Grundstück: § 3 Abs. 1b Nr. 1 + Satz 2 erkennen	1 (6)
Begründung: private Motivation + Vorsteuerabzug	1 (7)
Entnahme des gesamten Grundstücks	1 (8)
Lörrach + § 3 Abs. 7 Satz 1	1 (9)
Inland + § 1 Abs. 2 Satz 1 + steuerbar	1 (10)
Steuerfrei + § 4 Nr. 9a)	1 (11)
A. 4.9.1 Abs. 2 Nr. 6	1 (12)
§ 15a Abs. 1 erkennen	1 (13)
Berichtigungszeitraum: 01.06.03–31.05.13 + § 45 Satz 1 UStDV	1 (14)
§ 15a Abs. 8 + Begründung	1 (15)
§ 15a Abs. 5 Satz 1	1 (16)
§ 15a Abs. 9	1 (17)
Berechnung	1 (18)
Berechnung	1 (19)
22.500 im VAZ 3/12	1 (20)
§ 44 Abs. 3 Satz 2 UStDV	1 (21)
Waren	
Zurückbehalten der Bücher keine Entnahme	1 (22)
Begründung	1 (23)
Neues Grundgeschäft o.Ä.	1 (24)
Sacheinlagen	
Entgelt + § 10 Abs. 1 Satz 1 und 2	1 (25)
= Gewährung Gesellschaftsrechte	1 (26)
= Übernahme Verbindlichkeiten	1 (27)
Gemeiner Wert Gesellschaftsrechte = 240.000	1 (28)
Schuldübernahmen = 24.000	1 (29)

	Punkte
Passiver RAP = Verbindlichkeiten + Begründung	1 (30)
+/– Umsatzsteuer	1 (31)
– Aktiva (Buchwerte und stille Reserven)	1 (32)
Firmenwert = 34.000	1 (33)
Einrichtung: Lieferungen B -> KG + § 3 Abs. 1	1 (34)
§ 3 Abs. 6 Satz 1 i.V.m. Satz 3, 4 = Lörrach + stb, stpfl	1 (35)
Entgelt = 105.000 + § 10 Abs. 1 Satz 1 und 2	1 (36)
Umsatzsteuer = 19.950 € + § 12 Abs. 1	1 (37)
Ablauf 1/12 + § 13 Abs. 1 Nr. 1a) Satz 1	1 (38)
Steuerschuldner = B + § 13a Abs. 1 Nr. 1	1 (39)
Forderungen: sonstige Leistung durch Abtretung + § 3 Abs. 9 Satz 1	1 (40)
§ 3a Abs. 2 Satz 1 = Freiburg	1 (41)
§ 4 Nr. 8 c)	1 (42)
Option zulässig + Begründung + § 9 Abs. 1	1 (43)
Option = wirksam + Begründung	1 (44)
Umsatzsteuer = 22.990, Ablauf 1/12	1 (45)
Kasse: stb Lieferungen	1 (46)
§ 4 Nr. 8 b) aber zulässige und wirksame Option	1 (47)
Umsatzsteuer = 760, Ablauf 1/12	1 (48)
Firmenwert: sonstige Leistung + A. 3.1 Abs. 4 Satz 2	1 (49)
§ 3a Abs. 2 Satz 1 = Freiburg	1 (50)
Umsatzsteuer = 6.460, Ablauf 1/12	1 (51)
Transport S	
Selbsteintritt → sonstige Leistung + § 3 Abs. 9 Satz 1	1 (52)
§ 3a Abs. 2 Satz 1	1 (53)
§ 13b Abs. 2 Nr. 1 + Begründung	1 (54)
§ 13b Abs. 7 Satz 1 + Begründung	1 (55)
8.568 + 1.627,92 Umsatzsteuer	1 (56)
Steuerschuldner = KG + § 13b Abs. 5 Satz 1	1 (57)
Umsatzsteuer entsteht am 23.01.12	1 (58)
§ 14a Abs. 5	1 (59)
1.368 → § 14c Abs. 1 Satz 1 für Spediteur	1 (60)
C	
Bareinlage nicht stb + Begründung	1 (61)
Finanzbeamtin kein Unternehmer + § 2 Abs. 2 Nr. 1	1 (62)

	Punkte
KG	
= Unternehmer + Begründung	1 (63)
Beginn = 12 + Umfang	1 (64)
Gewährung von Gesellschaftsrechten keine steuerbare Leistung	1 (65)
A. 1.6 Abs. 2 Satz 1	1 (66)
Vorsteuern auf Sacheinlagen des B abziehbar und abzugsfähig	1 (67)
§ 15 Abs. 1 Nr. 1 Satz 1 und 2, wenn Rechnung vorliegt	1 (68)
§ 13b Umsatzsteuer → § 15 Abs. 1 Nr. 4 im VAZ 1/12	1 (69)
§ 14c Abs. 1 Umsatzsteuer → kein Vorsteuerabzug + Begründung	1 (70)
Rechnung des Rechtsanwalts nicht ordnungsgemäß + Begründung	1 (71)
§ 14 Abs. 4 Nr. 8	1 (72)
Aufgabe 1/2. Überlassung BMW	
Vergütung = Sonderentgelt	1 (73)
A. 1.6 Abs. 4 Satz 3-5	1 (74)
Sonderentgelt führt zu Leistungsaustausch + A. 1.6 Abs. 3 Satz 1 und 2	1 (75)
Neues Grundgeschäft o.Ä.	1 (76)
Pkw verbleibt im UV o.Ä.	1 (77)
Privatnutzung = § 3 Abs. 9a Nr. 1	1 (78)
§ 3a Abs. 1 Satz 1 = Rümmingen; stb und stpfl	1 (79)
Bemessungsgrundlage nach § 10 Abs. 4 Nr. 2	1 (80)
1 %-Methode + A. 15.23 Abs. 5 Nr. 1 a)	1 (81)
78.400 × 12 % = 9.408	1 (82)
x 0,8 = 7.526 × 19 % = 1.429,94/119,16	1 (83)
Ablauf Monat + § 13 Abs. 1 Nr. 2	1 (84)
Aussage zu Fahrten Wohnung→ KG	1 (85)
Vermietung = soL + § 3 Abs. 9 Satz 1, 2	1 (86)
§ 3a Abs. 2 Satz 1 = Freiburg, stb + stpfl	1 (87)
Bemessungsgrundlage = 10.000	1 (88)
Mindestbemessungsgrundlage + Begründung + § 10 Abs. 5 Nr. 1	1 (89)
Betriebskosten = 4.000	1 (90)
„Umsatzsteuer-AfA“: 60.000 × 20 %	1 (91)
§ 10 Abs. 4 Nr. 2 Satz 2, 3 i.V.m. § 15a Abs. 1 Satz 1	1 (92)
./. Privatanteil i.H.v. 7.526 = 8.474	1 (93)
Ansatz 10.000 × 19 % = 1.900	1 (94)
Jahresmiete = Teilleistung + § 13 Abs. 1 Nr. 1a) Satz 3	1 (95)

	Punkte
Begründung	1 (96)
Entstehung mit Ablauf Jahr + § 13 Abs. 1 Nr. 1a) Satz 2 i.V.m. Satz 1	1 (97)
1.900 = Vorsteuer für KG, Voranmeldungszeitraum 12/12	1 (98)
Aufgabe 2	
Pkw-Vermietung kein Leistungsaustausch	1 (99)
= Gesellschafterbeitrag + A. 1.6 Abs. 3 Satz 1 und 2	1 (100)

Notentabelle

Korrekturpunkte	Punkte nach § 6 Abs. 1 StBAPO	Note
100–95	15	1
94–91	14	
90–86	13	2
85–82	12	
81–77	11	
76–73	10	3
72–68	9	
67–64	8	
63–59	7	4
58–55	6	
54–50	5	
49–40	4	5
39–30	3	
29–20	2	
19–10	1	6
9–0	0	

Fall 9

Übungsklausur aus dem Gebiet Besteuerung der Gesellschaften

Bearbeitungszeit: 5 Stunden
Hilfsmittel:
Beck'sche Bände

- Steuergesetze
- Steuerrichtlinien
- Steuererlasse

A. Sachverhalt

Sachverhalt 1

Zusammen mit dem befreundeten Curt Clever (C) gründet Sebastian Smart (S) mit notariellem Vertrag zum 01.01.2021 die Clever & Smart OHG (OHG). Das Wirtschaftsjahr der OHG entspricht dem Kalenderjahr. Sie ist zum vollen Vorsteuerabzug berechtigt. Die Beteiligung am Gewinn und Verlust und am Vermögen richtet sich nach den zu leistenden Kapitaleinlagen auf dem Kapitalkonto I. Die Festkapitalkonten (= Kapitalkonto I) der Gesellschafter sollen dem gemeinen Wert ihrer Beiträge entsprechen.

S unterhielt in der Koblenzer-Straße in Montabaur bis zum 31.12.2020 einen Einzelhandel mit Telekommunikationsartikeln. S ermittelte seinen Gewinn durch Betriebsvermögensvergleich gem. § 5 EStG. Das Wirtschaftsjahr entsprach dem Kalenderjahr. S war zum vollen Vorsteuerabzug berechtigt. Die von S zum 31.12.2020 nicht zu beanstandende Steuerbilanz hat folgendes Aussehen:

Bilanz S zum 31.12.2020

Aktiva		Passiva	
Grundstück Koblenzer-Straße:		Kapital	369.000 €
Grund u. Boden	90.000 €	Verbindlichkeiten LuL	17.000 €
Gebäude	306.000 €	Darlehen Grundstück	170.000 €
Geschäftsausstattung	100.000 €		
Waren	46.833 €		
Bank	13.167 €		
	556.000 €		**556.000 €**

S erbringt seine Einlage zur Gründung der OHG durch Übertragung seines Betriebes unter Zurückbehaltung des bebauten Grundstückes in der Koblenzer-Straße (Buchwert s.o. insgesamt 396.000 €). Das mit dem Grundstück im Zusammenhang stehende Darlehen (170.000 €) verbleibt ebenfalls bei S und wird nicht mit dem Betrieb übertragen. Der Wert des bisherigen Einzelunternehmens von S – ohne das Grundstück und das Darlehen – beträgt unstreitig 200.000 € (= gemeiner Wert ohne USt bzw. Teilwert).
Die einzelnen Aktiva weisen folgende gemeinen Werte (ohne USt) aus, die auch den Teilwerten der jeweiligen Wirtschaftsgüter entsprechen sollen:

	GW/TW	Stille Reserven
Grund und Boden	120.000 €	30.000 €
Gebäude	480.000 €	174.000 €
Geschäftsausstattung	130.000 €	30.000 €
Waren	46.833 €	0 €
Bank	13.167 €	0 €
Firmenwert	27.000 €	27.000 €

Das Grundstück Koblenzer-Straße wurde von S im Januar 2016 angeschafft. Das aufstehende Gebäude (Bauantrag 1998) wurde seither eigenbetrieblich genutzt. Die Anschaffungskosten des Grundstücks betrugen 450.000 €, davon entfielen auf den Grund und Boden 90.000 € und auf das Gebäude 360.000 €. Der Grundbesitzwert (§ 157 Abs. 3 BewG) beläuft sich auf 800.000 €. Das Gebäude wurde von S in vollem Umfang bilanziert und zutreffend abgeschrieben. Zeitgleich mit Abschluss des Gesellschaftsvertrages schloss die OHG mit S über das bebaute Grundstück Koblenzer-Straße einen unbefristeten Mietvertrag, in dem ein angemessener monatlicher Mietzins i. H. v. 3.000 € (netto) vereinbart wurde und S gem. § 9 UStG zutreffend auf die Steuerbefreiung nach § 4 Nr. 12 UStG verzichtet. Die von S immer pünktlich gezahlten Zinsen für das mit dem Grundstück im Zusammenhang stehende Darlehen belaufen sich in 2021 auf 1.800 €, Tilgungsleistungen erfolgten nicht.

Die Geschäftsausstattung wurde im Januar 2017 angeschafft. Die Anschaffungskosten in Höhe von 140.000 € wurden im Einzelunternehmen des S auf eine Nutzungsdauer von 14 Jahren abgeschrieben. Die Restnutzungsdauer zum 01.01.2021 betrug 10 Jahre.

C verpflichtet sich laut dem notariell beurkundeten Gesellschaftsvertrag eine Bareinlage in Höhe von 100.000 € zu leisten und der OHG ein ihm gehörendes Grundstück mit einem Verkehrswert von 100.000 € zu übereignen. Dieses in der benachbarten Jahnstraße belegene unbebaute Grundstück geht mit Wirkung zum 01.01.2021 (Übergang Besitz, Nutzen, Lasten und Gefahren) auf die OHG über. Anfallende Grunderwerbsteuer übernimmt die OHG. C hatte das Grundstück im Jahr 2019 für 70.000 € günstig erworben, um darauf für sich zu privaten Wohnzwecken ein Einfamilienhaus zu errichten. Dieser Plan ließ sich jedoch nicht realisieren, sodass das Grundstück ungenutzt blieb. Der Grundbesitzwert (§ 157 Abs. 3 BewG) beläuft sich auf 60.000 €. Die OHG buchte am 1.1.2021:

Grund u Boden (Jahnstraße)	35.000 €	an	Kapital I C	100.000 €
Bank	65.000 €			

Bis zum 31.12.2021 hat das zuständige Finanzamt noch keinen Grunderwerbsteuerbescheid erlassen. Der Grunderwerbsteuersatz in Rheinland-Pfalz beträgt 5 %.

Ereignisse des Jahres 2021

Die OHG ermittelte in ihrer steuerlichen Hauptbilanz bzw. GuV einen Gewinn 2021 in Höhe von 223.550 €. Darin sind folgende Geschäftsvorfälle enthalten:

1. Die Miete für das Grundstück Koblenzer-Straße mit monatlich 3.000 € (netto) wurde jeweils als Aufwand gebucht. Der laufende Unterhalt (Strom, Wasser und Heizung etc.) verursachte im Jahr 2021 Aufwendungen – ohne AfA – in Höhe von netto 4.650 €. Diese wurden von der OHG getragen und in deren Buchführung ebenfalls als Aufwand verbucht.
   Darüber hinaus sind im Dezember 2021 Reparaturaufwendungen an der Fassade des Gebäudes in Höhe von 10.000 € (netto) angefallen, die S als Vermieter zu tragen hatte. Den Rechnungsbetrag über insgesamt 11.900 € beglich S im Januar 2022.
2. Die OHG hat verschiedene Geschäftsfreunde bewirtet. Die hierfür angefallenen Bewirtungskosten sind angemessen und betrugen insgesamt (brutto) 5.950 €. Dieser Betrag wurde als Aufwand verbucht. Die entsprechenden Rechnungen sind vorhanden und formal nicht zu beanstanden.
3. Die Abschreibung für die Geschäftsausstattung buchte die OHG – wie bisher im Einzelunternehmen des S – mit 10.000 € als Aufwand. Sonstige Abschreibungen hat die OHG nicht vorgenommen.
4. Ergänzungs- oder Sonderbilanzen wurden von der OHG nicht erstellt.

Aufgaben:

Sachverhalt 1

1. Erstellen Sie die Steuerbilanz der OHG zum 01.01.2021 einschließlich evtl. erforderlicher Ergänzungs- und Sonderbilanzen. Würdigen Sie dabei den Gründungsvorgang steuerrechtlich aus Sicht der OHG. **Auf gesellschaftsrechtliche Aspekte ist nicht einzugehen.** Von einer Mitunternehmerstellung aller Gesellschafter ist auszugehen. **Ausführungen hierzu sind nicht erforderlich.**
2. Erläutern Sie – kurz – die ertragsteuerlichen Auswirkungen, die sich aus der Gründung der OHG für S ergeben?
3. Nehmen Sie zu den geschilderten Geschäftsvorfällen aus **steuerrechtlicher Sicht** Stellung. Ermitteln Sie dabei die **zutreffenden Bilanzwerte** der angesprochenen Wirtschaftsgüter. Soweit nicht anders erwähnt, trägt die OHG anfallende Kosten. Stellen Sie im Rahmen Ihrer Stellungnahme die **Änderungen von Erfolgskonten nur aus Sicht der steuerlichen Hauptbilanz** und die daraus resultierenden Gewinnänderungen dar. Verwenden Sie dabei das folgende Schema:

Position	Finanzamt	Steuerpflichtiger	Änderung	Änderung Gewinn

   Die Darstellung der Änderungen von Bestands- und Privatkonten ist nicht erforderlich.
4. Erstellen Sie alle erforderlichen Ergänzungs- und Sonderbilanzen sowie die dazu gehörenden Gewinn- und Verlustrechnungen zum 31.12.2021.
   Das Erstellen einer steuerlichen Hauptbilanz zum 31.12.2021 ist nicht erforderlich und aufgrund fehlender Informationen nicht möglich!!
5. Ermitteln Sie den steuerlichen Gewinn der OHG und verteilen Sie diesen auf die Mitunternehmer.

Bearbeitungshinweise:

- Eine Gewerbesteuer-Rückstellung ist nicht zu berechnen.
- Gehen Sie davon aus, dass die Beteiligten ein möglichst niedriges Ergebnis wünschen. Sämtliche erforderlichen Anträge gelten als gestellt.
- Begründen sie Ihre Entscheidungen kurz unter Angabe der einschlägigen Vorschriften.
- Runden Sie Ihre Ergebnisse zur Vereinfachung auf volle Euro-Beträge ab.
- Auf eine evtl. Schenkungsteuer ist nicht einzugehen.

Sachverhalt 2

Die JA-GmbH ist vor Jahren in Edenkoben (Sitz der GmbH) mit einem Stammkapital von 1.000.000 € gegründet worden. Bei Errichtung der GmbH übernahmen die Gesellschafter folgende Stammeinlagen: Jan Junke (J) 520.000 €, Anja Adel (A) 480.000 €. Das Stammkapital wurde von den Gesellschaftern voll eingezahlt. Geschäftsführer der GmbH ist der Gesellschafter J. Er ist von den Beschränkungen des § 181 BGB befreit worden. Die JA-GmbH versteuert ihre Umsätze nach den allgemeinen Vorschriften des UStG und ist zum vollen Vorsteuerabzug berechtigt.

Steuerbilanz der JA-GmbH zum 31.12.2021 (vorläufig)

Anlagevermögen	6.300.000 €	Gez. Kapital	1.000.000 €
Umlaufvermögen	577.268 €	Kapitalrücklage	50.000 €
		Gewinnrücklage	310.000 €
		Bilanzgewinn	391.736 €
		Verbindlichkeiten	4.881.000 €
		Sonstige Verbindlichkeiten	244.332 €
	6.877.268 €		**6.877.268 €**

GuV-Konto 2021 (vorläufig)

Diverse Aufwendungen	4.173.364 €	Umsatzerlöse	4.650.000 €
KSt-VZ	40.000 €	sb Erträge	360.000 €
SolZ-VZ	2.200 €		
GewSt-VZ	40.000 €		
Miete Grundstück	60.000 €		
Geschäftsführer-Gehalt	240.000 €		
vorl. Ergebnis	454.436 €		
	5.010.000 €		**5.010.000 €**

Die JA-GmbH hat einen vorläufigen Jahresüberschuss 2021 in Höhe von 454.436 € ermittelt.

Im Vorgriff auf das Jahresergebnis 2021 hat die Gesellschafterversammlung am 18.12.2021 eine Gewinnausschüttung für das Jahr 2021 i. H. v. 100.000 € beschlossen, die am 23.12.2021 ausgezahlt und zutreffend verbucht wurde. Die Quartalszahlen rechtfertigten dies, insbesondere hätte noch auf einen Gewinnvortrag aus 2020 von 47.300 € zurückgegriffen werden können.

Am 16.04.2022 wurde durch die Gesellschafterversammlung nach Feststellung des Jahresabschlusses 2021 eine weitere Gewinnausschüttung für das Jahr 2021 i. H. v. 120.000 € beschlossen, die Auszahlung erfolgte am 20.04.2022.

Laut Gesellschaftsvertrag sind jedes Jahr 10.000 € in die satzungsmäßige Rücklage einzustellen, was stets richtig verbucht wurde.

Die Überprüfung des Jahresabschlusses 2021 ergab die folgenden (weiteren) Feststellungen:

1. Die in der GuV enthaltenen Steuerzahlungen betreffen geleistete Vorauszahlungen für 2021. Steuerrückstellungen hat die GmbH bislang noch nicht gebildet.
2. Die JA-GmbH hält seit Jahren eine 12 % ige Beteiligung an der inländischen Z-AG. Diese überwies am 25.05.2021 der JA-GmbH eine Dividende von 1.325,25 €, die in dieser Höhe als Ertrag verbucht wurde.
3. Im Anlagevermögen der JA-GmbH befindet sich auch noch eine Beteiligung an der gewerblich tätigen NEIN-KG mit Sitz in Landau. Diese hatte die JA-GmbH in 2015 mit weiteren Gesellschaftern (Komplementären und Kommanditisten) gegründet. Der zutreffende Bilanzansatz der KG-Beteiligung in der Bilanz der JA-GmbH zum 01.01.2021 belief sich auf 75.000 €. Laut Gesellschaftsvertrag steht der JA-GmbH eine nicht zu beanstandende Tätigkeitsvergütung in Höhe von 5.000 € (netto) zu. Diese wurde in 2021 seitens der NEIN-KG über eine Aufwandsbuchung als Verbindlichkeit passiviert, da eine Auszahlung bis zum 31.12.2021 noch nicht erfolgte. Anhand der zutreffenden Gewinnermittlung der NEIN-KG entfällt vom Hauptbilanzgewinn der NEIN-KG ein Gewinnanteil in Höhe von 15.000 € auf die JA-GmbH. Die JA-GmbH hat bezüglich der Beteiligung an der NEIN-KG noch keinerlei Buchungen vorgenommen. Die JA-GmbH tätigte weder Entnahmen noch Einlagen bei der NEIN-KG.

Aufgabe zu Sachverhalt 2

1. Ermitteln Sie das zu versteuernde Einkommen 2021 der JA-GmbH. Gehen Sie hierbei auf die einzelnen Feststellungen ein. Ermitteln Sie dabei für die JA-GmbH auch
   - den Bilanzansatz der Beteiligung an der NEIN-KG in der Steuerbilanz der JA-GmbH zum 31.12.2021.
   - sowie die Rückstellungen für die Körperschaftsteuer, den Solidaritätszuschlag und die Gewerbesteuer (Hebesatz 400 %). Hinzurechnungen oder Kürzungen (gem. § 8 bzw. § 9 GewStG) sind hierbei nur zu berücksichtigen soweit sich diese aus dem Sachverhalt ergeben.
2. Ermitteln Sie den endgültigen Jahresüberschuss 2021 und den endgültigen Bilanzgewinn 2021.

Bearbeitungshinweise:

- Die Erstellung einer Schlussbilanz für die JA-GmbH ist nicht erforderlich!
- Auf die Umsatzsteuer ist nicht einzugehen!!!
- Bei sämtlichen Überlegungen ist davon auszugehen, dass die JA-GmbH einen möglichst niedrigen Gewinn wünscht.
- Sofern erforderlich, sind alle Bescheinigungen ausgestellt worden bzw. liegen der JA-GmbH in ordnungsgemäßer Form vor.
- Führen sie die Berechnungen mit auf volle €-Beträge abgerundeten Beträgen durch.

B. Lösungen

1. Steuerbilanz der OHG zum 01.01.2021

Bei S liegt eine Einbringung i.S.v. § 1 Abs. 3 Nr. 4 i. V. m. § 24 UmwStG im Wege der Einzelrechtsnachfolge vor. S bringt seinen gesamten Betrieb in eine Personengesellschaft ein und wird Mitunternehmer der OHG, § 24 Abs. 1 UmwStG. Bei Einbringung eines Betriebs müssen sämtliche wesentliche Betriebsgrundlagen übertragen werden.

Der Begriff der wesentlichen Betriebsgrundlage ist hier (abweichend von § 16 EStG) nach der funktionalen Betrachtungsweise zu beurteilen. Das Grundstück (Grund und Boden sowie das Gebäude) in dem sich die Geschäftsräume befinden, stellt eine solche wesentliche Betriebsgrundlage dar, vgl. H 16 (5) EStH „Wesentliche Betriebsgrundlagen" bzw. H 15.7 Abs. 5 EStH „Wesentliche Betriebsgrundlage – Betriebszweck/-führung, – Stille Reserven".

Das Grundstück wurde nicht mit übertragen. Es ist jedoch als notwendiges Sonderbetriebsvermögen I zu qualifizieren, vgl. R 4.2 Abs. 2 Satz 2 und Abs. 12 EStR.

Die Überführung einzelner wesentlicher Betriebsgrundlagen in das Sonderbetriebsvermögen des einbringenden Mitunternehmers ist jedoch unschädlich für die Anwendung von § 24 UmwStG (Rn. 24.05 UmwStE). Anders als bei der Übertragung von Einzelwirtschaftsgütern nach § 6 Abs. 5 EStG schadet es bei der Übertragung eines Betriebs, Teilbetriebs oder Mitunternehmeranteils nach § 24 UmwStG nicht, dass die Personengesellschaft auch die zugehörigen Betriebsschulden (Verbindlichkeiten LuL i. H. v. 17.000 €) übernimmt.

Die OHG hat das eingebrachte (übereignete) Betriebsvermögen grundsätzlich mit dem gemeinen Wert zu bewerten, § 24 Abs. 2 S. 1 UmwStG. Der gemeine Wert beläuft sich auf 200.000 € (Buchwert ohne Grundstück 143.000 € + stille Reserven 57.000 € bzw. Summe der gemeinen Werte lt. Tabelle SV).

Gem. § 24 Abs. 2 S. 2 UmwStG kann jedoch auch ein Buchwertansatz erfolgen. In diesem Fall werden wie von S gewünscht keine stillen Reserven aufgedeckt. Ein entsprechender Antrag wurde gestellt und das Besteuerungsrecht der Bundesrepublik Deutschland ist nicht ausgeschlossen oder beschränkt (§ 24 Abs. 2 S. 2 Nr. 1 UmwStG). (Hinweis: Es wurde auch keine sonstige Gegenleistung i.S.v. § 24 Abs. 2 S. 2 Nr. 2 UmwStG gewährt).

In der steuerlichen Hauptbilanz soll ein Ansatz der gemeinen Werte erfolgen. Um in der Steuerbilanz den Buchwert auszuweisen und damit die Versteuerung der stillen Reserven zu vermeiden, sind die stillen Reserven der eingebrachten Wirtschaftsgüter zwingend in einer negativen Ergänzungsbilanz von S zu passivieren.

C erbringt neben der Bareinlage von 100.000 € eine Sacheinlage durch die Übereignung des unbebauten Grundstückes Jahnstraße. Das Grundstück wechselt vom Privatvermögen in das Gesamthandsvermögen der OHG (R 4.2 Abs. 11 S. 1 EStR). Aufgrund der im Rahmen der Gründung erfolgten Buchung auf dem Kapitalkonto I ist von der Gewährung von Gesellschaftsrechten auszugehen.

Es liegt damit ein tauschähnlicher – also entgeltlicher – Vorgang i.S.v. § 6 Abs. 6 S. 1 EStG vor. Demnach bemessen sich die Anschaffungskosten nach dem gemeinen Wert des hingegeben Wirtschaftsgutes, also der gewährten Gesellschaftsrechte mit 100.000 € (§ 6 Abs. 5 EStG ist nur auf Übertragungen aus dem Betriebsvermögen anzuwenden).

In der Hauptbilanz ist das Grundstück mit dem gemeinen Wert (= Verkehrswert) anzusetzen. Die anfallende Grunderwerbsteuer führt zu Anschaffungsnebenkosten (§ 255 Abs. 1 S. 2 HGB). Die Grunderwerbsteuer entsteht gem. § 1 Abs. 1 Nr. 1 GrEStG. Da C an der OHG zu 50 % beteiligt ist, greift die Steuerbefreiung gem. § 5 Abs. 2 GrEStG. Bemessungsgrundlage ist der Grundbesitzwert in Höhe von 60.000 €, § 8 Abs. 2 Nr. 2 GrEStG.

Der Grunderwerbsteuersatz beträgt 5 % (§ 11 Abs. 1 GrEStG): 60.000 € x 5 % x ½ = 1.500 €.

Da eine Festsetzung der Grunderwerbsteuer noch nicht erfolgt ist, ist eine Rückstellung für ungewisse Verbindlichkeiten in dieser Höhe zu passivieren, § 5 Abs. 1 S. 1 EStG i. V. m. § 249 Abs. 1 S. 1 HGB.

Der Bilanzansatz gem. § 6 Abs. 1 Nr. 2 EStG des Grundstücks Jahnstraße zum 1.1. bzw. 31.12.2021 beträgt demnach 101.500 €.

Steuerliche Hauptbilanz OHG 01.01.2021

Grund und Boden Jahnstr.	101.500 €	Kapital I S	200.000 €
Geschäftsausstattung	130.000 €	Kapital I C	200.000 €
Firmenwert	27.000 €	Verbindlichkeiten LuL	17.000 €
Waren	46.833 €	Rückstellung GrESt	1.500 €
Bank	113.167 €		
	418.500 €		**418.500 €**

(negative) Ergänzungsbilanz S zum 01.01.2021

(Minder-) Kapital	57.000 €	Geschäftsausstattung	30.000 €
		Firmenwert	27.000 €
	57.000 €		**57.000 €**

Das Grundstück Koblenzer-Straße (Grund und Boden sowie das Gebäude) wird ab dem 01.01.2018 zu notwendigem Sonderbetriebsvermögen I des S (s. oben). Die Überführung erfolgt mit dem Buchwert, da die Buchwertfortführung nach § 24 Abs. 2 Satz 2 UmwStG nicht nur für die in den Gesamthandsbereich der OHG eingebrachten Wirtschaftsgüter erfolgt, sondern auch hinsichtlich der WG, die aus dem Einzelhandelsunternehmen des S in dessen Sonderbetriebsvermögen bei der OHG überführt wurden. Im Rahmen dieses einheitlichen Einbringungsvorgangs nach § 24 UmwStG findet auf diese Überführung in das Sonderbetriebsvermögen § 6 Abs. 5 Satz 2 i.V.m. Satz 1 EStG keine Anwendung. Das mit dem Grundstück zusammenhängende Darlehen wird aufgrund des Kopplungseffektes ebenfalls zu (negativem) Sonderbetriebsvermögen.

Sonderbilanz S zum 01.01.2021

Grundstück Koblenzer-Straße:		Kapital	226.000 €
Grund u. Boden	90.000 €	Darlehen Grundstück	170.000 €
Gebäude	306.000 €		
	396.000 €		**396.000 €**

Die Einbringung ist umsatzsteuerlich als Geschäftsveräußerung im Ganzen zu qualifizieren, § 1 Abs. 1a UStG und Abschn. 1.5 Abs. 3 S. 2 UStAE. Die Gewährung von Gesellschaftsrechten ist nicht steuerbar, Abschn. 1.6 Abs. 2 Satz 1 UStAE.

2. Ertragsteuerliche Auswirkungen bei S

Bei S kommt es im Rahmen des einheitlichen Einbringungsvorganges zu einer Betriebsveräußerung i.S.v. § 16 Abs. 1 Nr. 1 EStG. Der Veräußerungspreis entspricht dabei dem Wert, mit dem die eingebrachten Wirtschaftsgüter in der Steuerbilanz der OHG angesetzt wurden, § 24 Abs. 3 S. 1 UmwStG. Aufgrund des Buchwertansatzes des eingebrachten Betriebsvermögens entspricht dieser dem Kapitalkonto des Einzelunternehmens, so dass sich kein Veräußerungsgewinn ergibt, § 16 Abs. 2 EStG.

3. Stellungnahme und Änderungen

1. Die Verbuchung des Mietaufwands ist aus Sicht der steuerlichen Hauptbilanz nicht zu beanstanden. Die Miete stellt bei S eine Sondervergütung dar, § 15 Abs. 1 Nr. 2 S. 1 2. HS EStG. Der Aufwand auf Seiten der OHG wird durch eine gleich hohe Ertragsbuchung (netto 36.000 €) in der Sonderbuchführung des S neutralisiert. Die von S zu tragenden Reparaturaufwendungen i. H. v. 10.000 € gehören zu den Sonderbetriebsausgaben, § 4 Abs. 4 EStG bzw. H 4.7 „Sonderbetriebseinnahmen und -ausgaben" EStH. Die Aufwandsbuchung (netto) in der Sonderbilanz des S erfolgt unter Vorsteuerabzug gegen eine Verbindlichkeit (brutto), da die Zahlung erst in 2022 erfolgt. Die Verbindlichkeit stellt notwendiges (negatives) Sonderbetriebsvermögen dar. Die Zinszahlungen i. H. v. 1.800 € sind ebenfalls Sonderbetriebsausgaben, hier erfolgt die Verbuchung gegen Einlage (in der Sonderbilanz gibt es keine Geldkonten).
   Der Grund und Boden ist unverändert mit den ursprünglichen Anschaffungskosten von 90.000 € anzusetzen, § 6 Abs. 1 Nr. 2 EStG. Die AfA auf das Gebäude ist ebenfalls als Sonderbetriebsausgabe/Aufwand in der SonderGuV zu berücksichtigen. Diese bleibt aufgrund des Buchwertübertrags mit 10.800 € unverändert. AfA-Bemessungsgrundlage bilden die ursprünglichen Anschaffungskosten, lt. SV 360.000 €. Es gehört weiterhin zum Betriebsvermögen, dient nicht Wohnzwecken und der Bauantrag wurde nach dem 31.03.1985 gestellt, es gilt der AfA-Satz 3 % gem. § 7 Abs. 4 Nr. 1 EStG. Dies führt zu einem Ansatz in der Sonderbilanz zum 31.12.2021 gem. § 6 Abs. 1 Nr. 1 EStG in Höhe von 295.200 € (306.000 € ./. 10.800 €).
2. Die Bewirtungskosten von Geschäftsfreunden sind innerbilanziell in voller Höhe als Aufwand zu verbuchen. Außerbilanziell sind aufgrund § 4 Abs. 5 Nr. 2 EStG 30 % des Nettobetrages von 5.000 € (5.950 €/ 119 x 100) als nicht abzugsfähige Betriebsausgaben in Höhe von 1.500 € dem Gewinn der OHG hinzuzurechnen. Die Vorsteuer ist jedoch abzugsfähig gem. § 15 Abs. 1a Satz 2 UStG.
   Es erfolgt insoweit eine innerbilanzielle Korrektur:

Position	Finanzamt	Steuerpflichtiger	Änderung	Änderung Gewinn
Bewirtungsaufwand	5.000 €	5.950 €	./. 950 €	+ 950 €

3. Bei der Bewertung der Wirtschaftsgüter in der Steuerbilanz tritt die Personengesellschaft in die steuerliche Rechtsstellung des Einzelunternehmens ein, §§ 24 Abs. 4, 23 Abs. 1, 12 Abs. 3 UmwStG. Die AfA in der Hauptbilanz ist nach dem Anschaffungsgrundsatz zu berechnen (§ 24 Abs. 4 i. V. m. § 23 Abs. 4 UmwStG analog). Die steuerlich zutreffende AfA ergibt sich durch eine „Korrekturbuchung" in der Ergänzungsbilanz von S. Dort sind die Minderwerte mit dem AfA-Satz der Hauptbilanz aufzulösen.
   Die Geschäftsausstattung ist als beweglich abnutzbares Anlagevermögen wie im Einzelunternehmen des S linear gem. § 7 Abs. 1 EStG mit jährlich 10.000 € abzuschreiben. In der Hauptbilanz beträgt die AfA-Bemessungsgrundlage 130.000 €. Verteilt auf eine Restnutzungsdauer von 10 Jahren ergibt sich die von der OHG zutreffend gebuchte AfA von 13.000 €. Der Bilanzansatz in der Hauptbilanz zum 31.12.2021 beträgt somit 117.000 €, § 6 Abs. 1 Nr. 1 EStG. Als Korrektur ist in der Ergänzungsbilanz des S der Minderwert für die Geschäftsausstattung gewinnerhöhend aufzulösen. In der Ergänzungsbilanz des S ergibt sich damit eine gewinnerhöhende Minder-AfA von 3.000 €.

	Steuerbilanz (Ziel)	Hauptbilanz	Ergänzungsbilanz S	
01.01.2018	0 €	27.000 €	./. 27.000 €	
AfA	**./. 0 €**	**./. 1.800 €**	**+ 1.800 €**	**= Minder-AfA**
31.12.2018	**0 €**	**25.200**	**./. 25.200 €**	

Die AfA in der Hauptbilanz ist ebenfalls zu korrigieren:

Position	Finanzamt	Steuerpflichtiger	Änderung	Gewinn
AfA- Firmenwert	1.800 €	0 €	+ 1.800 €	./. 1.800 €

4. Ergänzungs- und Sonderbilanzen

(negative) Ergänzungsbilanz S zum 31.12.2021

(Minder-) Kapital	52.200 €	Geschäftsausstattung	27.000 €
		Firmenwert	25.200 €
	52.200 €		**52.200 €**

Ergänzung-GuV S

Gewinn	4.800 €	Minder-AfA-Geschäftsausstattung	3.000 €
		Minder-AfA-Firmenwert	1.800 €
	4.800 €		**4.800 €**

Sonderbilanz S zum 31.12.2021

Grundstück Koblenzer-Straße:		Kapital	205.200 €
Grund u. Boden	90.000 €	Darlehen	170.000 €
Gebäude	295.200 €	Verb. Reparatur	11.900 €
Vorsteuer	1.900 €		
	387.100 €		**387.100 €**

Sonder-GuV S

Reparaturaufwand	10.000 €	Mietertrag	36.000 €
AfA-Gebäude	10.800 €		
Darlehenszinsen	1.800 €		
Gewinn	13.400 €		
	36.000 €		**36.000 €**

5. Gewinnermittlung und -verteilung

Gewinn lt. Hauptbilanz OHG	223.550 €
Gewinnkorrekturen	
Weniger Bewirtungsaufwand	+ 950 €
Mehr-AfA Geschäftsausstattung	./. 3.000 €
Mehr-AfA Firmenwert	./. 1.800 €
Korrigierter Hauptbilanzgewinn der OHG	219.700 €
Außerbilanzielle Korrektur Bewirtung	+ 1.500 €

Ergänzungsbilanzgewinn S	+ 4.800 €
Gewinn gem. § 15 Abs. 1 Nr. 2 S. 1 1. HS EStG (1. Stufe)	226.000 €
Sonderbilanzgewinn S	+ 13.400 €
Steuerlicher Gesamtgewinn der OHG (2. Stufe)	**239.400 €**

Gewinnverteilung	Gesamt	S	C
Steuerl. Gewinn	239.000 €		
Ergänzungsbilanz S	./. 4.800 €	+ 4.800 €	
Sonderbilanz S	./. 13.400 €	+ 13.400 €	
Rest 50 : 50	./. 221.200 €	+ 110.600 €	+ 110.600 €
Gewinnanteile	**0 €**	**129.400 €**	**110.600 €**

Sachverhalt 2

1. Ermittlung des zu versteuernden Einkommen 2021

Allgemeines:

Die JA-GmbH ist unbeschränkt körperschaftsteuerpflichtig gem. § 1 Abs. 1 Nr. 1 KStG und handelsrechtlich nach §§ 238 HGB verpflichtet, Bücher zu führen. Sie erzielt ausschließlich Einkünfte aus Gewerbebetrieb, § 8 Abs. 2 KStG.

Ausgewiesen ist der Bilanzgewinn i. S. d. § 268 Abs. 1 HGB, da eine teilweise Gewinnverwendung durch die Zuführung zu den Rücklagen (§ 270 Abs. 2 HGB) und eine Vorabausschüttung vorliegen.

Der vorläufige Jahresüberschuss 2021 laut JA-GmbH beträgt = 454.436 €

Zu den Feststellungen:

Tz 1:

Die als Aufwand erfassten KSt- und SolZ-VZ sind außerbilanziell gem. § 10 Nr. 2 KStG hinzuzurechnen **+ 42.200 €**

Die Zurechnung der GewSt-VZ erfolgt gem. § 4 Abs. 5b EStG, § 8 Abs. 1 KStG **+ 40.000 €**

Tz 2:

Die von der Z-AG erfolgte Gewinnausschüttung ist bei der JA-GmbH nach § 20 Abs. 1 Nr. 1 i. V. m. Abs. 8 EStG mit dem Bruttobetrag als Beteiligungsertrag zu erfassen. Nach § 43 Abs. 1 Nr. 1 i. V. m. § 43a Abs. 1 Nr. 1 EStG erfolgte der 25 %-ige Kapitalertragsteuerabzug. Hinzu kommen davon 5,5 % Solidaritätszuschlag. Die Gutschrift 1.325,25 € zuzüglich 474,75 € bestehend aus Kapitalertragsteuer (450 €) und SolZ (24,75 €) ergibt einen Bruttoertrag von 1.800 €. Die Buchung dieser Steuern erfolgt über Aufwand gegen Ertrag und wirkt sich nicht auf den JÜ aus. Die als Aufwand zu behandelnde KapESt + SolZ sind gem. § 10 Nr. 2 KStG **außerbilanziell** hinzuzurechnen **+ 474 €**

Bei der Ermittlung des zu versteuernden Einkommens bei der JA-GmbH ist die Dividende nach § 8b Abs. 1 KStG steuerfrei (**außerbilanzielle Abrechnung**), da die Mindestbeteiligung gem. § 8b Abs. 4 KStG von 10 % zu Beginn des Kj. erreicht ist. **./. 1.800 €**

Nach § 8b Abs. 5 KStG gelten 90 € (= 5 % von 1.800 €) als nicht abzugsfähige BA und sind **außerbilanziell** hinzuzurechnen. **+ 90 €**

Tz 3:

Der Gewinnanteil der JA-GmbH in Höhe von 15.000 € wird zum 31.12.2021 zugunsten deren Kapitalkonto in der steuerlichen Hauptbilanz NEIN-KG gebucht. Die Veränderung des Kapitalkontos führt aufgrund der Spiegelbildmethode zu einer identischen Veränderung des Mitunternehmeranteils in der Steuerbilanz der JA-GmbH.

Die von der KG zu zahlende Haftungsvergütung wurde zutreffend als Aufwand verbucht. Hierbei handelt es sich um eine Sondervergütung gem. § 15 Abs. 1 Nr. 2 S. 1 2. HS EStG. Da die Auszahlung noch nicht erfolgte, besteht seitens der JA-GmbH eine Forderung (brutto von 5.950 € bei USt-Verb. 950 € also 5.000 € netto) gegen die KG, diese stellt notwendiges Sonderbetriebsvermögen der JA-GmbH bei der NEIN-KG dar. Die Einstellung der Forderung in der Sonderbilanz der JA-GmbH erfolgt gegen Ertrag (5.000 €). Das Sonderkapital beträgt 5.000 €. Die Summe der Kapitalkonten beträgt zum 31.12.2021:

Kapital JA-GmbH	+ 90.000 €
Sonderkapital	+ 5.000 €
	95.000 €

Der Bilanzansatz der Beteiligung an der NEIN-KG beträgt demnach 95.000 €.

Die Veränderung führt **innerbilanziell** zu einem Beteiligungsertrag von insgesamt 20.000 €. Mangels Verbuchung erhöht sich der Jahresüberschuss der JA-GmbH um + 20.000 €

Korrigierter vorläufiger Jahresüberschuss 2021 **474.436 €**

Einkommensermittlung (Zusammenstellung):

vorläufiger Jahresüberschuss	474.436 €
außerbilanzielle Korrekturen:	
Tz. 1 KSt- und SolZ-VZ sowie GewSt-VZ s.o.	+ 82.200 €
Tz. 2 Bruttogewinnausschüttung (§ 8b Abs. 1 KStG)	./. 1.800 €
nicht abziehbare Betriebsausgaben (§ 8b Abs. 5 KStG)	+ 90 €
KapESt + SolZ (§ 10 Nr. 2 KStG)	+ 474 €
Zu versteuerndes Einkommen gem. § 7 Abs. 1 KStG =	**555.400 €**

Rückstellung für Körperschaftsteuer und Solidaritätszuschlag, § 249 Abs. 1 HGB, § 5 Abs. 1 S. 1 EStG

§ 23 Abs. 1 KStG 15 % = festzusetzende KSt		83.310 €	SolZ =	~ 4.582 €
Anrechnung gem. § 31 Abs. 1 KStG:				
- Kapitalertragsteuer, § 36 Abs. 2 Nr. 2 EStG		./. 450 €		~ 24 €
- Vorauszahlungen, § 36 Abs. 2 Nr. 1 EStG		./. 40.000 €	SolZ-VZ	2.200 €
Rückstellung	**KSt:**	**42.860 €**	**SolZ:**	**2.358 €**

Gewerbesteuerrückstellung:

Ausgangsbetrag § 7 GewStG = zvE lt. KStG	555.400 €
§ 8 Nr. 5 GewStG Gewinnausschüttung, da die Beteiligung weniger als 15 % beträgt gem. § 9 Nr. 2a GewStG	+ 1.710 €
§ 9 Nr. 2 GewStG Gewinnanteil KG	./. 20.000 €
Gewerbeertrag	537.110 €
Abrundung § 11 Abs. 1 S. 3 GewStG	537.100 €
x 3,5 % § 11 Abs. 2 GewStG = 18.798,50 €	
abgerundet R 14.1 S. 3 GewStR = Gewerbesteuermessbetrag	= 18.798 €
x Hebesatz 400 %	75.192 €
abzgl. GewSt-VZ	./. 40.000 €
GewSt-Rückstellung	**35.192 €**

2. Endgültiger Jahresüberschuss und Bilanzgewinn 2021:

vorläufiger Jahresüberschuss	474.436 €
abzüglich Steuerrückstellungen (42.860 € + 2.358 € + 35.192 €)	./. 80.410 €
Endgültiger Jahresüberschuss 2021:	**394.026 €**

Endgültiger Jahresüberschuss 2021	394.026 €
./. vorab Gewinnausschüttung	100.000 €
+ Gewinnvortrag 2020	47.300 €
./. satzungsmäßige Rücklage	10.000 €
= Bilanzgewinn (§ 268 Abs. 1 HGB)	**331.326 €**

Alternativ Bilanzgewinn lt. JA-GmbH	391.736 €
+ innerbilanzielle Korrektur (Beteiligungsertrag)	20.000 €
./. Steuerrückstellungen	80.410 €
= Bilanzgewinn § 268 Abs. 1 HGB	**331.326 €**

Punktetabelle zur Übungsklausur aus dem Gebiet Besteuerung der Gesellschaften

	Punkte
Sachverhalt 1:	
1. Steuerbilanz der OHG zum 01.01.2021	
Einbringung gem. § 1 III Nr. 4 i.V.m. § 24 I UmwStG	1 (1)
Subsumtion: Ganzer Betrieb des S und Mitunternehmerstellung	1 (2)
Grundstück ist eine wesentl. Betriebsgrundlage mit Begründung	1 (3)
Grundstück (GuB u. Gebäude) wird SoBV I, R 4.2. II S. 2 EStR	1 (4)
Aussage: SoBV ist unschädlich für Anwendung von § 24 UmwStG (Rn 24.05 UmwStE)	1 (5)
Grundsatz: Ansatz gW § 24 II S. 1 UmwStG	1 (6)
Auf Antrag BW § 24 II S. 2 UmwStG	1 (7)
Voraussetzungen insb. § 24 II Nr. 1 UmwStG erfüllt	1 (8)
Hauptbilanz Ansatz mit gW = ErgBil zwingend, da keine Aufdeckung stiller Reserven	1 (9)
Grundstück C: Einlage aus PV in das Gesamthandsvermögen (BV)	1 (10)
tauschähnl. § 6 VI S. 1 EStG (analog), da Buchung auf Kap I (gg G´Rechte)	1 (11)
Ansatz gW (=Verkehrsw. Grdstk)	1 (12)
GrESt stellt ANK § 255 I S. 2 HGB dar	1 (13)
§ 1 I Nr. 1 GrEStG	1 (14)
§ 8 II Nr. 2 GrEStG = BMG 60.000 €	1 (15)
§ 5 II GrEStG: nur 50 %	1 (16)
Ergebnis GrESt = 1.500 €	1 (17)
Rückstellung = 1.500 €, § 5 I EStG i.V.m. § 249 I HGB	1 (18)
Bilanzansatz Grdstk C gem. § 6 I Nr. 2 = 101.500 €	1 (19)
GuB + Geb. Koblenzer Str. (notw. SobV I, s.o) Ansatz mit BW, da einheitl. Vorgang § 24 UmwStG	1 (20)
Darlehen aufgrund Kopplungseffekt ebenfalls SoBV	1 (21)
Einbringung = GiG § 1 I 1a UStG	1 (22)

	Punkte
Gewährung von Gesellschaftsrechten ist nicht steuerbar	1 (23)
Erstellung Hauptbilanz zum 01.01.2021	1 (24)
Erstellung Hauptbilanz zum 01.01.2021	1 (25)
Erstellung Ergänzungsbilanz 01.01.2021	1 (26)
Erstellung Sonderbilanz 01.01.2021	1 (27)
2. Ertragsteuerliche Auswirkungen bei S	
Aus Sicht des S = Betriebsaufgabe i.S.v. § 16 EStG	1 (28)
Veräußerungspreis des Betriebes gem. § 24 III S. 1 UmwStG = BW	1 (29)
Veräußerungsgewinn = 0	1 (30)
3. Stellungnahme und 4. Änderungen	
1. Miete etc.	
Miete wurde zutreffend als Aufwand der OHG erfasst	1 (31)
Miete stellt eine Sondervergütung § 15 I 2 S. 1 2. HS	1 (32)
Reparaturaufwand = SoBA § 4 IV/H 4.7 gegen Verbindlichkeit = SoBV	1 (33)
Zinsen 1.800 € SoBA über Einlage	1 (34)
Ansatz GuB gem. § 6 I 2 EStG mit den ursprünglichen AK	1 (35)
Gebäude gem. § 6 I 1 EStG mit fortgeführtem BW	1 (36)
AfA § 7 IV 1 EStG 3 % inkl. Subsumtion	1 (37)
AfA 10.800 € folgerichtig BW 31.12.	1 (38)
2. Bewirtung	
Bewirtungskosten gem. § 4 V 2 EStG	1 (39)
Vorsteuer ist abzugsfähig § 15 Ia S. 2 UStG	1 (40)
Bewirtung innerbil. 100 % Aufw.	1 (41)
außerbil. 30 % (1.500 € netto) Hinzurechnung	1 (42)
Gewinn + 950	1 (43)
3. Weiterentwicklung AV	
Es gilt §§ 24 IV, 23 I, 12 III UmwStG	1 (44)
AfA Ausstattung: Hauptbilanz gem. § 7 I EStG: gW/RND (Anschaffungsgedanke)	1 (45)
Berechnung der AfA = 13.000 €	1 (46)
Folge: Ergänzungsbilanz (Weniger-)AfA = 3.000 €	1 (47)
Gewinnkorrektur in der Hauptbilanz ./. 3.000 €	1 (48)
Firmenwert Ansatz entsprechend § 5 II EStG	1 (49)
Nutzungsdauer 15 Jahre § 7 I S. 3 EStG = AfA in Hauptbilanz 1.800 €	1 (50)
Richtige AfA bei BW-Fortführung = 0 €	1 (51)
Ergänzungsbilanz (Weniger-)AfA = 1.800 €	1 (52)

	Punkte
Gewinnkorrektur in der Hauptbilanz ./. 1.800 €	1 (53)
5. Ergänzungs- u Sonderbilanzen / 6. Gewinnermittlung u Verteilung	
ErgBil S 31.12.2021	1 (54)
ErgGuV (folgerichtig)	1 (55)
SonderBil S 31.12.2021	1 (56)
SonderGuV (folgerichtig) / alternativ Sondervergütung außerbil.	1 (57)
Ermittlung und Verteilung des Gewinnes (folgerichtig)	1 (58)
Ermittlung und Verteilung des Gewinnes (folgerichtig)	1 (59)
Ermittlung und Verteilung des Gewinnes (folgerichtig)	1 (60)
Ermittlung und Verteilung des Gewinnes (folgerichtig)	1 (61)
Sachverhalt 2:	
Ermittlung des zu versteuernden Einkommens 2021	1 (62)
Steuerpflicht § 1 I 1 KStG genannt	1 (63)
GmbH erzielt ausschl. Einkünfte aus Gewerbebetrieb § 8 II KStG	1 (64)
Bemessungsgrundlage § 7 I KStG/ausgehend vom JÜ	1 (65)
Hinzurechnungen: KSt+SolZ § 10 Nr. 2 KStG 42.200 €	1 (66)
GewSt § 8 I i.V.m. § 4 Vb EStG 40.000 €	1 (67)
Gewinnausschüttung i.S.v. § 20 I 1 i.V.m. VIII EStG	1 (68)
Ansatz erfolgt Brutto mit 1.800 €	1 (69)
KapESt + Soli ist bilanziell Aufwand	1 (70)
Aufgrund höherem Ertrag (GA-Brutto) = bilanziell keine Auswirkung	1 (71)
Abrechnung gem. § 10 Nr. 2 EStG + 474 € (außerbil)	1 (72)
Erkennen § 8b I KStG mit Begründung über § 8b IV KStG	1 (73)
5 % = nicht abzugsfähige BA gem. § 8b V KStG	1 (74)
Folgerichtige Hinzu- bzw. Abrechnung ./. 1.800 + 90 (außerbil)	1 (75)
Beteiligung an der KG ist steuerlich kein Wirtschaftsgut	1 (76)
Aussage zur Spiegelbildtheorie/-methode	1 (77)
Haftungsvergütung = SoVergütung gem. § 15 I 2 S. 1 2. HS EStG	1 (78)
Forderung zum 31.12. = SoBV I	1 (79)
Kap H Bil = 90.000 € / Gewinnanteil	1 (80)
Kap SoBil = 5.000 € / SoBil.-gewinn	1 (81)
Beteiligungsertrag 20.000 €	1 (82)
Ermittlung vorläufiger JÜ	1 (83)
Ermittlung zvE	1 (84)

	Punkte
Rückstellungen gem. § 5 I EStG i.V.m. § 249 I HGB	1 (85)
Anwendung Körperschaftsteuersatz von 15 % § 23 I auf das zvE	1 (86)
Anrechnung über § 31 I KStG	1 (87)
KapESt § 36 II 2 EStG	1 (88)
Vorauszahlungen § 36 II 1 EStG	1 (89)
folgerichtige Berechnung der KSt- und SolZ-Rückstellung	1 (90)
GewSt: § 7 GewStG = Ausgehend vom zvE gem. KStG	1 (91)
Hinzurechnung 1.710 € gem. § 8 Nr 5 GewStG	1 (92)
Begründung mit § 9 Nr. 2a GewStG	1 (93)
Kürzung § 9 Nr. 2 GewStG: ./. 20.000 € Gewinnanteil KG	1 (94)
Gewerbeertrag § 11 I S. 3 GewStG	1 (95)
Messbetrag § 11 II GewStG abgerundet	1 (96)
Ermittlung Gewerbesteuer	1 (97)
Ermittlung Gewerbesteuerrückstellung	1 (98)
Ermittlung endgültiger JÜ	1 (99)
Endgültiger Bilanzgewinn	1 (100)

Notentabelle		
Korrekturpunkte	**Punkte nach § 6 Abs. 1 StBAPO**	**Note**
100–95	15	1
94–91	14	
90–86	13	2
85–82	12	
81–77	11	
76–73	10	3
72–68	9	
67–64	8	
63–59	7	4
58–55	6	
54–50	5	
49–40	4	5
39–30	3	
29–20	2	
19–10	1	6
9–0	0	

Fall 10

Prüfungsklausur aus dem Gebiet Besteuerung der Gesellschaften

Bearbeitungszeit: 5 Stunden
Hilfsmittel:
Beck'sche Bände

- Steuergesetze
- Steuerrichtlinien
- Steuererlasse

A. Sachverhalt

Die Rostig & Beule GmbH & Co KG (KG) betreibt in Edenkoben einen Kfz-Handel mit Reparaturwerkstatt. Gesellschafter der KG sind Rudi Rostig (R) und Bodo Beule (B) als Kommanditisten sowie die Rostig & Beule GmbH (GmbH) als Komplementärin. R und B sind jeweils zu 45 %, die GmbH zu 10 % am Vermögen sowie am Gewinn und Verlust der KG beteiligt. Im Falle des Ausscheidens eines Gesellschafters werden aufgrund gesellschaftsvertraglicher Vereinbarung auch die stillen Reserven abgefunden.

Anteilseigner der GmbH sind R und B. Sie sind als Gründungsgesellschafter zu jeweils 50 % am Stammkapital von 50.000 € beteiligt. Die Stammeinlage des B ist voll eingezahlt, R hat eine ausstehende Einlage i.H.v. 5.000 €, welche von der GmbH eingefordert ist. Die Aktivitäten der GmbH beschränken sich ausschließlich auf die Geschäftsführung der KG.

Die von der KG zum 31.12.2020 erstellte Handelsbilanz entspricht der steuerlich zutreffenden Gesamthandsbilanz. Sie hat folgendes Aussehen:

Handelsbilanz KG 31.12.2020

Grundstück Luitpoldstraße		Kapital I R	180.000 €
Grund und Boden	80.000 €	Kapital I B	180.000 €
Gebäude	200.000 €	Kapital I GmbH	40.000 €
Maschine	64.000 €	Kapital II R	120.000 €
Sonstige Aktiva	2.656.000 €	Kapital II B	80.000 €
		Kapital II GmbH	30.000 €
		Verbindlichkeiten	2.370.000 €
	3.000.000 €		**3.000.000 €**

In den Aktiva sind folgende stillen Reserven enthalten:

Grund und Boden	50.000 €
Gebäude	180.000 €
Maschine	6.000 €

Das Grundstück Luitpoldstraße wurde im Januar 1996 angeschafft. Von den Anschaffungskosten entfielen 80.000 € auf den Grund und Boden und 400.000 € auf das aufstehende Verwaltungsgebäude. Das Gebäude (Baujahr 1965) wurde seither zutreffend linear abgeschrieben.

Die Maschine wurde im Januar 2020 für 80.000 € angeschafft. Die Nutzungsdauer beträgt 5 Jahre. Die Abschreibung erfolgte im Wirtschaftsjahr 2020 linear. Die Restnutzungsdauer beträgt zum 01.01.2021 noch 4 Jahre.

Die Wirtschaftsgüter wurden von der KG in ihrer steuerlichen Hauptbilanz zum 31.12.2021 zutreffend bewertet.

Für das Wirtschaftsjahr 2021 ergibt sich für die KG ein zutreffender handelsrechtlicher Gewinn in Höhe von 50.000 €. Der Wert ist aus steuerlicher Sicht nicht zu beanstanden.

Ereignisse des Jahres 2021 bei der KG:

1. **Ausscheiden Gesellschafter B**
   B, geb. am 20.07.1958, entschloss sich bereits im Dezember 2020 aus Altersgründen aus dem Betrieb auszuscheiden. Er übertrug mit Wirkung zum 01.01.2021 seinen Kommanditanteil mit Zustimmung des R auf Heinz Heinzelmann (H). Die Gegenleistung wird auf Wunsch des H in Form von 13 unverzinslichen Halbjahresraten in Höhe von jeweils 40.000 € erbracht. Die Zahlungen erfolgen jeweils nachschüssig erstmals am 30.06.2021.
   Ebenfalls zum 01.01.2021 übertrug B seinen GmbH-Anteil auf H. Dieser leistete hierfür eine Barzahlung in Höhe von 100.000 €.
2. **Geschäftsführung**
   Geschäftsführerin der KG ist die GmbH. Die monatlich von der KG an die GmbH zu zahlende Geschäftsführungsvergütung beträgt netto 10.000 €. Die KG verbuchte in diesem Zusammenhang im Wirtschaftsjahr 2020 zunächst einen Lohnaufwand in Höhe von insgesamt 120.000 €.
   Aufgrund eines kurzfristigen finanziellen Engpasses bei der KG verzichtete die GmbH Ende Dezember 2021 auf die Geschäftsführervergütung für den Zeitraum Oktober bis Dezember 2021. Die KG buchte die ausstehende Verbindlichkeit in Höhe von 30.000 € gegen Ertrag aus.
   Die GmbH hat R mit der Erledigung der Geschäftsführungsarbeiten für die KG beauftragt. Seine Rechtsstellung entspricht hierbei der eines typischen Arbeitnehmers. Die GmbH zahlt R ein monatliches Gehalt in Höhe von 10.000 €, welches sie stets als Lohnaufwand verbucht.
   Umsatzsteuerlich wurden die Vorgänge in den Buchführungen der KG und der GmbH zutreffend behandelt.
3. **Grundstück „In den Seewiesen"**
   Der Betrieb der KG befindet sich zum Teil auf dem Grundstück „In den Seewiesen". Das Grundstück steht im Eigentum einer GbR, an der R und H hälftig beteiligt sind. Auf dem Grundstück befindet sich das Verkaufs- und Werkstattgebäude der KG. Die GbR vermietet das Grundstück umsatzsteuerfrei für monatlich 10.000 € an die KG. Die Höhe der Miete ist angemessen. Die KG hat die Mietzahlungen in ihrer Buchführung als Aufwand erfasst.
   Das Grundstück wurde von der GbR im Oktober 2014 angeschafft (Bauantrag vor dem 01.04.1985). Die Anschaffungskosten beliefen sich auf 800.000 €, davon entfielen 100.000 € auf den Grund und Boden. Der gemeine Wert (= Teilwert) des Grundstücks betrug im Januar 2021 1 Mio. € (Anteil Grund und Boden = 150.000 €). Die laufenden Grundstückskosten beliefen sich im Wirtschaftsjahr 2021 auf 8.000 €.
   Das Grundstück und die damit zusammenhängenden Einnahmen und Ausgaben wurden in der steuerlichen Gewinnermittlung der KG sowie in den Einkommensteuerveranlagungen von R und H der Jahre 2014 bis 2020 zutreffend behandelt.
4. **Gewinnausschüttung**
   Die Gesellschafter der GmbH beschlossen am 20.12.2021 eine Ausschüttung in Höhe von insgesamt 30.000 €. Die hälftige Auszahlung an R und H erfolgte nach Abzug von Kapitalertragsteuer und Solidaritätszuschlag im Januar 2022.
5. **Haftungsvergütung**
   Die GmbH erhält als Haftungsvergütung einen Vorabgewinn in angemessener Höhe von 5.000 €. Die KG verbucht die Vergütungen stets gewinnneutral.

Geschäftsvorfälle des Jahres 2020 bei der GmbH

Neben der Beteiligung an der KG und den ihr daraus zustehenden Gewinnanteilen und Vergütungen hält die GmbH.

Aktien einer inländischen AG. Die Anschaffungskosten betrugen im Jahr 1999 10.000 €. Aufgrund nachhaltiger Kursverluste nahm die GmbH zum 31.12.2007 eine Teilwertabschreibung in Höhe von 9.000 € vor. Beide Abschreibungen waren steuerlich nicht zu beanstanden. Zum 31.12.2021 stieg der Teilwert der Aktien auf 15.000 €.

Aufgaben:

1. Welche einkommensteuerlichen Folgen ergeben sich im Veranlagungszeitraum 2021 für B aufgrund der Übertragung der Gesellschaftsanteile an der KG bzw. der GmbH?
2. Welche Auswirkungen hat das Ausscheiden des B für die Steuerbilanz der KG?
   Erstellen Sie die Steuerbilanz der KG einschließlich evtl. erforderlicher Ergänzungs- und Sonderbilanzen zum 01.01.2021 nach dem Ausscheiden des B.
3. Entwickeln Sie für die Aktivpositionen Gebäude Luitpoldstraße, Maschine und Firmenwert die Werte zum 31.12.2021 in der steuerlichen Hauptbilanz und der/den Ergänzungsbilanz/en.
4. Wie ist die Geschäftsführungstätigkeit der GmbH bzw. des R ertragsteuerlich zu beurteilen? Auf umsatzsteuerliche Fragen ist hier nicht einzugehen.
5. Beurteilen Sie die steuerliche Behandlung der Vermietungstätigkeit der GbR. Berechnen Sie in diesem Zusammenhang die Höhe der Einkünfte 2021 der Gesellschafter R und H. Gehen Sie dabei im Falle von Gewinneinkünften von einer Gewinnermittlung durch Einnahme-Überschuss-Rechnung nach § 4 Abs. 3 EStG aus.
6. Welche steuerlichen Auswirkungen hat die Gewinnausschüttung der GmbH für ihre Anteilseigner?
7. Erstellen Sie die zur Steuerbilanz der KG evtl. erforderlichen Sonderbilanzen von R und H zum 31.12.2010 einschließlich der dazu gehörenden GuV-Rechnungen.
8. Ermitteln Sie den steuerlichen Gesamtgewinn der KG und nehmen Sie eine Gewinnverteilung vor.
9. Nehmen Sie zu den Geschäftsvorfällen des Jahres 2021 der GmbH aus bilanzsteuerrechtlicher und körperschaftsteuerlicher Sicht Stellung.
10. Berechnen Sie den Jahresüberschuss bzw. Jahresfehlbetrag 2021 der GmbH. Auf die Steuerrückstellungen ist dabei **nicht** einzugehen.
11. Ermitteln Sie den Bilanzansatz des KG-Anteils in der Steuerbilanz der GmbH zum 31.12.2021 ausgehend von einem Vorjahreswert in Höhe von 15.000 €.

Weitere Hinweise!

1. Begründen Sie Ihre Ausführungen unter Hinweis auf die einschlägigen Vorschriften (Gesetze und Richtlinien).
2. Die Beteiligten wünschen möglichst niedrige Einkünfte.
3. Erforderliche Anträge wurden gestellt.

B. Lösungen

I. Einkommensteuerliche Folgen für B

B veräußert seinen Mitunternehmeranteil an H. Der Vorgang ist nach § 16 Abs. 1 Nr. 2 EStG steuerbar. Zum Mitunternehmeranteil des B gehört neben seinem KG-Anteil auch der GmbH-Anteil als notwendiges Sonderbetriebsvermögen II, da sich die Tätigkeit der GmbH auf die Geschäftsführung der KG beschränkt (R 4.2 Abs. 2 S. 2 EStR sowie H 4.2 Abs. 2 „Anteile an Kapitalgesellschaften", 7. Spiegelstrich EStH). Der Veräußerungsgewinn ist nach den Grundsätzen des § 16 Abs. 2 EStG zu berechnen. Für den KG-Anteil ist als Veräußerungspreis der Barwert der Ratenzahlungen anzusetzen (§ 12 Abs. 1 BewG). Dessen Ermittlung erfolgt mit Hilfe der Tabelle 2 des BMF-Schreibens vom 10.10.2010 (Beck'sche Erlasse 200 § 12/1), alternativ mit Hilfe der Anlage 3 des BMF-Schreibens vom 26.05.2005 (Beck'sche Erlasse 1 § 6/19). Die Laufzeit der Ratenzahlung beträgt 6,5 Jahre.

Berechnung:

80.000 € × 5,486 = $\frac{1}{2}$ × (5,839 + 5,133)	438.880 €
Kapitalkonto B (180.000 € + 80.000 €)	./. 260.000 €
Veräußerungsgewinn Gesamthandsbereich	**178.880 €**

Der auf den GmbH-Anteil entfallende Veräußerungsgewinn unterliegt dem Teileinkünfteverfahren.

Berechnung (im Rahmen der ESt-Veranlagung des B):

Veräußerungspreis zu 60 % (§ 3 Nr. 40 Buchst. b EStG)	60.000 €	
Anschaffungskosten zu 60 % (§ 3c Abs. 2 EStG)	./. 15.000 €	
Veräußerungsgewinn Sonderbereich	**45.000 €**	**45.000 €**
Veräußerungsgewinn insgesamt		**223.880 €**

Aufgrund der Vollendung des 55. Lebensjahres steht B der Freibetrag nach § 16 Abs. 4 EStG zu. Der Veräußerungsgewinn übersteigt die Kappungsgrenze des § 16 Abs. 4 S. 3 EStG um 87.880 € (223.880 € ./. 136.000 €). Der Freibetrag beläuft sich auf 0 € (45.000 € ./. 87.880 €).

Die laufenden Ratenzahlungen führen in Höhe ihres Zinsanteils zu Einkünften aus Kapitalvermögen nach § 20 Abs. 1 Nr. 7 EStG. Der Tilgungsanteil der Ratenzahlungen ergibt sich aus einem Vergleich der Barwerte zu Beginn und zum Ende des Veranlagungszeitraums 2020.

Berechnung:

Barwert 01.01.2021	438.880 €
Barwert 31.12.2021	
= 80.000 € × 4,7605 = ½ × (5,133 + 4,388)	./. 380.840 €
Tilgungsanteil	**58.040 €**
Ratenzahlung	80.000 €
Zinsanteil	21.960 €

Nach Abzug des Sparer-Pauschbetrags in Höhe von 801 € (§ 20 Abs. 9 EStG) ergeben sich Einkünfte aus Kapitalvermögen in Höhe von 21.159 €.

II. Steuerbilanz 01.01.2021

H erwirbt steuerrechtlich die anteiligen Wirtschaftsgüter des B. Die Bewertung erfolgt mit dem Teilwert (§ 6 Abs. 1 Nr. 7 EStG). Die anteiligen stillen Reserven sind in einer positiven Ergänzungsbilanz des H zu aktivieren.

Barwert der Ratenzahlungen	438.880 €
Kapitalkonto I + II	./. 260.000 €
Anteilige stille Reserven des B (45 %):	
Grund und Boden	./. 22.500 €
Gebäude	./. 81.000 €
Maschine	./. 2.700 €
Mehrzahlung	**72.680 €**

Für die Mehrzahlung wird widerlegbar vermutet, dass es sich um Anschaffungskosten für den anteiligen Firmenwert handelt. Für diesen besteht als entgeltlich erworbenes immaterielles Wirtschaftsgut des Anlagevermögens ein Aktivierungsgebot (§ 5 Abs. 2 EStG).

Die Ratenschuld stellt notwendiges Sonderbetriebsvermögen II des H dar. Der in den Ratenzahlungen enthaltene Zinsanteil in Höhe von 21.960 € ist eine Sonderbetriebsausgabe.

Handelsbilanz 01.01.2021

Grundstück Luitpoldstraße		Kapital I R	180.000 €
Grund und Boden	80.000 €	Kapital I B	180.000 €
Gebäude	200.000 €	Kapital I GmbH	40.000 €
Maschine	64.000 €	Kapital II R	120.000 €
Sonstige Aktiva	2.656.000 €	Kapital II B	80.000 €
		Kapital II GmbH	30.000 €
		Verbindlichkeiten	2.370.000 €
	3.000.000 €		**3.000.000 €**

Ergänzungsbilanz H 01.01.2021

Grund und Boden	22.500 €	Mehrkapital	178.880 €
Gebäude	81.000 €		
Maschine	2.700 €		
Firmenwert	72.680 €		
	178.880 €		**178.880 €**

Sonderbilanz R 01.01.2021

GmbH-Anteil	25.000 €	Kapital	20.000 €
		Ausstehende Einlage	5.000 €
	25.000 €		**25.000 €**

Sonderbilanz H 01.01.2021

GmbH-Anteil	100.000 €	Ratenschuld	438.880 €
Kapital	338.880 €		
	438.880 €		**438.880 €**

III. Steuerbilanz 31.12.2021

Das Gebäude gehört zum abnutzbaren Anlagevermögen. Die Bewertung erfolgt mit den Anschaffungskosten – AfA (§ 6 Abs. 1 Nr. 1 S. 1 EStG). Der AfA-Satz beträgt 2 % (§ 7 Abs. 4 Nr. 2 Buchst. a EStG).

Hauptbilanz:

Buchwert 01.01.2021	200.000 €
AfA 2 % von 400.000 €	./. 8.000 €
Buchwert 31.12.2021	**192.000 €**

Ergänzungsbilanz H:

Buchwert 01.01.2021		81.000 €
AfA 2 % von 45 % von 380.000 € (= TW)	3.420 €	
Anteilige AfA HB 45 % von 8.000 €	./. 3.600 €	
Minder-AfA	180 €	+ 180 €
Buchwert 31.12.2021		**81.180 €**

Die Maschine ist als abnutzbares bewegliches Wirtschaftsgut des Anlagevermögens mit den Anschaffungskosten – AfA zu bewerten.

Hauptbilanz:

Buchwert 01.01.2021	64.000 €
Lineare AfA (§ 7 Abs. 1 EStG)	./. 16.000 €
Buchwert 31.12.2021	**48.000 €**

Ergänzungsbilanz H:

Buchwert 01.01.2021	2.700 €
Lineare AfA 25 % von 2.700 € (Restnutzungsdauer 4 Jahre) Vgl. Urteil des BFH vom 20.11.2014, IV R 1/11	
Mehr-AfA	./. 675 €
Buchwert 31.12.2021	**2.025 €**

Der Firmenwert wurde aus Sicht der Gesamthandsbilanz selbst geschaffen. Es besteht ein Aktivierungsverbot (§ 5 Abs. 2 EStG). In der Ergänzungsbilanz des H ist er linear auf 15 Jahre abzuschreiben (§ 7 Abs. 1 S. 3 EStG). Die AfA beträgt 4.845 €, der Buchwert zum 31.12.2021 beträgt 67.835 €.

IV. Geschäftsführungstätigkeit

Die Geschäftsführungsvergütung ist sowohl aus der Sicht der GmbH als auch aus der Sicht des R eine Sondervergütung i.S.v. § 15 Abs. 1 Nr. 2 EStG. Die Sondervergütung der GmbH beträgt 90.000 €, die des R 120.000 €. Die von der GmbH an R geleistete Vergütung führt bei der GmbH zu Sonderbetriebsausgaben in Höhe von 120.000 € (§ 4 Abs. 4 EStG). Die Aufwandsbuchungen der KG sind zutreffend. Außerbilanziell kommt es saldiert zu einer Hinzurechnung in Höhe von 90.000 €.

Der Forderungsverzicht ist in Höhe des Nettobetrags von 30.000 € in der Buchführung der KG als Ertrag bzw. Aufwandsminderung zu erfassen. Es handelt sich um eine verdeckte Gewinnausschüttung (§ 8 Abs. 3 S. 2 KStG, R 8.5 Abs. 1 KStR). Bei der GmbH liegt eine Vermögensminderung vor. Die gesellschaftsrechtliche Veranlassung ist gegeben, da die GmbH-Gesellschafter R und H in ihrer Eigenschaft als Kommanditisten der KG von dem Forderungsverzicht durch eine Erhöhung ihrer Gewinnanteile profitieren. Der Verzicht wirkt sich auf den Unterschiedsbetrag i.S.d. § 4 Abs. 1 EStG aus und beruht nicht auf einem ordnungsgemäßen Gewinnverteilungsbeschluss. Die Bewertung der verdeckten Gewinnausschüttung erfolgt mit dem gemeinen Wert. Dabei ist nur der R und H zukommende Vorteil in Höhe von 90 % von 30.000 € = 27.000 € zu berücksichtigen.

Bei der KG sind auf der ersten Stufe der additiven Gewinnermittlung der Gewinnanteil der GmbH um 27.000 € zu erhöhen und die Gewinnanteile von R und H um jeweils 13.500 € zu verringern. Beide Korrekturen erfolgen außerbilanziell. In den Sonderbilanzen von R und H entstehen Sonderbetriebseinnahmen in Höhe von jeweils 13.500 € (§ 20 Abs. 1 Nr. 1 und Abs. 8 EStG). Diese sind nach dem Teileinkünfteverfahren zu 40 % steuerfrei (§ 3 Nr. 40 Buchst. d und S. 2 EStG). Die Steuerfreistellung erfolgt außerbilanziell im Rahmen der Einkommensteuerveranlagungen von R und H (Bruttomethode).

V. Vermietungstätigkeit GbR

Zwischen der GbR (Besitzgesellschaft) und der KG (Betriebsgesellschaft) besteht seit dem 01.01.2021 eine mitunternehmerische Betriebsaufspaltung. Es liegt eine personelle Verflechtung vor, da beide Gesellschaften von der Personengruppe R und H beherrscht werden (H 15.7 Abs. 6 „Beherrschungsidentität" EStH). Die sachliche Verflechtung ergibt sich durch die Vermietung des Grundstücks „In den Seewiesen", welches eine wesentliche Betriebsgrundlage darstellt. R und H erzielen durch die Vermietung gewerbliche Einkünfte nach § 15 Abs. 1 und 2 EStG. Das Grundstück „In den Seewiesen" ist bei der GbR als notwendiges Betriebsvermögen zu erfassen (R 4.2 Abs. 11 S. 1 EStR). Diese Erfassung geht der Zurechnung zum Sonderbetriebsvermögen der KG vor (H 15.7 Abs. 4 „Mitunternehmerische Betriebsaufspaltung" EStH).

Die Grundstückshälfte des H war bis zu dessen Eintritt in die KG notwendiges Privatvermögen. Zum 01.01.2021 erfolgt eine Einlage des anteiligen Grund und Bodens und des anteiligen Gebäudes (§ 4 Abs. 1

S. 8 EStG). Die Einlagen sind mit dem Teilwert zu bewerten (§ 6 Abs. 1 Nr. 5 S. 1 EStG). Eine Begrenzung auf die Höhe der Anschaffungskosten findet nicht statt, da die Anschaffung mehr als 3 Jahre zurückliegt. Der Einlagewert des Grund und Bodens beträgt 75.000 €, der des Gebäudes 425.000 €. Das Gebäude ist gem. § 7 Abs. 4 Nr. 2 Buchst. a EStG mit 2 % abzuschreiben, da der Bauantrag vor dem 01.04.1985 gestellt wurde. Die AfA-Bemessungsgrundlage entspricht dem Einlagewert, vermindert um die im Rahmen der Einkünfte aus Vermietung und Verpachtung vorgenommenen Abschreibungsbeträge (§ 7 Abs. 1 S. 5 EStG).

Berechnung der AfA:

Einlagewert	425.000 €
AfA Oktober 2014 – Dezember 2020	
2 % von 350.000 € = 7.000 €	
davon $^{75}/_{12}$	./. 43.750 €
AfA-Bemessungsgrundlage	**381.250 €**
(> fortgeführte AK i.H.v. 306.250 €)	
davon 2 %	**7.625 €**

Die Grundstückshälfte des R war bis zum 31.12.2020 notwendiges Sonderbetriebsvermögen I in der Steuerbilanz der KG, da es dieser unmittelbar diente (R 4.2 Abs. 2 S. 2 und Abs. 12 S. 1 EStR). Zum 01.01.2021 findet ein Wechsel zum Gesamthandsvermögen der GbR statt. Die Übertragung erfolgt zum Buchwert (§ 6 Abs. 5 S. 3 Nr. 2 und S. 1 EStG). Der Buchwert des Grund und Bodens beträgt 50.000 €, der des Gebäudes 306.250 € (350.000 € ./. $^{75}/_{12}$ von 7.000 €). Die AfA 2021 beträgt weiterhin 7.000 €.

Gewinnermittlung	**R**	**H**
Mieteinnahmen	60.000 €	60.000 €
Grundstückskosten	./. 4.000 €	./. 4.000 €
AfA	./. 7.000 €	./. 7.625 €
Gewinn	**49.000 €**	**48.375 €**

VI. Gewinnausschüttung

Die Gewinnausschüttung führt bei R und H zu Sonderbetriebseinnahmen, da die GmbH-Anteile im Sonderbetriebsvermögen gehalten werden (§ 20 Abs. 1 Nr. 1 und Abs. 8 EStG). Die Forderungen stellen notwendiges Sonderbetriebsvermögen II von R und H dar. Zum 31.12.2021 ist in den Sonderbilanzen jeweils eine Forderung in Höhe des Bruttobetrags von 15.000 € zu erfassen. Der Betrag ist zu 40 % steuerfrei (§ 3 Nr. 40 Buchst. d und S. 2 EStG). Die Freistellung erfolgt außerbilanziell im Rahmen der Einkommensteuerveranlagungen der Gesellschafter.

VII. Sonderbilanzen 31.12.2021

Sonderbilanz R 31.12.2021

GmbH-Anteil	25.000 €	Kapital	35.000 €
Forderung	15.000 €	Ausstehende Einlage	5.000 €
	40.000 €		**40.000 €**

Sonderbilanz H 31.12.2021

GmbH-Anteil	100.000 €	Ratenschuld	380.840 €
Forderung	15.000 €		
Kapital	265.840 €		
	380.840 €		**380.840 €**

Sonder-GuV R

Gewinn	28.500 €	Beteiligungsertrag	15.000 €
		VGA	13.500 €
	28.500 €		**28.500 €**

Sonder-GuV H

Zinsaufwand	21.960 €	Beteiligungsertrag	15.000 €
Gewinn	6.540 €	VGA	13.500 €
	28.500 €		**28.500 €**

VIII. Gewinnermittlung und -verteilung

HB-Gewinn		50.000 €
Ergänzungsbilanzverlust H		
Minder-AfA Gebäude	+ 180 €	
Mehr-AfA Maschine	./. 675 €	
AfA Firmenwert	./. 4.845 €	
Ergänzungsbilanzverlust	**5.340 €**	./. 5.340 €
Sondervergütung GmbH		+ 90.000 €
Sonderbetriebsausgaben GmbH		./. 120.000 €
Sondervergütung R		+ 120.000 €
Sonderbilanzgewinn R		+ 28.500 €
Sonderbilanzgewinn H		+ 6.540 €
Außerbilanzielle Korrekturen		
Gewinnanteil GmbH		+ 27.000 €
Gewinnanteile R und H		./. 27.000 €
Steuerlicher Gesamtgewinn		**169.700 €**

Gewinnverteilung	gesamt	R	H	GmbH
Gewinn	169.700 €			
Ergänzungsbilanz H	+ 5.340 €		./. 5.340 €	
Haftungsvergütung	./. 5.000 €			5.000 €
GF-Vergütung	./. 90.000 €			90.000 €
Sonder-BA	+ 120.000 €			./. 120.000 €
GF-Vergütung	./. 120.000 €	120.000 €		
Sonderbilanz R	./. 28.500 €	28.500 €		
Sonderbilanz H	./. 6.540 €		6.540 €	
Rest 45/45/10	45.000 €	20.250 €	20.250 €	4.500 €
Außerbilanziell		./. 13.500 €	./. 13.500 €	27.000 €
Gewinnanteile		**155.250 €**	**7.950 €**	**6.500 €**

IX. Geschäftsvorfälle 2021 der GmbH

Bei den Aktien kommt es durch die Wertsteigerung zwingend zu einer Zuschreibung auf die Höhe der Anschaffungskosten (§ 6 Abs. 1 Nr. 2 S. 3 i.V.m. § 6 Abs. 1 Nr. 1 S. 4 EStG), verbunden mit einer Erhöhung des Jahresüberschusses um 9.000 €. Die zum 31.12.2007 vorgenommene Teilwertabschreibung hatte keine Einkommensauswirkung (§ 8b Abs. 3 S. 3 KStG). Der Wertaufholungsgewinn ist grundsätzlich steuerfrei (§ 8b Abs. 2 S. 3 KStG). Außerbilanziell ist der Jahresüberschuss um 9.000 € zu mindern und um 5 % = 450 € zu erhöhen (§ 8b Abs. 3 S. 1 KStG).

X. Jahresüberschuss der GmbH

Erträge:			
Haftungsvergütung		5.000 €	
Gewinnanteil KG		+ 4.500 €	
GF-Vergütung		+ 90.000 €	
Zinsertrag		+ 2.000 €	
Ertrag aus Wertaufholung Aktien		+ 9.000 €	
Summe der Erträge		**110.500 €**	**110.500 €**
Aufwendungen:			
Geschäftsführergehalt R	120.000 €		
Summe Aufwendungen	**120.000 €**		**./. 120.000 €**
Jahresfehlbetrag			**9.500 €**

XI. Bilanzansatz KG-Anteil

Der Mitunternehmeranteil ist kein nach § 6 EStG bewertbares Wirtschaftsgut. Der Ausweis in der Steuerbilanz der GmbH erfolgt in Höhe des Kapitalkontos der GmbH in der Steuerbilanz der KG (sog. Spiegelbildmethode).

Bei der Berechnung sind nur diejenigen Anteile der GmbH am Steuerbilanzgewinn der KG zu berücksichtigen, die das Kapitalkonto der GmbH in der Steuerbilanz der KG beeinflussen. Außerbilanzielle Korrekturen (Geschäftsführergehalt, vGA) bleiben außer Betracht.

Vorjahreswert	15.000 €
Haftungsvergütung	+ 5.000 €
Gewinnanteil	+ 4.500 €
Wert des KG-Anteils	**24.500 €**

Punktetabelle zur Übungsklausur aus dem Gebiet Besteuerung der Gesellschaften

	Punkte
I. Einkommensteuerliche Folgen für B	
§ 16 Abs. 1 Nr. 2 EStG: Veräußerung Mitunternehmeranteil	1 (1)
R 4.2 Abs. 2 S. 2 EStR: GmbH-Anteil ist notwendiges SoBV II + Begründung	1 (2)
Umfang des Mitunternehmeranteils = KG-Anteil + GmbH-Anteil	1 (3)
§ 12 Abs. 1 BewG: Barwert der Ratenzahlungen	1 (4)
Laufzeit 6,5 Jahre	1 (5)
Berechnung 438.880 €	1 (6)
Berechnung Veräußerungsgewinn Gesamthandsbereich = 178.880 €	1 (7)
§ 3 Nr. 40 Buchst. b EStG: Veräußerungspreis zu 60 %	1 (8)

	Punkte
§ 3c Abs. 2 EStG: AK zu 60 %	1 (9)
§ 16 Abs. 4 EStG: Freibetrag, da 55. Lebensjahr vollendet	1 (10)
Berechnung Freibetrag = 0 €	1 (11)
§ 20 Abs. 1 Nr. 7 EStG: Zinsanteil = Kapitaleinkünfte	1 (12)
Berechnung Barwert 31.12.2020 = 380.840 €	1 (13)
Berechnung Tilgungsanteil = 58.040 €	1 (14)
Berechnung Zinsanteil = 21.960 €	1 (15)
§ 20 Abs. 9 EStG: Sparer-Pauschbetrag = 801 €	1 (16)
II. Steuerbilanz 01.01.2021	
Erwerb der anteiligen WG	1 (17)
Aktivierung der stillen Reserven in einer positiven Ergänzungsbilanz	1 (18)
Barwert Ratenzahlung – Kapitalkonten I + II	1 (19)
Berechnung Mehrzahlung 72.680 €	1 (20)
Mehrzahlung = AK Firmenwert	1 (21)
§ 5 Abs. 2 EStG: Aktivierungsgebot als immaterielles WG	1 (22)
Ratenschuld = notwendiges SoBV II	1 (23)
Zinsanteil = SoBA	1 (24)
Handelsbilanz 01.01.2021	1 (25)
Handelsbilanz 01.01.2021	1 (26)
Ergänzungsbilanz H 01.01.2021	1 (27)
Ergänzungsbilanz H 01.01.2021	1 (28)
Sonderbilanz R 01.01.2021	1 (29)
Sonderbilanz H 01.01.2021	1 (30)
III. Steuerbilanz 31.12.2021	
§ 6 Abs. 1 Nr. 1 EStG: Bewertung Gebäude mit AK – AfA	1 (31)
§ 7 Abs. 4 Nr. 2 Buchst. a EStG: AfA-Satz 2 %	1 (32)
AfA Hauptbilanz = 8.000 €, Buchwert = 192.000 €	1 (33)
Steuerliche AfA H = 3.420 €	1 (34)
Anteilige AfA H lt. HB = 3.600 €	1 (35)
Minder-AfA 180 € + Buchwert 81.180 €	1 (36)
§ 7 Abs. 1 EStG: AfA Maschine in Hauptbilanz = 16.000 €	1 (37)
AfA in Ergänzungsbilanz H = 2.700 € : 4 Jahre Restnutzungsdauer	1 (38)
Mehr-AfA 675 € + Buchwert 2.025 €	1 (39)
§ 7 Abs. 1 S. 3 EStG: AfA Firmenwert = 4.845 € + Buchwert 67.835 €	1 (40)

	Punkte
IV. Geschäftsführertätigkeit	
§ 15 Abs. 1 Nr. 2 EStG: Sondervergütung GmbH = 90.000 €	1 (41)
Sondervergütung R = 120.000 €	1 (42)
Sonder-BA GmbH = 120.000 €	1 (43)
Außerbilanzielle Korrektur + 90.000 €	1 (44)
Forderungsverzicht = Aufwandsminderung KG	1 (45)
§ 8 Abs. 3 S. 2 KStG: vGA	1 (46)
Vermögensminderung bei GmbH + gesellschaftsrechtliche Veranlassung	1 (47)
Auswirkung auf den Unterschiedsbetrag + kein Gesellschafterbeschluss	1 (48)
Bewertung mit 90 % = 27.000 €	1 (49)
Erhöhung Gewinnanteil GmbH um 27.000 €	1 (50)
Verringerung Gewinnanteile R + H um jeweils 13.500 €	1 (51)
§ 20 Abs. 1 Nr. 1 und Abs. 8 EStG: SoBE R + H jeweils 13.500 €	1 (52)
§ 3 Nr. 40 Buchst. d EStG: Teileinkünfteverfahren	1 (53)
Berücksichtigung erst in ESt-Veranlagung	1 (54)
V. Vermietungstätigkeit GbR	
Mitunternehmerische Betriebsaufspaltung ab 01.01.2021	1 (55)
Personelle Verflechtung durch Beherrschungsidentität	1 (56)
Sachliche Verflechtung durch Überlassung Grundstück	1 (57)
§ 15 Abs. 1 und 2 EStG: Gewerbliche Einkünfte	1 (58)
R 4.2 Abs. 11 EStR: Grundstück ist notwendiges BV	1 (59)
Vorrang vor SoBV	1 (60)
Grundstückshälfte H bisher notwendiges PV	1 (61)
§ 4 Abs. 1 S. 8 EStG: Einlage	1 (62)
§ 6 Abs. 1 Nr. 5 EStG: Bewertung mit TW	1 (63)
Keine Begrenzung, da Anschaffung vor > 3 Jahren	1 (64)
Einlagewerte 75.000 € bzw. 425.000 €	1 (65)
§ 7 Abs. 4 Nr. 2 Buchst. a EStG: AfA-Satz 2 %	1 (66)
§ 7 Abs. 1 S. 5 EStG: AfA-Bemessungsgrundlage = TW – AfA im PV	1 (67)
AfA im PV = 43.750 €	1 (68)
Berechnung AfA = 7.625 €	1 (69)
R 4.2 Abs. 12 EStR: Grundstückshälfte R bisher notwendiges SoBV I	1 (70)
§ 6 Abs. 5 S. 3 Nr. 2 EStG: Wechsel ins Gesamthandsvermögen zum Buchwert	1 (71)
Buchwert = 50.000 € bzw. 306.250 €	1 (72)

	Punkte
AfA 2021 = 7.000 €	1 (73)
Gewinnermittlung R	1 (74)
Gewinnermittlung H	1 (75)
VI. Gewinnausschüttung	
§ 20 Abs. 1 Nr. 1 und Abs. 8 EStG: SoBE	1 (76)
Forderung ist notwendiges SoBV II	1 (77)
§ 3 Nr. 40 Buchst. d EStG: Teileinkünfteverfahren in ESt-Veranlagungen	1 (78)
VII. Sonderbilanzen 31.12.2021	
Sonderbilanz R	1 (79)
Sonderbilanz H	1 (80)
Sonder-GuV R	1 (81)
Sonder-GuV H	1 (82)
VIII. Gewinnermittlung und -verteilung	
HB-Gewinn 50.000 € – Ergänzungsbilanzverlust 5.340 €	1 (83)
Sondervergütungen und Sonderbilanzgewinne	1 (84)
Außerbilanzielle Korrekturen + Ergebnis 169.700 €	1 (85)
Gewinnverteilung	1 (86)
Gewinnverteilung	1 (87)
IX. Geschäftsvorfälle 2021 GmbH	
§ 6 Abs. 1 Nr. 2 S. 2 EStG: Zuschreibung Aktien auf AK	1 (88)
§ 8b Abs. 3 S. 3 KStG: TWA 2007 einkommensneutral	1 (89)
§ 8b Abs. 2 S. 2 KStG: Wertaufholungsgewinn auf TWA 2007 ist steuerfrei	1 (90)
JÜ + 9.000 € (innerbilanziell)	1 (91)
außerbilanzielle Korrektur minus 9.000 €	1 (92)
§ 8b Abs. 3 KStG: + 5 % = 450 €	1 (93)
X. Jahresüberschuss GmbH	
Haftungsvergütung + Gewinnanteil KG	1 (94)
GF-Vergütung	1 (95)
Wertaufholungsgewinn	1 (96)
Geschäftsführergehalt R 120.000 €, folgerichtiger Jahresfehlbetrag (= 9.500 €)	1 (97)
XI. Bilanzansatz KG-Anteil	
Spiegelbildtheorie ! Summe der Kapitalkonten	1 (98)

	Punkte
Vorjahreswert + Haftungsvergütung	1 (99)
Gewinnanteil + Ergebnis = 24.500 €	1 (100)

Notentabelle		
Korrekturpunkte	**Punkte nach § 6 Abs. 1 StBAPO**	**Note**
100–95	15	1
94–91	14	
90–86	13	2
85–82	12	
81–77	11	
76–73	10	3
72–68	9	
67–64	8	
63–59	7	4
58–55	6	
54–50	5	
49–40	4	5
39–30	3	
29–20	2	
19–10	1	6
9–0	0	

B. Mündliche Prüfung

I. Mündliche Prüfung aus dem Gebiet Steuern vom Einkommen und Ertrag

Prüfer: Meine Damen und Herren, ich begrüße Sie zur mündlichen Prüfung im Ertragsteuerrecht und wünsche Ihnen im folgenden etwa 30 minütigen Prüfungsgespräch viel Erfolg.
Zu Beginn der Prüfung möchte ich mich mit Ihnen über das Thema »Gesamtrechtsnachfolge« unterhalten. Was bedeutet eigentlich »Gesamtrechtsnachfolge«?

Student: Die zivilrechtliche Gesamtrechtsnachfolge ist in § 1922 BGB geregelt und bedeutet, dass mit dem Tod einer Person deren gesamtes Vermögen als Ganzes auf eine oder mehrere andere Personen übergeht.

Prüfer: Das ist korrekt. Nun kann ja der von Ihnen angesprochene Übergang von Vermögen in verschiedenen Konstellationen erfolgen. Auf welche Art kann ganz allgemein – unabhängig von der Gesamtrechtsnachfolge – Vermögen übertragen werden?

Student: Eine Vermögensübertragung kann unentgeltlich, teilentgeltlich oder vollentgeltlich erfolgen.

Prüfer: Genau! Angenommen, der Steuerpflichtige S stirbt am 15.07.2021, Alleinerbe des Vermögens ist sein Sohn Max. Welche steuerlichen Folgen löst der Tod beim Erblasser sowie beim Erben aus?

Student: Die persönliche Steuerpflicht des Erblassers endet mit dem Tod. Ihm sind die aus dem übertragenen Vermögen erzielten Einkünfte bis zum Todeszeitpunkt zuzurechnen.

Der Erbe ist unentgeltlicher Gesamtrechtsnachfolger des Erblassers (§ 1922 BGB). Das Erbe geht als Ganzes in dem Zustand auf den Erben über, in dem es sich beim Erblasser zum Todeszeitpunkt befand. Der Erbe setzt gleichsam die Person des Erblassers fort.

Prüfer: Sehr schön. Wie ist der Erbanfall ertragsteuerlich zu werten? Löst das Erbe selbst eine sachliche Einkommensteuerpflicht aus?

Student: Der Erbanfall löst eine sachliche Steuerpflicht beim Erben aus, da die Vermögensgegenstände auf ihn übergehen.

Prüfer: Verstehe ich Sie richtig, dass die Erbschaft ein steuerbarer Vermögensanfall ist, welcher der Einkommensteuer unterliegt?

Student: Meine Aussage war wohl nicht richtig. Der Erbanfall selbst stellt eine nichtsteuerbare Vermögensumschichtung dar, die sich auf der privaten Vermögenssphäre abspielt.

Prüfer: Welche Vorschrift im EStG regelt denn die sachliche Steuerpflicht?

Student: Die sachliche Einkommensteuerpflicht ist in § 2 EStG geregelt; sie ist gegeben, wenn der Steuerpflichtige zumindest eine der in § 2 Abs. 1 Satz 1 EStG aufgeführten sieben Einkunftsarten erzielt.

Prüfer: Das ist korrekt. Ich möchte aber noch einmal genauer nachfragen: Unterliegt die Gesamtrechtsnachfolge nach der Reinvermögenszuwachstheorie nicht doch der sachlichen Einkommensteuerpflicht?

Student: Jetzt haben Sie mich aber verunsichert. Lassen Sie mich nochmal laut nachdenken: Der Erbanfall selbst ist ein Vermögenszuwachs beim Erben. Wie ich eben schon sagte, findet die Gesamtrechtsnachfolge auf der privaten Vermögensebene statt. Nach der Reinvermögenszuwachstheorie unterliegt grundsätzlich jeder Vermögenszugang der Einkommensbesteuerung. Danach würden unter anderem auch Erwerbe von

Todes wegen oder Schenkungen unter Lebenden zum Einkommen gehören. In § 2 EStG ist aber nicht die absolute Reinvermögenszuwachstheorie normiert, sondern die sachliche Steuerpflicht geht von den Erträgen aus, die dem Steuerpflichtigen aus den dort genannten Einkunftsarten zufließen. Die Regelung des § 2 EStG spiegelt also eher die Quellentheorie wieder.

Prüfer: Sie haben das sehr schön herausgearbeitet. Was glauben Sie, unterliegt nun der sachlichen Steuerpflicht: der Vermögenszuwachs oder der Ertragszufluss?

Student: Im Grunde besteht ein Mischsystem. Die Gewinneinkünfte (§ 2 Abs. 2 Nr. 1 EStG) orientieren sich an der Reinvermögenszuwachstheorie, die Überschusseinkünfte (§ 2 Abs. 2 Nr. 2 EStG) an der Quellentheorie. Diese Zweiteilung bezeichnet man auch als Dualismus der Einkünfteberechnung.

Prüfer: Sehr schön. Wenn nun das Vermögen des verstorbenen Steuerpflichtigen S – wie eingangs schon erwähnt – am 15.07.2021 auf den Sohn Max übergeht, wem sind dann eigentlich die daraus erzielten Einkünfte im Veranlagungszeitraum 2021 zuzurechnen?

Student: Die persönliche Einkommensteuerpflicht des Erblassers S endet mit seinem Tod. Der verkürzte Ermittlungszeitraum für die Einkommensteuer-Veranlagung endet somit am 15.07.2021. Die Einkommensteuer beim Erblasser entsteht mit Ablauf des Veranlagungszeitraums 2021, wobei dessen Steuerschuld auf den Rechtsnachfolger Max übergeht. Ebenfalls mit Ablauf des Veranlagungszeitraums 2021 entsteht die Steuerschuld des Rechtsnachfolgers Max. Die insgesamt entstandene Einkommensteuer für den Veranlagungszeitraum 2021 wird durch die Tatbestandsverwirklichung sowohl durch den Erblasser S als auch durch dessen Erben Max ausgelöst.

Prüfer: Moment, habe ich Sie richtig verstanden? Sie sind der Meinung, dass die gesamte Einkommensteuer 2021 durch zwei getrennte Entstehungstatbestände verwirklicht wird? Können Sie Ihre Auffassung durch ein Beispiel präzisieren?

Student: Genauso habe ich das gemeint. Wenn z.B. ein Gewerbebetrieb durch Gesamtrechtsnachfolge auf den Erben übergeht, dann verwirklicht der Erblasser bis zu seinem Tod selbst die Tatbestände, an die das Gesetz die Steuerpflicht knüpft. Mit Eintritt der Gesamtrechtsnachfolge verwirklicht der Erbe selbst diese Tatbestände.

Prüfer: Die Einkünfte aus Gewerbebetrieb, die der Rechtsnachfolger bezieht, gelten die nicht nach dem Prinzip der Rechtsnachfolge aus der ehemaligen Tätigkeit des Erblassers als bezogen – Stichwort: Fußstapfentheorie?

Student: Eine Verbindung der einzelnen Merkmale der Steuertatbestände findet nicht statt. Die Gesamtrechtsnachfolge des § 45 Abs. 1 AO bewirkt, dass der Gesamtrechtsnachfolger an Stelle seines Rechtsvorgängers Gläubiger oder Schuldner wird. Der Erbe bezieht allerdings seine Einkünfte nicht unter dem Gesichtspunkt der Rechtsnachfolge aus einer ehemaligen Tätigkeit des Erblassers, sondern kraft eigener Verwirklichung des Einkünftetatbestandes.

Prüfer: Ist es nicht egal, ob der Erbe die Steuer insgesamt als seine eigene schuldet oder ob er sie lediglich nur zum Teil als seine eigene und zum Teil als Rechtsnachfolger schuldet?

Student: Nein, der wesentliche Unterschied besteht darin, dass für die eigene Schuld des Erben die Erbenhaftung des § 1967 Abs. 1 BGB nicht in Betracht kommt.

Prüfer: Nehmen wir an, der Erblasser erzielte bis zu seinem Tod am 15.07.2021 Einkünfte aus allen sieben Einkunftsarten. Erben sind die beiden Söhne Max und Matthias je zur Hälfte.
Nehmen wir weiter an, die Einnahmen (Lohn) des Erblassers aus § 19 EStG betrugen für Januar bis Juni des Kalenderjahres 2021 monatlich 10.000 € und im Todesmonat Juli ebenfalls 10.000 €. Ab August sind nach vertraglicher Regelung an die Hinterbliebenen 6 Monate lang jeweils 6.000 €, danach monatlich jeweils 2.000 € zu zahlen. Die Auszahlung soll immer am letzten Werktag des jeweiligen Monats erfolgen. Stellen Sie sich vor, Sie sind der Arbeitgeber. Welche Überlegungen stellen Sie an?

Student: Ich würde zunächst denken: Muss der Mensch jetzt sterben und mir so viele Probleme bereiten! Nein, Spaß beiseite.

Die Überlegung ist doch, an wen zahle ich nach dem Tod meines Arbeitnehmers das Geld aus. Ich würde mich dafür entscheiden, das Geld an die Erbengemeinschaft Max und Matthias auszuzahlen.

Prüfer: Sie würden demzufolge an die Erbengemeinschaft Max und Matthias im Juli 2021 am letzten Werktag 10.000 € auszahlen?

Student: Ja, oder ist das falsch? Moment, ich muss ja als Arbeitgeber Steuern und Sozialversicherungsbeiträge vom Bruttolohn einbehalten und für den Arbeitnehmer abführen. Jetzt sehe ich schon ein Problem. Die Frage ist, wie wird die Lohnsteuer für einen Verstorbenen einbehalten? Da ja nach dem Prinzip der Einkommensteuer die Steuerpflicht mit dem Tode endet, kann nach dem Tod des Steuerpflichtigen für diesen keine Einkommensteuer bzw. Lohnsteuer mehr entstehen.

Prüfer: Die zu klärende Frage ist zunächst, ob die Steuerschuld auf den vom Erblasser oder auf den von den Erben verursachten Tatbestandsverwirklichungen beruht.
Konkret gefragt: Wann bzw. wie werden die Tatbestandsmerkmale des § 19 EStG verwirklicht?

Student: Maßgeblich für die Verwirklichung des Steueranspruchs i.S.d. § 19 EStG ist das Zuflussprinzip des § 11 Abs. 1 EStG, welches bei den Überschusseinkünften grundsätzlich anzuwenden ist. Die Besonderheit des § 38a Abs. 1 Satz 2 EStG kann in unserem Fall außer Betracht bleiben. Für die Monate Januar bis Juni 2021 verwirklicht der Erblasser selbst die Tatbestände des § 19 EStG. Er selbst ist Arbeitnehmer und die Lohnsteuer ist nach seinen Lohnsteuerabzugsmerkmalen einzubehalten. Nach § 38 Abs. 3 Satz 1 EStG ist die Lohnsteuer bei jeder Lohnzahlung vom Arbeitslohn einbehalten.

Für den Todesmonat Juli stellt sich die Frage, nach wessen Lohnsteuerabzugsmerkmalen die Lohnsteuer einzubehalten ist. Man könnte den Bruttoarbeitslohn:

1. zeitanteilig – hier zur Hälfte – dem Erblasser und den Erben,
2. insgesamt dem Erblasser oder
3. insgesamt den Erben

zurechnen.

Prüfer: In Ordnung, das Das haben Sie sehr schön herausgearbeitet Von den drei dargestellten Alternativen, hat sich die Verwaltung für die zweite Möglichkeit entschieden. In R 19.9 Abs. 1 Satz 2 LStR heißt es: »Bei laufendem Arbeitslohn, der im Sterbemonat oder für den Sterbemonat gezahlt wird, kann der Steuerabzug aus Vereinfachungsgründen noch nach den steuerlichen Merkmalen des Verstorbenen vorgenommen werden; die Lohnsteuerbescheinigung ist jedoch auch in diesem Falle für den Erben auszustellen und zu übermitteln.«
Kommen wir nun zum Begriff „Arbeitnehmer" i.S.d. Lohnsteuerrechts. Können Sie ihn definieren?

Student: Nach § 1 Abs. 1 LStDV sind Arbeitnehmer Personen, die im öffentlichen oder privaten Dienst angestellt oder beschäftigt sind oder waren und die aus diesem Dienstverhältnis oder einem früheren Dienstverhältnis Arbeitslohn beziehen. Arbeitnehmer sind auch die Rechtsnachfolger dieser Personen, soweit sie Arbeitslohn aus dem früheren Dienstverhältnis ihres Rechtsvorgängers beziehen.

Prüfer: Genau, und was versteht man unter dem Begriff „Arbeitslohn“.

Student: Arbeitslohn sind alle Einnahmen, die dem Arbeitnehmer aus dem Dienstverhältnis zufließen. Es ist unerheblich, unter welcher Bezeichnung oder in welcher Form die Einnahmen gewährt werden. Zum Arbeitslohn gehören auch Einnahmen aus einem früheren Dienstverhältnis, unabhängig davon, ob sie dem zunächst Bezugsberechtigten oder seinem Rechtsnachfolger zufließen. Das steht in § 2 Abs. 1 und Abs. 2 Nr. 2 LStDV.

Prüfer: So ist es. In unserem Sachverhalt sind ab August 2021 für sechs Monate jeweils 6.000 € an die Hinterbliebenen zu zahlen. Können Sie diese Zahlungen bitte lohnsteuerlich einordnen?

Student: Nach § 19 Abs. 1 Nr. 2 EStG handelt es sich um Arbeitslohn aus einem früheren Dienstverhältnis. Hinterbliebenenbezüge stellen dabei nach § 19 Abs. 2 Satz 2 Nr. 2 EStG Versorgungsbezüge dar. Hierfür ist die Altersgrenze des 63. Lebensjahres nicht anzuwenden.

Prüfer: Okay, und wie werden diese Versorgungsbezüge versteuert?

Student: Es wird ein Versorgungsfreibetrag und ein Zuschlag zum Versorgungsfreibetrag nach der Tabelle in § 19 Abs. 2 Satz 3 EStG berücksichtigt.

Prüfer: Richtig, aber abgesehen von diesen Freibeträgen muss der Arbeitgeber doch auch Lohnsteuern und Annexsteuern einbehalten. Dazu sind die steuerlichen Merkmale des Arbeitnehmers erforderlich. Welches Problem stellt sich dabei für den Arbeitgeber in unserem Fall?

Student: Zu klären ist:

1. an wen zahlt der Arbeitgeber den Arbeitslohn aus und
2. wessen steuerliche Merkmale werden dem Lohnsteuerabzug zugrunde gelegt.

Ich würde vorschlagen, der Arbeitgeber sucht sich einen Zahlungsempfänger aus und legt dabei dessen Merkmale für den Lohnsteuerabzug zugrunde.

Durch die Zahlung von dem Erblasser zustehenden Arbeitslohn an die Erben oder Hinterbliebenen werden diese nach § 1 Abs. 1 Satz 2 LStDV steuerlich ebenfalls zu Arbeitnehmern.

Prüfer: Sehr schön, darauf wollte ich hinaus. Das genaue Verfahren möchte ich nicht weiter vertiefen; es ist in R 19.9 LStR und den zugehörigen Hinweisen geregelt.
Angenommen, der Erblasser hatte Einkünfte aus Gewerbebetrieb nach § 15 Abs. 1 Nr. 1 EStG. Welche Rechtsfolgen treten in diesem Fall für die Erben ein?

Student: Die Erbengemeinschaft wird ab dem Zeitpunkt der Gesamtrechtsnachfolge als Mitunternehmerschaft behandelt (BMF-Schreiben vom 14.03.2006, BStBl I 2006, 253, Rz. 1 und 3). Die laufenden Einkünfte sind den einzelnen Miterben als Mitunternehmer nach dem allgemeinen Gewinnverteilungsschlüssel zuzurechnen, der sich bei den Miterben grundsätzlich nach ihren Erbteilen bestimmt (§ 2038 Abs. 2, § 743 Abs. 1 BGB).

Prüfer: Weiter angenommen, die Erben wickeln den Betrieb sofort nach dem Erbfall ab und stellen die betriebliche Tätigkeit ein. Gelten dann die von Ihnen soeben dargestellten Grundsätze ebenfalls?

Student: Die Beurteilung hängt nicht von der Länge des Zeitraums ab, in dem die Erbengemeinschaft das Unternehmen weiterführt. Auch wenn die Erben ein Unternehmen frühzeitig nach dem Erbfall abwickeln und einstellen oder es auf eine andere Person übertragen, haben sie zunächst die Eigenschaft von Mitunternehmern erlangt und behalten diese bis zur Betriebsbeendigung oder Auseinandersetzung über den Betrieb.

Prüfer: Im Grundsatz korrekt. Ist Ihnen darüber hinaus auch eine Konstellation bekannt, nach der die laufenden Gewinneinkünfte nicht den einzelnen Miterben quotal, sondern nur einem Erben in voller Höhe zugerechnet werden?

Student: Ich kann mich an einen Fall aus dem Unterricht erinnern, nach dem im Zusammenhang mit der Erbauseinandersetzung die laufenden Einkünfte rückwirkend allein dem Erben zuzuordnen sind, der den Betrieb übernimmt. Voraussetzung dafür ist allerdings die Erbauseinandersetzung innerhalb eines Zeitraums von sechs Monaten nach dem Erbfall (BMF-Schreiben vom 14.03.2006, BStBl I 2006, Rz. 8).

Prüfer: Ganz genau. Angenommen, der Erblasser hatte den Betrieb verpachtet. Hatte der Erblasser Einkünfte aus § 15 EStG und sind dies auch weiterhin Einkünfte aus § 15 EStG bei den Erben?

Student: Bei einer Betriebsverpachtung im Ganzen hat der Verpächter dann Einkünfte aus § 15 EStG, wenn er sein Verpächterwahlrecht nicht ausgeübt hat. Es ist grundsätzlich ohne zeitliche Begrenzung so lange von einer Fortführung des Betriebs auszugehen, wie eine Betriebsaufgabe nicht erklärt worden ist (§ 16 Abs. 3b EStG).

Prüfer: Sie haben den zweiten Teil meiner Frage noch nicht beantwortet, ob die Erben des verpachteten Betriebs ebenfalls Einkünfte aus § 15 EStG haben können.

Student: Nach Übergang eines im Ganzen verpachteten, noch nicht aufgegebenen Betriebs durch Erbfall kann der Erbe selbst das Verpächterwahlrecht ausüben. Als Aufgabezeitpunkt kann er frühestens den Zeitpunkt des Betriebsübergangs bestimmen (s.a. H 16 (5) [Rechtsnachfolger] EStH).

Prüfer: Sehr schön.
Ich beende das Thema der Gesamtrechtsnachfolge und möchte mit Ihnen gegen Ende des Prüfungsgesprächs noch den Begriff der Versorgungsleistungen klären. Was versteht man also unter Versorgungsleistungen?

Student: Versorgungsleistungen sind unter den weiteren Voraussetzungen des § 10 Abs. 1a Nr. 2 EStG in unbegrenzter Höhe als Sonderausgaben zu berücksichtigen. Das Gesetz selbst enthält allerdings keine Definition dieses Begriffs. Versorgungsleistungen sind wiederkehrende Leistungen, die lebenslang – auf die Lebenszeit des Empfängers – gezahlt werden (Rz. 56 des BMF-Schreibens vom 11.03.2010, BStBl I 2010, 227).

Prüfer: Sind Versorgungsleistungen, die auf die Lebenszeit des Empfängers gezahlt werden, in jedem Fall beim Empfänger zu versteuern und beim Geber Steuer mindernd als Sonderausgaben zu berücksichtigen?

Student: Es kommt darauf an, warum die Versorgungsleistungen gezahlt werden.

Prüfer: Nehmen wir an, Sohn Max zahlt seinem Vater eine lebenslängliche Rente in Höhe von monatlich 600 €. Wie sind diese Versorgungsleistungen steuerlich zu behandeln?

Student: Aus welchem Grund gewährt der Sohn die Rente?

Prüfer: Lediglich zur Versorgung seines Vaters ohne jegliche Gegenleistung.

Student: Da den wiederkehrenden Leistungen in diesem Fall kein übertragenes Vermögen gegenübersteht, handelt es sich um eine Zuwendung i.S.d. § 12 Nr. 2 EStG. Sohn Max kann die Zuwendung nicht Steuer mindernd berücksichtigen, dem Vater sind keine steuerpflichtigen Einnahmen zuzurechnen.

Prüfer: Nehmen wir an, der Versorgungsleistung des Sohnes steht eine Vermögensübertragung des Vaters gegenüber. Wie sind die Versorgungsleistungen jetzt steuerlich zu behandeln?

Student: Das ist nicht so einfach zu beantworten. Die steuerliche Behandlung der Versorgungsleistungen beim Sohn als auch beim Vater ist davon abhängig, welches Vermögen übertragen wird.

Prüfer: Gegenstand der Vermögensübertragung soll der laufende Betrieb des Vaters sein.

Student: Der Betrieb ist eine Wirtschaftseinheit, die in § 10 Abs. 1a Nr. 2 Buchst. b EStG genannt ist. Es handelt sich somit um eine begünstigte Vermögensübertragung i.S.d. § 10 Abs. 1a EStG (s.a. Rz. 7 des BMF-Schreibens vom 11.03.2010, BStBl I 2010, 227), das heißt die Vermögensübertragung erfolgt unentgeltlich. Es spricht eine widerlegbare Vermutung dafür, dass die wiederkehrenden Leistungen unabhängig vom Wert des übertragenen Vermögens nach dem Versorgungsbedürfnis des Berechtigten und nach der wirtschaftlichen Leistungsfähigkeit des Verpflichteten bemessen worden sind.

Prüfer: Welche Rechtsfolgen treten nun ein?

Student: Sohn Max kann die tatsächlichen Versorgungsleistungen von monatlich 600 € – im Jahr somit 7.200 € – als Sonderausgaben abziehen. Der Vater muss den gleichen Betrag nach § 22 Nr. 1a EStG als sonstige Einkünfte versteuern. Es handelt sich hierbei um das Korrespondenzprinzip bei Versorgungsleistungen (s.a. Rz. 51 ff. des BMF-Schreibens vom 11.03.2010, BStBl I 2010, 227).

Prüfer: Kann man diese sonstigen Einkünfte des Vaters auch als Versorgungsbezüge bezeichnen?

Student: Warum eigentlich nicht! Der Sohn zieht Versorgungsleistungen als Sonderausgaben ab, der Vater muss die Versorgungsbezüge versteuern.

Prüfer: Wie sieht es in diesem Fall mit dem Versorgungsfreibetrag aus?

Student: Jetzt haben Sie mir weitergeholfen. Die sonstigen Einkünfte des Vaters sind keine Versorgungsbezüge. Versorgungsbezüge sind Einkünfte aus einem früheren Dienstverhältnis, bei denen unter den Voraussetzungen des § 19 Abs. 2 EStG ein Versorgungsfreibetrag sowie ein Zuschlag zum Versorgungsfreibetrag berücksichtigt werden.

Prüfer: Vielen Dank für das angenehme und erfolgreiche Gespräch.

II. Mündliche Prüfung aus dem Gebiet Bilanzsteuerrecht und Betriebliches Rechnungswesen

Prüfer: Verehrte Kolleginnen und Kollegen. Ich begrüße Sie zur mündlichen Prüfung im Fach Bilanzsteuerrecht. Für die kommenden ca. 30 Minuten wünsche ich Ihnen viel Erfolg.
Zunächst möchte ich von Ihnen wissen, welche »Bilanzierungs- und Bewertungsgrundsätze« Sie kennen. Nennen Sie mir einen Bilanzierungsgrundsatz und erläutern Sie diesen!

Student: Da gibt es z.B. den Grundsatz der Bilanzierungsvorsicht. Dazu gehört das Realisations- und das Imparitätsprinzip, das in § 252 Abs. 1 Nr. 4 HGB geregelt ist. Das Realisationsprinzip besagt, dass noch nicht verwirklichte Gewinne nicht ausgewiesen werden dürfen. Imparitätsprinzip bedeutet dem Wortlaut nach eine Ungleichbehandlung zwischen noch nicht verwirklichten Gewinnen und Verlusten. Noch nicht verwirklichte Verluste (z.B. Rückstellungen) müssen zum Bilanzstichtag bereits berücksichtigt werden.

Prüfer: Gut. Was hat das mit folgendem Beispiel zu tun? Es handelt sich um einen Warenverkauf. Am 15.11.01 erfolgt der Abschluss des Kaufvertrages, am 20.12.01 die Übergabe der Ware, am 10.01.02 die Rechnungserteilung und am 01.02.02 die Zahlung durch den Kunden.

Student: Nach dem Realisationsprinzip erfolgt die Gewinnrealisierung im Zeitpunkt der Lieferung, hier also am 20.12.01. Das Datum des Kaufvertrags, der Rechnungserteilung und der Zahlungstag spielen hierbei keine Rolle.

Prüfer: Und wie muss der Steuerpflichtige am 20.12.01 buchen?

Student: Forderung an Warenverkauf und Umsatzsteuer.

Prüfer: Wandeln wir den Fall ab. Die Lieferung der Ware erfolgt im Februar 02. Der Kunde leistet im Dezember 01 eine Anzahlung i.H.v. 11.900 €.

Student: Die Anzahlung des Kunden im Dezember 01 ist als »Erhaltene Anzahlung« mit dem Bruttobetrag i.H.v. 11.900 € zu passivieren. Nach § 13 Abs. 1 Nr. 1a S. 4 UStG entsteht durch die Anzahlung Umsatzsteuer. Diese ist als Umsatzsteuerverbindlichkeit i.H.v. 1.900 € zu passivieren. Nach § 5 Abs. 5 S. 2 Nr. 1 EStG muss ein aktiver Rechnungsabgrenzungsposten gebildet werden.

Prüfer: Und wie muss der Steuerpflichtige im Dezember 01 buchen?

Student: Bank an Erhaltene Anzahlung 11.900 €; ARAP an USt 1.900.

Prüfer: Wie würden Sie folgenden Fall beurteilen? Beim Warenendbestand zum 31.12. ist der Teilwert größer als die Anschaffungskosten.

Student: Die Waren sind gem. § 6 Abs. 1 Nr. 2 S. 1 EStG grundsätzlich mit den Anschaffungskosten zu bewerten. Nach S. 2 kann bei dauernder Wertminderung der niedrigere Teilwert angesetzt werden. Dies hat im Umkehrschluss die Folge, dass der höhere Teilwert, sprich die Wiederbeschaffungskosen, nicht angesetzt werden darf. Außerdem würde der höhere Teilwert gegen das Realisationsprinzip verstoßen.

Prüfer: Und wie begründen Sie Ihre Lösung, wenn der Teilwert kleiner als die Anschaffungskosten ist? Gehen Sie dabei auch auf das Verhältnis zwischen Handels- und Steuerbilanz ein.

Student: Ein niedrigerer Teilwert darf angesetzt. Der Steuerpflichtige hat also in der Steuerbilanz ein Wahlrecht. Handelsrechtlich muss gem. § 253 Abs. 4 HGB auf den niedrigeren beizulegenden Wert abgeschrieben werden. Wenn jetzt der Steuerpflichtige in seiner Steuerbilanz keine Teilwertabschreibung vornehmen will, dann muss er diese Abweichung von der Handelsbilanz nach § 5 Abs. 1 S. 1 HS 2 und S. 2 EStG in ein besonderes, laufend zu führendes Verzeichnis aufnehmen.

Prüfer: Und wie lautet der Buchungssatz, wenn der Steuerpflichtige eine Teilwertabschreibung bei den Waren vornehmen will?

Student: Teilwertabschreibung an Waren.

Prüfer: Überlegen Sie noch mal genau.

Student: Meine Antwort war falsch, denn die Waren werden bei der Inventur erfasst und im Inventar mit dem niedrigeren Teilwert angesetzt. Die Abschlussbuchung lautet immer: SBK an WBK. Die Teilwertabschreibung ergibt sich durch die geänderte Warenbestandsveränderung bzw. den geänderten Wareneinsatz.

Prüfer: Kommen wir zurück zu den Bewertungsgrundsätzen. Nennen Sie mir einen solchen und bilden Sie ein Beispiel dazu.

Student: Der Grundsatz der Einzelbewertung gehört zu den Bewertungsgrundsätzen. Als typisches Beispiel lässt sich hier die Bewertung eines bebauten Grundstücks anführen. Auch wenn das bebaute Grundstück zivilrechtlich als ein Vermögensgegenstand behandelt wird, so müssen in der Steuerbilanz zwei Wirtschaftsgüter ausgewiesen werden. Der Grund und Boden wird nach § 6 Abs. 1 Nr. 2 S. 1 EStG grundsätzlich mit den Anschaffungskosten bewertet. Der Ansatz des Gebäudes erfolgt mit den fortgeführten Anschaffungs- oder Herstellungskosten nach § 6 Abs. 1 Nr. 1 S. 1 EStG.

Prüfer: Bilden Sie bitte ein konkretes Beispiel mit Zahlen.

Student: Die Anschaffungskosten des Grund und Bodens betragen 100.000 €. Sein Teilwert zum Bilanzstichtag ist auf 150.000 € gestiegen. Die fortgeführten Herstellungskosten des Gebäudes betragen 200.000 €. Sein Teilwert ist dauerhaft auf 150.000 € gesunken. Nach dem Grundsatz der Einzelbewertung kann der niedrigere Teilwert des Gebäudes nach § 6 Abs. 1 Nr. 1 S. 2 EStG angesetzt werden. Der höhere Teilwert des Grund und Bodens darf nach § 6 Abs. 1 Nr. 2 S. 2 EStG nicht angesetzt werden.

Prüfer: Wechseln wir das Thema. Wo liegt der Unterschied zwischen einer Bilanzberichtigung und einer Bilanzänderung?

Student: Die Bilanzberichtigung ist in § 4 Abs. 2 S. 1 EStG geregelt. Sie ist dann zu prüfen, wenn der Steuerpflichtige gegen zwingende handelsrechtliche oder steuerrechtliche Vorschriften verstoßen hat, wenn also ein fehlerhafter Bilanzansatz vorliegt. Die Bilanzänderung nach § 4 Abs. 2 S. 2 EStG kann der Steuerpflichtige bei Bilanzierungswahlrechten beantragen, wenn sie in einem engen zeitlichen und sachlichen Zusammenhang mit einer Bilanzberichtigung nach Satz 1 steht.

Prüfer: Wie würden Sie folgenden Fall lösen? Ein unbebautes Grundstück wird seit 01 als Lagerplatz genutzt, aber nicht aktiviert. Bei einer Betriebsprüfung in 22 für die Jahre 2020 bis 2021 wird dieser Fehler entdeckt. Die Bescheide für die Prüfungsjahre sind unter dem Vorbehalt der Nachprüfung ergangen. Die Vorjahre sind nach der AO nicht mehr änderbar. Der Quadratmeterpreis betrug 01 15 €; für die Jahre 20 bis 21 150 €.

Student: Bei dem als Lagerplatz genutzten Grund und Boden handelt es ich um notwendiges Betriebsvermögen nach R 4.2 Abs. 7 EStR, das der Steuerpflichtige aktivieren muss. Es liegt also ein fehlerhafter Bilanzansatz für die Jahre 01 bis 21 vor. Dieser Fehler hat keine steuerliche Auswirkung, da die Einbuchung »Grund und Boden an Geldkonto oder Privateinlage« erfolgsneutral gewesen wäre. Daher kann die Bilanzberichtigung von der Fehlerquelle 01 bis 21 erfolgen. Aus Vereinfachungsgründen kann die Berichtigung zum 01.01.20 oder zum 31.12.20 bis 21 erfolgen. Bei der Berichtigung zum 01.01.20 würde es sich um eine »Scheinbare Durchbrechung des Bilanzenzusammenhangs« handeln. Die Einbuchung in einer Schlussbilanz des Prüfungszeitraums müsste mit »Grund und Boden an buchtechnische Einlage« erfolgen.

Prüfer: Ergänzen wir unseren Fall wie folgt: Ein seit 01 ausschließlich genutztes Büro im privaten Wohnhaus wurde nicht aktiviert.

Student: Der anteilige Grund und Boden ist wie im vorhergehenden Beispiel zu behandeln. Das Gebäude besteht nach R 4.2 Abs. 3 i.V.m. Abs. 4 EStR aus den Wirtschaftsgütern I und IV. Das eigenbetrieblich genutzte Büro ist als Wirtschaftsgut I gem. R 4.2 Abs. 7 Satz 1 EStR notwendiges Betriebsvermögen und muss aktiviert werden. Der Rest des zu eigenen Wohnzwecken genutzten Hauses ist als Wirtschaftsgut IV notwendiges Privatvermögen und darf daher nicht bilanziert werden. Der fehlende Bilanzansatz »Büro – Wirtschaftsgut I« für die Jahre 01 bis 21 hat über die AfA steuerliche Auswirkung. Da das Fehlerjahr 01 und die Folgejahre bis 19 nach der AO nicht mehr änderbar sind, erfolgt nach R 4.4 Abs. 1 S. 9 EStR grundsätzlich eine erfolgswirksame Bilanzberichtigung im ersten noch offenen Jahr, hier zum 31.12.20. Hier liegt aber die Besonderheit eines »AfA-Fehlers« vor. Hierbei erfolgt eine erfolgsneutrale Einbuchung der richtigen fortgeführten Anschaffungs- oder Herstellungskosten, die mit Hilfe einer »Schattenrechnung« ermittelt werden. Die AfA wird nach der Einbuchung des Gebäudes mit den richtigen ursprünglichen Herstellungskosten abzüglich der richtigen AfA unter Anwendung des richtigen AfA-Prozentsatzes berechnet.

Prüfer: Prima. Welche weitere Problematik ist zu beachten, wenn das Büro eine Fläche von 15 Quadratmetern hat und die Gesamtwohnfläche 200 Quadratmeter beträgt?

Student: Es könnte sich um einen Grundstücksteil von untergeordneter Bedeutung i.S.d. R 4.2 Abs. 8 EStR handeln. Würde das Büro zuzüglich des anteiligen Grund und Bodens weniger als 20 % des Gesamtwerts des Grundstücks und weniger als 20.500 € betragen, dann hätte der Steuerpflichtige ein Wahlrecht, ob er das Büro und den anteiligen Grund und Boden aktiviert oder nicht.

Prüfer: Nennen Sie mir eine Bilanzposition, die kein Wirtschaftsgut ist.

Student: Zu den Bilanzpositionen, die keine Wirtschaftsgüter sind, gehören die Rechnungsabgrenzungsposten, die Rückstellungen und die Rücklagen, z.B. die § 6b-Rücklagen.

Prüfer: Welche Voraussetzungen müssen für eine § 6b-Rücklage vorliegen?

Student: Bei der Veräußerung bestimmter begünstigter Wirtschaftsgüter, z.B. Grund und Boden und Gebäude, kann der entstandene Veräußerungsgewinn auf bestimmte Reinvestitionsgüter, z.B. Grund und Boden und Gebäude, übertragen werden. Dadurch wird eine sofortige Versteuerung von stillen Reserven vermieden. Die Voraussetzungen sind in § 6b Abs. 4 EStG geregelt. Danach muss z.B. das veräußerte Wirtschaftsgut mindestens für sechs Jahre zum Anlagevermögen gehört haben. Die Reinvestition muss nach § 6b Abs. 3 EStG innerhalb von 4 bzw. 6 Jahren erfolgen.

Prüfer: Schauen wir uns hierzu den folgenden Fall an. Da der Sachverhalt etwas länger ist, habe ich Ihnen bereits eine Kopie auf den Tisch gelegt. Lesen Sie sich den Text bitte durch: „E veräußert am 15.04.10 sein im Januar 01 angeschafftes Betriebsgrundstück (Buchwert zum 31.12.09: 40.000 €) und sein gleichzeitig angeschafftes, nicht zu Wohnzwecken dienendes Betriebsgebäude (ursprüngliche Herstellungskosten: 120.000 €, Buchwert zum 31.12.09: 87.600 €) für insgesamt 500.000 €, wovon auf das Grundstück 50.000 € entfallen. Am 07.12.14 erwirbt E ein anderes bebautes Betriebsgrundstück zum Preis von 800.000 € (es entfallen davon 300.000 € auf das Grundstück und 500.000 € auf das das ebenfalls nicht zu Wohnzwecken dienende Gebäude). E möchte einen möglichst geringen Gewinn versteuern. Veräußerungs- und Erwerbsnebenkosten sollen aus Vereinfachungsgründen nicht angefallen sein. Es ist keine

Umsatzsteuer oder Vorsteuer angefallen". Bitte erläutern Sie nur die Vorgehensweise. Auf Berechnungen können Sie verzichten.

Student: E hat ein steuerliches Wahlrecht, im Jahr der Veräußerung in Höhe des Veräußerungsgewinns eine Rücklage zu bilden. Dabei handelt es sich um ein passives Bestandskonto, das Gegenkonto ist ein Aufwandskonto. Somit ist die Buchung Gewinn mindernd. Dadurch wird der Veräußerungsgewinn im Wirtschaftsjahr der Veräußerung neutralisiert. Im Jahr der Reinvestition erfolgt die Gewinn erhöhende Auflösung der Rücklage gem. § 6b Abs. 3 Satz 4 EStG und der Abzug der Rücklage von den Anschaffungs- bzw. Herstellungskosten des Reinvestitionsgutes, sofern die stillen Reserven des veräußerten Wirtschaftsguts auf das Reinvestitionsgut übertragbar sind. Der Buchungssatz lautet: Abschreibung auf Sachanlagen an Grund und Boden bzw. Gebäude. Somit ergibt sich auch im Jahr der Reinvestition keine Gewinnauswirkung. Allerdings mindern sich bei der Übertragung der stillen Reserven auf das neue Gebäude dessen Abschreibungen. Dies ist in § 6b Abs. 6 EStG geregelt.

Prüfer: Nennen Sie mir Unterschiede zwischen der § 6b-Rücklage und der Rücklage für Ersatzbeschaffung.

Student: Begünstigt sind bei der Rücklage für Ersatzbeschaffung gem. R 6.6 EStR alle betrieblichen Wirtschaftsgüter des Anlage- oder Umlaufvermögens, die zwangsweise, z.B. infolge höherer Gewalt, aus dem Betriebsvermögen ausscheiden. Wie vorhin schon erwähnt, ist bei der § 6b-Rücklage nur die Veräußerung bestimmter Wirtschaftsgüter des Anlagevermögens, insbesondere Grund und Boden und Gebäude, begünstigt. Im Gegensatz zur § 6b-Rücklage wird bei der Rücklage für Ersatzbeschaffung die Funktionsgleichheit des Ersatzwirtschaftsguts und die Reinvestitionsabsicht gefordert.

Prüfer: Wie unterstützt der Gesetzgeber die Investitionspläne kleinerer Betriebe?

Student: Wenn ein Steuerpflichtiger die Anschaffung von abnutzbarem, beweglichen Anlagevermögen beabsichtigt, dann kann er nach § 7g EStG 50 % ab dem Veranlagungszeitraum 2021 der voraussichtlichen Anschaffungs- oder Herstellungskosten außerhalb der Bilanz Gewinn mindernd zum Abzug bringen. Dieser Investitionsabzugsbetrag kann im Investitionsjahr außerbilanziell wieder hinzugerechnet werden. Zusätzlich ist eine innerbilanzielle Gewinnminderung i.H.v. 50 % der tatsächlichen Anschaffungskosten möglich. Durch diese Aufwandsbuchung mindert sich gleichzeitig die AfA-Bemessungsgrundlage. Neben der normalen Abschreibung nach § 7 Abs. 1 EStG kann der Steuerpflichtige noch die Sonderabschreibung nach § 7g Abs. 5 EStG i.H.v. 20 % geltend machen.

Prüfer: Wie beurteilen Sie folgenden Sachverhalt? Der Steuerpflichtige macht für 01 einen Investitionsabzugsbetrag i.H.v. 600 € (50 % von 1.200 €) geltend. Bei der Anschaffung des begünstigten Wirtschaftsguts in 02 fallen 1.500 € Anschaffungskosten an.

Student: Nach § 7g Abs. 2 Satz 1 EStG erfolgt in 02 zunächst eine außerbilanzielle Zurechnung i.H.v. 600 €. Macht der Steuerpflichtige auch den innerbilanziellen Abzug nach § 7g Abs. 2 Satz 3 EStG i.H.v. maximal 600 € geltend, so mindert sich die AfA-Bemessungsgrundlage von 1.500 auf 900 €. Der Steuerpflichtige hat dann das Wahlrecht, dieses Wirtschaftsgut in einen Sammelposten gem. § 6 Abs. 2a EStG einzustellen und auf fünf Jahre abzuschreiben.

Prüfer: Was würden Sie dem Steuerpflichtigen raten, wenn das Wirtschaftsgut nur eine Nutzungsdauer von drei Jahren hätte?

Student: In diesem Fall wäre die Sammelpostenregelung wegen der längeren Abschreibungsdauer ungünstig. Hätte der Steuerpflichtige bereits die Sammelpostenregelung für andere Wirtschaftsgüter gewählt, so müsste er wegen des wirtschaftsjahrbezogenen Wahlrechts auch dieses Wirtschaftsgut in den Sammelposten einstellen. Dies kann er nur dadurch vermeiden, dass er den innerbilanziellen Abzug auf 499 € begrenzt und dadurch die Anschaffungskosten über der 1.000 €-Grenze liegen. Neben der normalen linearen AfA könnte er zusätzlich noch die Sonder-AfA nach § 7g Abs. 5 EStG geltend machen.

Prüfer: Was ist in folgendem Fall zu veranlassen? Der Steuerpflichtige plant, in 02 eine Maschine für 320.000 € anzuschaffen. Hierfür macht er in 01 einen Investitionsabzugsbetrag i.H.v. 160.000 € geltend. Die tatsächlichen Anschaffungskosten in 02 betragen aber nur 300.000 €. Weitere Investitionen sind nicht geplant und werden auch nicht durchgeführt.

Student: Die außerbilanzielle Zurechnung in 02 ist begrenzt auf 50 % der tatsächlichen Anschaffungskosten von 300.000 €, sie beträgt also 150.000 €. Der innerbilanzielle Aufwand ist ebenfalls auf diesen Betrag begrenzt. Da der Steuerpflichtige in 01 160.000 € abgezogen hat und in 02 nur 150.000 € hinzurechnen konnte, erfolgt für 01 eine Änderung des Einkommensteuerbescheides gem. § 7g Abs. 3 EStG. Der Investitionsabzugsbetrag wird darin um 10.000 € gemindert.

Prüfer: Gut. Wechseln wir noch mal das Thema. Ein Gebäude mit Anschaffungskosten von 1.000.000 € wurde in den Jahren 01 bis 10 zu Vermietungszwecken genutzt. Die AfA betrug jährlich 2 %. Das Gebäude wird zu Beginn des Jahres 11 in das Betriebsvermögen eingelegt und zu eigenbetrieblichen Zwecken genutzt. Der Teilwert zu diesem Zeitpunkt beträgt 900.000 €. Machen Sie eine übliche bilanzsteuerrechtliche Stellungnahme.

Student: Hier liegt eine Privateinlage i.S.d. § 4 Abs. 1 S. 8 EStG vor, da aus Privatvermögen notwendiges Betriebsvermögen wird. Die Einlage ist nach § 6 Abs. 1 Nr. 5 Satz 1 EStG mit dem Teilwert von 900.000 € zu bewerten. Die Bemessungsgrundlage für die AfA richtet sich nach § 7 Abs. 1 Satz 5 EStG. Diese Vorschrift soll eine doppelte Berücksichtigung von AfA-Beträgen vermeiden. Bei Wirtschaftsgütern, die nach einer Verwendung zur Erzielung von Überschusseinkünften im Sinne des § 2 Abs. 1 Satz 1 Nr. 4 bis 7 in ein Betriebsvermögen eingelegt worden sind, mindert sich der Einlagewert um die AfA-Beträge, die bis zum Zeitpunkt der Einlage vorgenommen worden sind (hier: TW 900.000 € ./. AfA 200.000 € = 700.000 €), höchstens jedoch bis zu den fortgeführten Anschaffungskosten (hier: AK 1.000.000 € ./. AfA 200.000 € = 800.000 €). Die AfA-Bemessungsgrundlage berechnet sich in diesem Fall nach den fortgeführten Anschaffungskosten i.H.v. 800.000 €. In den folgenden Jahren bekommt der Steuerpflichtige die AfA gem. § 7 Abs. 4 Satz 1 Nr. 1 EStG i.H.v. je 3 %. Dies entspricht einem Betrag von 24.000 €. Nach 34 Jahren ist die AfA-Bemessungsgrundlage auf 0 € abgeschrieben.

Prüfer: Das ist richtig. Aber was passiert mit dem Restwert?

Student: Das Gebäude hat noch einen Restbuchwert von 100.000 €, da die Einlage nach § 6 Abs. 1 Nr. 5 EStG mit dem Teilwert von 900.000 € erfolgen musste. Der verbleibende Buchwert von 100.000 € wird nicht weiter abgeschrieben und wirkt sich erst bei der Veräußerung des Grundstücks oder bei einer Betriebsaufgabe Gewinn mindernd aus.

Prüfer: Zum Abschluss wechseln wir noch mal das Thema. Der Steuerpflichtige erwirbt für 100.000 € eine Maschine und finanziert diese zum Teil mit einem Darlehen von 80.000 €. Die Maschine mit einem Restbuchwert von 40.000 € wird für 50.000 € verkauft. Der Kaufpreis wird auf ein Privatkonto überwiesen. Die Restschuld beträgt 55.000 €. Wie muss der Steuerpflichtige diesen Vorgang behandeln?

Student: Nach dem »Koppelungseffekt« des R 4.2 Abs. 15 EStR teilt das Darlehen das Schicksal des finanzierten Wirtschaftsgutes. Soweit der Veräußerungserlös, der zur Tilgung der Betriebsschuld ausreichen würde, entnommen wird, wird auch die Betriebsschuld entnommen. Sie wird also insoweit zur Privatschuld. Die hiermit zusammenhängenden Schuldzinsen sind künftig privat veranlasst.

Prüfer: Letzte Frage. Wie muss der Steuerpflichtige den Vorgang buchen?

Student: Da der Steuerpflichtige den Veräußerungserlös auf dem Privatkonto vereinnahmt hat, liegt eine **Geldentnahme** vor. Die Buchung lautet daher: Privatentnahme 50.000 € an Maschine 40.000 € und sonstiger betrieblicher Ertrag 10.000 €. Außerdem muss noch das Darlehen entnommen werden. Die Buchung lautet: Darlehen an Einlage 50.000 €. Dadurch verbleibt eine Restschuld von 5.000 €, die auch weiterhin zum Betriebsvermögen gehört. Die hierfür anfallenden Schuldzinsen sind auch künftig Betriebsausgaben.

Prüfer: Vielen Dank.

III. Mündliche Prüfung aus dem Gebiet Abgabenrecht

Prüfer: Meine Damen und Herren, es folgt nun das Prüfungsgespräch im Fach Abgabenrecht. Als Einstieg schildere ich Ihnen einen kurzen Fall:
A ist Inhaber einer Kfz-Reparaturwerkstatt. Seit einigen Wochen ist er in wirtschaftlichen Schwierigkeiten. Er ist bereits bei mehreren Gläubigern in Zahlungsverzug. Nun steht die Einkommensteuerabschlusszahlung zur Zahlung an. Er fragt Sie als Steuerexperten, wie er sich beim Finanzamt ein wenig Luft verschaffen kann.

Student: Er könnte zum Beispiel eine Stundung beantragen.

Prüfer: Ist das denn in jedem Fall möglich? Welche Frage müssten Sie sich zunächst stellen?

Student: Nun, natürlich muss der zu zahlende Betrag fällig sein und der Fall sollte besser noch nicht bei der Vollstreckungsstelle gelandet sein, dann könnte auch ein Vollstreckungsaufschub in Betracht kommen.

Prüfer: Beginnen wir mit der ersten von Ihnen genannten Alternative. Welche Voraussetzungen müssen für eine Stundung erfüllt sein?

Student: Zusammenfassend gesagt müssen Stundungswürdigkeit und Stundungsbedürftigkeit vorliegen.

Prüfer: Sind das die Voraussetzungen, die das Gesetz nennt?

Student: Nein, da war ich etwas vorschnell. Gem. § 222 AO, der die Stundung regelt, kann eine Stundung erfolgen, wenn die Einziehung der Steuer bei Fälligkeit eine erhebliche Härte für den Schuldner bedeuten würde und der Anspruch durch die Stundung nicht gefährdet erscheint.

Prüfer: Genau. Konkretisieren Sie bitte den Begriff der erheblichen Härte.

Student: Eine erhebliche Härte kann aus persönlichen oder sachlichen Stundungsgründen bestehen. Sachliche Gründe können z.B. bei Naturkatastrophen wie Hagelstürmen vorliegen oder im Falle einer Verrechnungsstundung, wenn dem Schuldner in absehbarer Zeit eine größere Erstattung zustehen wird. Bei den persönlichen Gründen kommt es dann tatsächlich auf die Stundungswürdigkeit und die Stundungsbedürftigkeit an. Die Stundungsbedürftigkeit stellt darauf ab, dass der Steuerpflichtige vorübergehend die Mittel zur Fortführung seines Betriebs und zum Bestreiten des Lebensunterhalts nicht mehr aufbringen und sie sich auch nicht in zumutbarer Weise beschaffen kann.

Prüfer: Könnten sich denn da gerade in der aktuellen Lage Besonderheiten ergeben?

Student: Hier ist natürlich die besondere Situation der Corona-Krise zu berücksichtigen. Als in Deutschland das absolute Kontaktverbot eingeführt worden ist und die Geschäfte vorübergehend geschlossen waren, konnten ja auch viele Firmen und Einzelunternehmen keinerlei Umsätze oder Gewinne mehr erzielen. In solchen außergewöhnlichen Phasen sind Stundungen natürlich vermehrt ein Thema.

Prüfer: Führen Sie doch einmal aus, welche Möglichkeiten von staatlicher Seite hier wahrgenommen werden können und welche Besonderheiten gelten könnten – auch losgelöst von der Stundung.

Student: Denkbar wäre hier im Erhebungsbereich, dass bei Vorliegen eines Lastschriftmandats trotzdem zunächst kein Einzug vorgenommen, sondern erstmal ein Sperrvermerk gesetzt wird, das wurde auch zum Teil so gemacht.

Prüfer: Inwiefern kann das denn sinnvoll sein?

Student: Naja es ist ja für fast alle Branchen in dieser Phase klar gewesen, dass praktisch keine Umsätze getätigt werden können, da macht es zum Beispiel keinen Sinn, Vorauszahlungen zu leisten, wo später gar keine Steuer entsteht.

Prüfer: Ich habe gehört, dass im Zusammenhang mit der Corona-Krise auch immer wieder über rückwirkende Stundungen diskutiert worden ist. Was bewirken die denn und sind sie rechtlich zulässig?

Student: Damit waren Fälle gemeint, in denen Steuerpflichtige bereits fällige und gezahlte Steuern gestundet haben wollten mit der Folge, dass ihnen der Betrag zurückerstattet wird. Hier muss man natürlich berücksichtigen, dass die Voraussetzungen für die Stundung, also insbesondere die Bedürftigkeit, ja schon im Zeitpunkt der Zahlung vorgelegen haben muss. Das wird aber eher nicht so gewesen sein, da die Corona-Krise ja sehr plötzlich kam, und wohl noch alles in Ordnung war, als die Zahlung getätigt worden war.

Prüfer: Kehren wir wieder zu den allgemeinen Voraussetzungen der Stundung zurück. Berücksichtigen Sie denn bei der Prüfung der Stundungsbedürftigkeit auch das Verhalten des Steuerpflichtigen in der Vergangenheit?

Student: Nein, das ist u.a. Gegenstand der Prüfung der Stundungswürdigkeit. Hier geht es darum, ob der Steuerpflichtige Vorsorge zur Vermeidung der Notlage hätte treffen müssen oder ob er sie sonst selbst verschuldet hat.

Prüfer: Wie kann das Finanzamt die Stundung für den Fall fortdauernder Probleme oder sich ändernder Verhältnisse „absichern“?

Student: Z.B. könnte man zusätzliche Regelungen einfügen wie eine Sicherheitsleistung.

Prüfer: Können Sie konkrete Beispiele bringen, wie so etwas zu formulieren wäre?

Student: Das Finanzamt könnte dies im Wege einer aufschiebenden Bedingung formulieren.

Prüfer: Aha, was ist das denn, eine aufschiebende Bedingung?

Student: Hierbei handelt es sich um eine Nebenbestimmung i.S.v. § 120 Abs. 2 Nr. 2 AO. Es bedeutet, dass erst wenn die Bedingung erfüllt wird, hier also wenn die Sicherheitszahlung geleistet worden ist, die Wirkung der Stundung eintritt.

Prüfer: Welche Wirkungen hat denn die Stundung eigentlich?

Student: Sie schiebt die Fälligkeit der Zahlung hinaus. Es fallen also auch keine Säumniszuschläge an, wohl aber Stundungszinsen. Diese sind aber nur halb so hoch, nämlich ein halbes Prozent pro Monat.

Prüfer: Welche weiteren Nebenbestimmungen kennen Sie?

Student: Es gibt noch die auflösenden Bedingungen.

Prüfer: Können Sie ein Anwendungsbeispiel nennen?

Student: Man könnte z.B. dem Steuerpflichtigen eine Stundung gewähren unter der auflösenden Bedingung, dass er sich in der folgenden Zeit mit der Abgabe seiner Steueranmeldungen verspätet oder neu fällig werdende Beträge nicht pünktlich und vollständig entrichtet.

Prüfer: Gut, das ist sicher eine Möglichkeit. Was würde denn dann konkret passieren, wenn der Steuerpflichtige bei künftigen Zahlungen entgegen der Anweisungen doch einmal in Verzug gerät?

Student: Das würde bedeuten, dass in diesem Fall die Stundung automatisch wegfällt.

Prüfer: Ist dies gesetzlich geregelt?

Student: Ja, das ist § 124 Abs. 2 AO zu entnehmen. Danach bleibt ein Verwaltungsakt wirksam, u.a. solange er nicht zurückgenommen, widerrufen oder aufgehoben wurde. Die hier vorliegende Alternative ist die Erledigung auf andere Weise.

Prüfer: Dieser Satz, den Sie da eben zitiert haben, was drückt der denn letztlich aus? Warum gibt es diese Regelung?

Student: Letztlich wird durch die Norm deutlich, dass Verwaltungsakte, wenn sie einmal wirksam bekannt gegeben worden sind, eine Bindungswirkung entfalten. Der Adressat kann sich im Normalfall auf den Bestand der Regelung verlassen, die Finanzverwaltung hingegen braucht eine gesetzliche Grundlage, um den Verwaltungsakt aus der Welt schaffen oder seinen Inhalt ändern zu können.

Prüfer: Schön. Zurück zu Ihrem Beispiel für eine auflösende Bedingung. Die Stundung fiele also automatisch weg, wenn die Bedingung nicht eingehalten wird. Halten Sie dies für günstig in der Praxis?

Student: Naja, es hat den Vorteil, dass man mit dem Steuerpflichtigen nicht noch weiter diskutieren muss, der Druck, der durch die Regelung ausgeübt wird, ist automatisch größer. Andererseits nehme ich mir als Sachbearbeiter natürlich den Spielraum, bei Zuwiderhandlungen des Steuerpflichtigen noch reagieren zu können und erst mit ihm das Gespräch zu suchen, bevor Maßnahmen getroffen werden.

Prüfer: Wie könnte denn eine Alternative aussehen?

Student: Ich könnte die Stundung mit der Auflage – auch einer Nebenbestimmung – mit dem Inhalt verbinden, dass die künftigen Steuererklärungen pünktlich abzugeben sind.

Prüfer: Was wäre dann die Konsequenz, wenn der Steuerpflichtige dem nicht nachkommt?

Student: In diesem Fall wäre es möglich, die Stundung zu widerrufen. Es handelt sich um einen sonstigen Verwaltungsakt, d.h. für eine Änderung oder Aufhebung sind allein die Vorschriften der §§ 129, 130 und 131 AO anzuwenden. Wird eine Auflage bei einer Stundung nicht erfüllt, befinden wir uns im § 131 Abs. 2 AO. Ich gehe mal davon aus, es handelte sich um eine rechtmäßige Stundung. Diese wirkte begünstigend. Nach § 131 Abs. 2 Nr. 2 AO kann eine Stundung aufgehoben werden, wenn eine damit verbundene Auflage nicht erfüllt worden ist. Dies ist aber eben nochmals eine Ermessensentscheidung, sodass ich als Sachbearbeiter wiederum fallbezogene Erwägungen anstellen kann, ob der Widerruf in diesem Fall wirklich geboten ist.

Prüfer: Sehr schön! Sie haben vorhin vom Hinausschieben der Fälligkeit durch die Stundung gesprochen. Wann werden Leistungen an das Finanzamt eigentlich fällig?

Student: Das kommt darauf an, um welche Art von Zahlung es sich handelt. Generell ist hier § 220 Abs. 1 AO anzuwenden. Danach richtet sich die Fälligkeit grundsätzlich nach den Einzelsteuergesetzen. Hier ist z.B. § 36 Abs. 4 EStG zu nennen, außerdem § 18 UStG.

Prüfer: Kennen Sie Zahlungspflichten, für die die Steuergesetze keinen speziellen Fälligkeitstermin geregelt haben?

Student: Hier wären z.B. Verspätungszuschläge und Zwangsgelder zu nennen. Dabei handelt es sich um steuerliche Nebenleistungen gem. § 3 Abs. 4 AO, für die sich in der AO selbst keine speziellere Fälligkeitsregelung findet. Die Folge ist, dass § 220 Abs. 2 Satz 1 2. Hs. AO zum Tragen kommt. Danach tritt die Fälligkeit mit der Entstehung des Anspruchs ein, es sei denn, ein Leistungsgebot ist erforderlich oder es ist überhaupt noch keine Festsetzung erfolgt.

Prüfer: Können Sie dies durch ein Beispiel veranschaulichen? Wann wird ein Zwangsgeld fällig?

Student: Zwangsgelder werden gem. § 328 AO festgesetzt. Wann sie fällig werden, ist in den §§ 328 ff. AO nicht geregelt. Da es sich um eine Geldleistung handelt, ist gem. § 254 Abs. 1 Satz 1 AO ein Leistungsgebot zu ihrer Vollstreckung erforderlich.

Prüfer: Was ist denn ein Leistungsgebot?

Student: Das ist quasi die Aufforderung zur Zahlung, die in vielen Bescheiden enthalten ist. In Einkommensteuerbescheiden steht sie unter der Berechnung der zu zahlenden Steuer und sonstiger Beträge und der Anrechnung gezahlter Kapitalertragssteuer oder ähnlichem. Es handelt sich um einen eigenen Verwaltungsakt.

Prüfer: Gibt es denn Ansprüche, die nach § 220 Abs. 2 Satz 1 AO schon mit ihrer Entstehung fällig werden?

Student: Da sind nur die Säumniszuschläge zu nennen, wenn sie gem. § 254 Abs. 2 AO zusammen mit der nicht gezahlten Steuer beigetrieben werden.

Prüfer: Sehr schön. Kommen wir noch kurz zu einem anderen Thema: Die Besteuerungsgrundsätze. Welche kennen Sie und wo erlangen diese Bedeutung?

Student: Da wäre zunächst einmal der Grundsatz der Gleichmäßigkeit der Besteuerung zu nennen. Er ist bereits aus Art. 3 Abs. 1 GG herzuleiten, wurde aber in § 85 AO für das Steuerrecht konkretisiert. Der Grundsatz besagt, dass die Steuergesetze gleichmäßig auf alle Bürger anzuwenden sind. Niemand darf bevorzugt werden oder ungerechtfertigt benachteiligt.

Prüfer: Wird dies denn in der Praxis so umgesetzt? Wird jeder Steuerfall im Finanzamt gleich behandelt?

Student: Grundsätzlich schon. Aufgrund der starken Arbeitsbelastung ist jedoch in den vergangenen Jahren immer stärker das Risikomanagement in den Vordergrund gerückt. Verschiedene Steuerfälle können unterschiedlich stark risikobehaftet sein mit der Folge, dass sie auch unterschiedlich intensiv geprüft werden. Das bedeutet jedoch nicht wirklich eine Ungleichbehandlung der Steuerpflichtigen, immerhin sind diese ja ohnehin verpflichtet, wahrheitsgemäße Angaben zu machen, die einer Überprüfung standhalten würden. Niemand kann verlangen, dass seine „Steuerlüge durchgeht". Art. 3 GG gewährleistet schließlich keine Gleichheit im Unrecht.

Prüfer: Es sind ja gerade in dem Bereich des Risikomanagements zuletzt einige gesetzliche Neuerungen beabsichtigt bzw. schon vollzogen worden, was wissen Sie darüber?

Student: In § 88 Abs. 5 AO ist genauer geregelt, wie solche Systeme beschaffen sein müssen, damit Sie in rechtmäßiger Weise in der Steuerverwaltung eingesetzt werden können. Unter anderem muss eine gewisse Zufallsauswahl intensiv zu prüfender Fälle gewährleistet sein, auch muss sicher sein, dass am Ende immer ein Amtsträger ausgewählte Fälle intensiv prüft. Schließlich muss auch das System selbst ständig überprüft und hinterfragt werden.

Prüfer: Sehr schön. Welche weiteren Besteuerungsgrundsätze gibt es?

Student: In § 85 AO wird außerdem die Gesetzmäßigkeit der Besteuerung genannt. Sie besagt, dass die Finanzbehörden verpflichtet sind, die Steuern, so wie sie nach dem Gesetz entstanden sind, auch wirklich zu erheben. Es darf z.B. grundsätzlich keinerlei Absprachen über die Steuerfestsetzung mit dem Steuerpflichtigen geben. Dies ist allenfalls im Rahmen von tatsächlichen Verständigungen möglich.

Prüfer: Was ist das denn?

Student: Tatsächliche Verständigungen kommen dann vor, wenn sich der wirkliche Sachverhalt in einem Fall aus verschiedenen Gründen nicht mehr ermitteln lässt. Dann können Finanzbehörde und Steuerpflichtiger Absprachen über die Besteuerungsgrundlagen treffen. Über Rechtsfragen ist aber eine Absprache nicht zulässig, es muss sich um Sachverhaltsfragen handeln.

Prüfer: Das ist korrekt. Gibt es noch andere Besteuerungsgrundsätze?

Student: Es gilt der Untersuchungsgrundsatz gem. § 88 AO. Die Finanzbehörde ermittelt den Sachverhalt von Amts wegen, d.h. sie bestimmt, was zur Festsetzung der Steuer noch zu erforschen ist. Dieser Grundsatz wird natürlich wie schon gesagt durch den Einsatz von Risikomanagementsystemen begrenzt. Wichtig zu erwähnen ist auch, dass der Steuerpflichtige zur Mitwirkung bei der Steuerfestsetzung verpflichtet ist. Insbesondere für ihn günstige Umstände muss er auch nachweisen, da kann er sich nicht auf die Ermittlungen des Finanzamts verlassen.

Prüfer: In welchem Bereich kommt denn diese Kollision von Ermittlungspflicht und Mitwirkungspflicht besonders zum Tragen?

Student: Insbesondere bei Korrekturen von Steuerbescheiden wegen nachträglich bekannt gewordener Tatsachen oder Beweismitteln nach § 173 Abs. 1 Nr. 1 AO kann dies von Bedeutung sein. Wenn eine Tatsache, z.B. Einnahmen des Steuerpflichtigen nachträglich bekannt wird, kommt es ja immer auf die Frage an, ob das Finanzamt eventuell nach Treu und Glauben daran gehindert sein könnte, den Steuerbescheid gem. § 173 Abs. 1 Nr. 1 AO zu ändern. Das wäre nämlich dann der Fall, wenn das Finanzamt bei Erlass des ursprünglichen Bescheides schon von den Einnahmen hätte wissen können, aber nicht richtig ermittelt hat und diese daher nicht angesetzt hatte. In derartigen Fällen ist dann zu prüfen, ob der Steuerpflichtige auch seine Mitwirkungspflicht verletzt hat. Gegebenenfalls muss man dann eine Abwägung treffen, wessen Fehlverhalten schwerer wiegt. Immerhin hat ja der Steuerpflichtige sich auch falsch verhalten, wenn er Einnahmen dem Finanzamt nicht erklärt.

Prüfer: Sehr schön. Fällt Ihnen noch ein Besteuerungsgrundsatz ein?

Student: Der Grundsatz der Gewährung rechtlichen Gehörs wurde noch nicht genannt. Er stammt bereits aus dem Grundgesetz, Art. 103 Abs. 1 GG. In der AO ist er in § 91 manifestiert, wonach den Beteiligten vor Erlass eines Verwaltungsakts Gelegenheit gegeben werden soll, sich zu den entscheidungserheblichen Tatsachen zu äußern.

Prüfer: Gilt das für alle Verwaltungsakte?

Student: Nein, der Verwaltungsakt muss schon belastend sein oder zumindest in die Rechte des Beteiligten eingreifen. Das im Gesetz genannte Beispiel ist hier die im Verwaltungsakt vorgenommene wesentliche Abweichung von den Angaben in einer Steuererklärung.

Prüfer: Welche Konsequenzen hat denn hier ein Verstoß?

Student: Die Konsequenzen können unterschiedlich sein. Zunächst mal muss man wissen, dass der Verwaltungsakt, der ohne eine erforderliche Anhörung ergangen ist, an einem formellen Fehler leidet. Daher greifen § 126 und § 127 AO. Nach letzterer Norm ist ein derartiger Fehler bei gebundenen Verwaltungsakten – wie z.B. dem Steuerbescheid – insoweit unbeachtlich, als in der Sache ohnehin keine andere Entscheidung getroffen werden könnte. Der Fehler würde dann also nicht zur Aufhebung des Bescheides führen. Es ist nach § 126 Abs. 1 Nr. 3 AO auch eine Heilung möglich, man kann die Anhörung nachholen. Dies ist schon dann anzunehmen, wenn der Steuerpflichtige in einem Schreiben an das Finanzamt ausführlich seine Ansichten äußern konnte.

Prüfer: Also ist der Verstoß gegen dieses Prinzip eigentlich gar nicht so gravierend?

Student: Das kann man sicher so nicht sagen. Immerhin kann gem. § 126 Abs. 3 AO aufgrund der fehlenden Anhörung ein Wiedereinsetzungsgrund gegeben sein. Dann muss aber der Steuerpflichtige auch darlegen, dass er gerade aufgrund dieses Fehlers nicht rechtzeitig Einspruch einlegen konnte. Das könnte ihm im Einzelfall schwerfallen. Weiterhin hat es aber auch schon Gerichtsentscheidungen gegeben, die der Finanzbehörde in Fällen unterlassener Erläuterungen im Bescheid und fehlender Anhörung des Steuerpflichtigen die Kosten für den in Anspruch genommenen Steuerberater aufgebürdet haben. Der Fehler sollte daher auch im Sinne einer bürgerorientierten Verwaltung vermieden werden.

Prüfer: Vielen Dank für Ihre Ausführungen, die Prüfung im Abgabenrecht ist damit beendet!

IV. Mündliche Prüfung aus dem Gebiet Umsatzsteuer

Prüfer: Meine Damen und Herrn, zunächst möchte auch ich Sie zur mündlichen Prüfung zum Umsatzsteuerrecht begrüßen und wünsche Ihnen in dem folgenden Prüfungsgespräch viel Erfolg.
Beginnen wollen wir mit einem aktuellen Fall aus der Fußballbundesliga. Wie Sie bestimmt mitbekommen haben, hat der FC Bayern München Lionel Messi vom FC Barcelona für 100 Millionen € verpflichtet. Welchen Umsatz erkennen Sie dabei?

Student: Nun, man muss abgrenzen, ob es sich hier um eine Lieferung oder sonstige Leistung handelt.

Prüfer: Das ist korrekt. Für welche Umsatzart entscheiden Sie sich?

Student: Eine Lieferung kann wohl nicht vorliegen. Dafür müsste an einem Gegenstand Verfügungsmacht verschafft werden. Menschen sind keine Gegenstände. Demnach kann es sich nur um eine sonstige Leistung handeln.

Prüfer: Ja, genau! Worin besteht denn diese sonstige Leistung?

Student: Da muss ich erstmal überlegen. Der Verein hat ja einen Arbeitsvertrag mit dem Spieler geschlossen, sodass der Spieler seine Arbeitskraft, also sein fußballerisches Können, schuldet. Wenn jetzt ein Spieler »verkauft« wird, schuldet er seine Arbeitskraft dem neuen Verein. Man könnte also sagen, dass das Recht an der Arbeitskraft des Spielers vom alten auf den neuen Verein übergeht, so eine Art Nutzungsrecht. Also erbringt der FC Barcelona eine sonstige Leistung an den FC Bayern München.

Prüfer: Das haben Sie gut erläutert. Wie prüft man den Sachverhalt weiter?

Student: Ich muss prüfen, ob diese sonstige Leistung in Deutschland steuerbar ist.

Prüfer: Und wie prüfen Sie das?

Student: Indem ich die Voraussetzungen für die Steuerbarkeit durchprüfe.

Prüfer: Dann tun Sie das bitte.

Student: Das ein Unternehmer, hier der FC Barcelona, im Rahmen seines Unternehmens, es dürfte sich hier um eine Art Hilfsgeschäft handeln, gegen Entgelt eine sonstige Leistung ausführt, ist unstreitig. Problematisch ist, ob die sonstige Leistung des FC Barcelona im Inland erbracht wird.

Prüfer: Genau das ist das Problem. Entscheiden Sie.

Student: Ich muss nach dem Ort der sonstigen Leistung schauen. Im UStG klärt das § 3a UStG. Aber das ist eine sehr umfangreiche Vorschrift. Kann ich in das Gesetz schauen?

Prüfer: Nein, versuchen Sie systematisch an die Vorschrift heranzugehen.

Student: Wie meinen Sie das?

Prüfer: § 3a UStG wird doch geprägt von einem Grundprinzip. Vielleicht hilft Ihnen dieser Ansatz?

Student: Ach ja, Sie meinen die Grundregeln?

Prüfer: Genau die meine ich.

Student: Ok. Es gibt zwei Grundregeln. Es kommt nämlich darauf an, an wen die sonstige Leistung erbracht wird. Wird sie an eine Privatperson erbracht, ist der Sitzort des leistenden Unternehmers entscheidend, wird sie an einen anderen Unternehmer für dessen Unternehmen ausgeführt, dann ist der Ort dort, wo der Empfänger sein Unternehmen betreibt.

Prüfer: Schön. Wissen Sie auch, wie man diese Umsätze bezeichnet?

Student: Nein, das weiß ich leider nicht.

Prüfer: Ist auch nicht entscheidend. Man unterscheidet zwischen den »B2C-Umsätzen« = business to consumer und den »B2B-Umsätzen« = business to business. Und wie bestimmen Sie jetzt den Ort?

Student: Nun, hier liegt dann ein »B2B-Umsatz« vor, sodass die sonstige Leistung an dem Ort ausgeführt wird, von dem der FC Bayern München sein Unternehmen betreibt.

Prüfer: Richtig. Und das ist wo?

Student: Na das müsste dort sein, wo der FC Bayern seinen Sitz hat, also der Ort der Geschäftsleitung. Das ist eindeutig München, ich glaube in der Säberner Straße.

Prüfer: Sie kennen sich aber genau aus.

Student: Ja, ich war schon einige Male dort. München ist natürlich Inland, sodass die sonstige Leistung des FC Barcelona in Deutschland steuerbar ist.

Prüfer: Das haben Sie folgerichtig subsumiert. Also muss der FC Barcelona die Umsatzsteuer in Deutschland abführen?

Student: Ich muss jetzt erst noch prüfen, ob vielleicht eine Steuerbefreiung greift. Aber mir fällt keine naheliegende ein.

Prüfer: Gibt es auch hier nicht. Also muss sich der FC Barcelona in Deutschland registrieren lassen?

Student: Ja, eigentlich schon. Denn es ist ja egal, ob der Unternehmer seinen Sitz im Ausland hat. Entscheidend ist alleine, ob sein Umsatz in Deutschland steuerbar und steuerpflichtig ist.

Prüfer: Grundsätzlich haben Sie Recht. Aber ist das in unserem Fall so?

Student: Ich glaube schon.

Prüfer: Ist es denn immer so, dass der leistende Unternehmer die USt schuldet und abführen muss?

Student: Ach, jetzt weiß ich, worauf Sie hinaus wollen. Sie denken an das »Reverse-Charge-Verfahren«, also die Umkehr der Steuerschuldnerschaft nach § 13b UStG.

Prüfer: Genau daran denke ich, sehr gut erkannt! Ist das ein Fall des § 13b UStG?

Student: Oh, das weiß ich nicht auswendig. Kann ich jetzt dazu das Gesetz aufschlagen?

Prüfer: Ja, das dürfen Sie.

Student: Danke. Also, das hier ist ein Fall, der unter § 13b Abs. 1 UStG fällt. Der Ort der steuerpflichtigen sonstigen Leistung bestimmt sich nach § 3a Abs. 2 UStG und der FC Barcelona ist ein im übrigen Gemeinschaftsgebiet = Spanien ansässiger Unternehmer. Das steht so im § 13b Abs. 7 Satz 2 Halbsatz 1 UStG. Somit schuldet der FC Bayern die Umsatzsteuer nach § 13b Abs. 5 Satz 1 Halbsatz 1 UStG.

Prüfer: Das haben Sie perfekt subsumiert und auch die korrekte Schlussfolgerung gezogen. Wie hoch ist die Umsatzsteuer?

Student: Wenn alles richtig gelaufen ist, hat der FC Barcelona eine Rechnung ohne Ausweis der USt erteilt. Demnach sind die 100 Millionen € netto, sodass die USt i.H.v. 19 % = 19 Millionen € beträgt. Diese muss der FC Bayern in seiner Voranmeldung erklären.

Prüfer: Und was kann der FC Bayern noch tun?

Student: Er zieht diese USt in derselben Voranmeldung als Vorsteuer, wenn die Voraussetzungen der Abziehbarkeit und Abzugsfähigkeit erfüllt sind.

Prüfer: Schön. Damit haben wir den ersten Fall gelöst. Was wissen Sie über den Begriff »Kleinunternehmer«?

Student: Das ist ein besonderer Unternehmer, der grundsätzlich die Umsatzsteuer für seine Umsätze nicht abführen muss, dafür aber auch grundsätzlich keine Vorsteuer bekommt.

Prüfer: Das stimmt. Kann denn jeder Unternehmer auch Kleinunternehmer sein?

Student: Nein, natürlich nicht. Er darf bestimmte Grenzen nicht übersteigen.

Prüfer: Welche Grenzen sind das?

Student: Ich glaube, man muss immer zwei Jahre betrachten. Im Vorjahr dürfen 22.000 € nicht überschritten werden, im aktuellen Jahr darf es nicht über 50.000 € hinausgehen.

Prüfer: Richtig. Wonach richtet sich denn diese Grenze?

Student: Nach den Umsätzen.

Prüfer: Gehören alle Umsätze des Unternehmers dazu?

Student: Nein. Welche Umsätze dazu gehören und welche nicht, wird in § 19 UStG definiert. Man nennt diese Grenze »Gesamtumsatz«. Die Umsatzsteuer wird dazu gerechnet.

Prüfer: Ok. Muss man die Kleinunternehmerschaft beantragen?

Student: Denke schon.

Prüfer: Sicher?

Student: Ja.

Prüfer: Und warum gibt es dann die Option zur Regelbesteuerung?

Student: Oh, stimmt ja. Dann war meine Antwort wohl falsch. Man ist Kleinunternehmer von Gesetzes wegen, wenn die Voraussetzungen dafür erfüllt werden. Will man kein Kleinunternehmer sein, muss man zur Regelbesteuerung optieren.

Prüfer: Genau so ist die Rechtslage. Wollen wir jetzt über die »GiG« sprechen. Was fällt Ihnen dazu ein?

Student: Damit ist die Geschäftsveräußerung im Ganzen gemeint.

Prüfer: Das ist korrekt. Erzählen Sie mehr darüber.

Student: Das Umsatzsteuerrecht behandelt diesen Vorgang in § 1 Abs. 1a UStG. Zu vergleichen ist eine »GiG« mit einer Betriebsveräußerung i.S.d. EStG. Sie ist aber nicht identisch mit diesem Begriff. Die »GiG« soll verhindern, dass z.B. bei einem Verkauf des ganzen Unternehmens, für jede dabei stattfindende Lieferung und sonstige Leistung, die USt zu ermitteln ist. Sie trägt also dem praktischen Vereinfachungsgedanken Rechnung.

Prüfer: Soweit so gut. Nennen Sie die Voraussetzung für eine solche »GiG«?

Student: Ein Unternehmen oder ein Teilunternehmen muss als Ganzes entgeltlich oder unentgeltlich auf einen Erwerber übergehen. Ganz entscheidend dabei ist, dass der Erwerber die Absicht hat, das Unternehmen fortzuführen.

Prüfer: Gut. Und wenn er das nicht tut, also das Unternehmen z.B. sofort nach Kauf auflösen möchte?

Student: Dann kann es sich nicht um eine »GiG« handeln.

Prüfer: Sondern?

Student: Wenn keine »GiG« vorliegt, dann muss jeder Umsatz, der bei einem solchen Verkauf stattfindet, auf seine umsatzsteuerlichen Auswirkungen untersucht werden.

Prüfer: Bilden Sie doch bitte Beispiele dazu.

Student: Nehmen wir an, es werden Maschinen übertragen. Dann stellt jeder Übertragung für sich eine Lieferung dar, die auf ihre Steuerbarkeit und Steuerpflicht zu überprüfen ist. Werden Kundenforderungen übertragen, also abgetreten, so sind diese ebenfalls auf Steuerbarkeit und Steuerpflicht zu prüfen.

Prüfer: Ja, so ist es. Wenn eine »GiG« vorliegt, hat das welche Auswirkungen für den Erwerber?

Student: Der Erwerber zieht die Vorsteuern.

Prüfer: Kann das wirklich so sein?

Student: Ja, denke schon.

Prüfer: Überlegen Sie, was die Folge einer »GiG« ist!

Student: Na, die Nichtsteuerbarkeit der dabei stattfindenden Umsätze.

Prüfer: Und?

Student: Oh, jetzt bemerke ich meinen Gedankenfehler. Wenn der leistende Unternehmer keine steuerbaren Umsätze hat, kann der Leistungsempfänger natürlich auch nicht den Vorsteuerabzug in Anspruch nehmen.

Prüfer: Gibt es noch andere Auswirkungen für den Erwerber.

Student: Soweit ich mich noch erinnern kann, tritt er umsatzsteuerlich in die »Fußstapfen« des Veräußerers.

Prüfer: Das bedeutet?

Student: Er wird sozusagen USt-Rechtsnachfolger des Veräußerers. Das ist insbesondere interessant für die Anwendung des § 15a UStG. Hat z.B. der Veräußerer ein Grundstück mit Vorsteuerabzug erworben und nutzt es der Erwerber innerhalb des 10-Jahreszeitraums nur noch zu Ausschlussumsätzen, muss er insoweit Vorsteuern im Rahmen des § 15a UStG zurückzahlen.

Prüfer: Das haben Sie gut erkannt. Wollen wir uns zum Schluss einen kleinen Sachverhalt notieren: A, Hamburg, verkauft einen Neuwagen an Privatmann P, Bremen für 80.000 € zzgl. USt. Es wird eine Ratenzahlung i.H.v. 1.200 € pro Monat vereinbart, außerdem soll A bis zur vollständigen Bezahlung Eigentümer bleiben. Nach 10 Ratenzahlungen stellt P die Zahlungen ein und gibt den Wagen an A zurück. A und P verständigen sich darauf, dass A die bereits erhaltenen Raten als Nutzungsentschädigung behalten darf. Wie beurteilen Sie diesen Sachverhalt umsatzsteuerrechtlich?

Student: Ich glaube, hier handelt es sich um einen Eigentumsvorbehalt.

Prüfer: Korrekt. Und was bedeutet das für die Umsatzsteuer?

Student: Zivilrechtlich bleibt das Eigentum an dem Neuwagen bis zur vollständigen Bezahlung bei A. In der Umsatzsteuer ist das aber anders. Es geht ja darum zu entscheiden, ob und wann die Lieferung erfolgt.

Prüfer: Da haben Sie Recht. Ob und wann erfolgt denn eine Lieferung?

Student: Also, eine Lieferung liegt unstreitig vor, weil A dem P an dem Neuwagen Verfügungsmacht verschafft.

Prüfer: Wie soll das denn gehen, wenn A zivilrechtlicher Eigentümer des Wagens bleibt?

Student: Im Steuerrecht gibt es ja noch das wirtschaftliche Eigentum. Im Grunde kann ja B mit Übergabe des Wagens wie ein richtiger Eigentümer darüber verfügen. Er kann ihn nur nicht weiterverkaufen. Und wenn er die Ratenzahlungen einhält, wird er ja auch zivilrechtlicher Eigentümer. Ich denke, dass bei einem Verkauf unter Eigentumsvorbehalt mit Übergabe des Wagens bereits das wirtschaftliche Eigentum übergeht und somit umsatzsteuerlich Verfügungsmacht verschafft wird.

Prüfer: Richtig! Und wie errechnet sich dann die zu zahlende USt für A?

Student: Wenn A nach vereinbarten Entgelten versteuert, muss er den vollen Umsatzsteuerbetrag in dem Voranmeldungszeitraum abführen, in dem die Lieferung ausgeführt wurde; also hier 80.000 € × 19 % = 15.200 €. Die Ratenzahlung ist für diese Entscheidung ohne Bedeutung.

Prüfer: Dem ist so. Welche Auswirkung hat denn die Rückgabe des Wagens durch B?

Student: Ich würde sagen, dass dies eine Lieferung durch P darstellt, die aber mangels Unternehmereigenschaft des P nicht steuerbar ist.

Prüfer: Ein interessanter Ansatz. Also müsste A das volle Entgelt versteuern, obwohl er tatsächlich wesentlich weniger bekommen hat?

Student: Nein, das klingt irgendwie unlogisch.

Prüfer: Das ist auch unlogisch. Warum, glauben Sie, hat sich A das Eigentum an dem Wagen vorbehalten?

Student: Na ja, wenn B die Raten nicht zahlen kann, hat A das Eigentum am Wagen nicht verloren und kann den Wagen zurück verlangen.

Prüfer: Eben. Und das soll keine Auswirkung auf die Umsatzsteuer haben?

Student: Natürlich, jetzt fällt es mir wieder ein. Das ist eine Rückgängigmachung der ursprünglichen Lieferung.

Prüfer: Gut erkannt. Und das führt jetzt zu welchen Konsequenzen?

Student: Das führt zu einem Fall des § 17 UStG. Das bedeutet, dass A im Monat der Rückgängigmachung, hier wohl die Rückgabe des Wagens, das Entgelt und die USt in voller Höhe auf 0 € berichtigen muss. A erhält also die bereits abgeführten 15.200 € in voller Höhe zurück.

Prüfer: Das sind die Konsequenzen im Rahmen des § 17 UStG. Was passiert eigentlich mit den 12.000 € die A behalten kann?

Student: Stimmt ja. A hat ja die geleisteten Raten i.H.v. 12.000 € als Nutzungsentschädigung einbehalten. Ist das jetzt ein Umsatz?

Prüfer: Da dürfen Sie mich nicht fragen. Sie sollen das ja entscheiden!

Student: Ok. Eigentlich hat ja A dem B den Wagen im Endeffekt nicht verkauft, sondern ihm überlassen und dafür 12.000 € bekommen. Das kann man ja so wie eine Vermietung sehen, obwohl jetzt kein direkter Mietvertrag geschlossen wurde. Aber eine Duldung durch A liegt zweifellos vor. Ich entscheide mich für eine sonstige Leistung.

Prüfer: Gut erkannt. Ist diese denn steuerbar und steuerpflichtig?

Student: Da dieser Fall im Inland stattfindet, sehe ich keine Gründe, dass dem nicht so sein sollte. Folglich muss A aus den 12.000 €, die ja brutto sind, die USt herausrechnen.

Prüfer: So sehe ich das auch. Und wann muss A diese USt anmelden?

Student: Für den Voranmeldungszeitraum, in dem die sonstige Leistung ausgeführt wurde.

Prüfer: Und das ist wann?

Student: Wann die Duldung durch A endet, also wenn B den Wagen dem A wieder zurückgibt.

Prüfer: Liegen hier keine Teilleistungen vor?

Student: Ich denke nicht. Diese liegen ja nur dann vor, wenn das Entgelt für eine teilbare wirtschaftliche Leistung gesondert vereinbart wird. Daran scheitert es hier, weil eine Art Mietvertrag zu Beginn gar nicht beabsichtigt war.

Prüfer: Sehr schön. Damit haben Sie auch diesen Teil der mündlichen Prüfung hinter sich gebracht. Ich bedanke mich bei Ihnen für das gute und lockere Prüfungsgespräch.

V. Mündliche Prüfung aus dem Gebiet Besteuerung der Gesellschaften

Prüfer: Meine Damen und Herren, die nächsten 30 Minuten gehören dem Fach Besteuerung der Gesellschaften. Hier möchte ich mit Ihnen zunächst ein paar gesellschaftsrechtliche Überlegungen anstellen. Mein Mitprüfer und ich möchten ein Restaurant eröffnen. Welche Gesellschaftsformen kommen für uns in Betracht?

Student: Zum Beispiel die BGB-Gesellschaft.

Prüfer: Jawohl! Wie kommt eine BGB-Gesellschaft (GbR) zustande?

Student: Sie müssen mit Ihrem Kollegen einen Gesellschaftsvertrag abschließen und dann müssen Sie beide einen Beitrag leisten.

Prüfer: Sie haben zwei Aspekte genannt. Zunächst zum Gesellschaftsvertrag. Welche Formvorschriften sind hier einzuhalten?

Student: Es gibt keine vorgeschriebene Form. Sie können den Vertrag schriftlich oder mündlich abschließen. Sogar ein konkludentes Verhalten ist ausreichend.

Prüfer: Sehr schön! In welcher Form können wir unsere Beiträge erbringen?

Student: In Geld, in einer Sache oder in einer Dienstleistung.

Prüfer: Jawohl! Welche Dienstleistung käme hier in Betracht?

Student: Vielleicht kann einer von Ihnen kochen oder vielleicht die Bücher des Betriebs führen.

Prüfer: Gut! Können Sie mir sagen, in welcher Vorschrift die Beiträge geregelt sind?

Student: So um den § 705 BGB herum.

Prüfer: OK, es ist der § 706 BGB. Welche weitere Gesellschaftsform ist denkbar?

Student: Vielleicht eine KG.

Prüfer: Einverstanden. Worin bestehen die Unterschiede zu einer GbR?

Student: Die KG ist im HGB geregelt, sie ist also eine Handelsgesellschaft und es gibt Komplementäre und Kommanditisten. Ich glaube, dass auch eine Firma erforderlich ist.

Prüfer: Das sind ein paar gute Ansätze, die wir einmal näher untersuchen wollen. Was verstehen Sie unter Komplementären und Kommanditisten?

Student: Komplementäre sind die Vollhafter und Kommanditisten die Teilhafter.

Prüfer: Was bedeutet das konkret?

Student: Der Komplementär haftet mit seinem gesamten Privatvermögen, während die Haftung des Kommanditisten auf die Höhe seiner Einlage beschränkt ist.

Prüfer: Richtig! Sie haben den Begriff „Handelsgesellschaft" genannt. Was verstehen Sie darunter?

Student: Das sind Gesellschaften, die im Handelsregister eingetragen sind.

Prüfer: Können Sie einige Beispiele nennen?

Student: Wie gesagt die KG oder auch die OHG.

Prüfer: Kommen auch Kapitalgesellschaften als Handelsgesellschaften in Betracht?

Student: Ich glaube ja.

Prüfer: Sie glauben richtig! Wodurch wird die KG zu einer Handelsgesellschaft?

Student: Sie betreibt ein Handelsgewerbe.

Prüfer: Gut! Was bedeutet der Begriff „Handelsgewerbe" und wo ist dieser definiert?

Student: Der Begriff „Handelsgewerbe" ist in § 1 Abs. 2 HGB geregelt. Es muss sich um einen größeren Gewerbebetrieb handeln.

Prüfer: Was verstehen Sie unter einem „größeren Gewerbebetrieb"?

Student: Er muss einen in kaufmännischer Weise eingerichteten Geschäftsbetrieb erfordern, z.B. aufgrund der Umsatzhöhe, der Beschäftigung von Arbeitnehmern und so weiter.

Prüfer: Können mein Kollege und ich im Falle einer KG den Gewinn durch Einnahme-Überschuss-Rechnung gem. § 4 Abs. 3 EStG ermitteln?

Student: Nein, bei der KG handelt es sich um einen Kaufmann und als solcher ist sie gem. § 238 HGB buchführungspflichtig. Dies gilt dann gem. § 141 AO auch für das Finanzamt.

Prüfer: In Ordnung! Wir entwickeln den Fall einmal etwas weiter. Mein Kollege soll Komplementär werden und ich Kommanditist. Wer von uns beiden ist geschäftsführungsbefugt?

Student: Die Geschäftsführungsbefugnis liegt ausschließlich beim Komplementär.

Prüfer: Richtig! Mein Kollege erhält für die Geschäftsführung ein jährliches Gehalt in Höhe von 60.000 €. Wie verbucht die KG die Gehaltszahlungen?

Student: Die KG bucht in ihrer Handelsbilanz einen Lohnaufwand.

Prüfer: Ist diese Buchung steuerlich korrekt?

Student: Steuerlich handelt es sich um eine Sondervergütung i.S.v. § 15 Abs. 1 Nr. 2 EStG und somit um gewerbliche Einkünfte. Das Gehalt darf den steuerlichen Gewinn der KG nicht mindern und ist daher zu korrigieren.

Prüfer: Wie geschieht diese Korrektur technisch?

Student: Entweder durch eine Ertragsbuchung in einer Sonderbuchführung oder durch eine außerbilanzielle Gewinnkorrektur.

Prüfer: Gut! Wie ist die Geschäftsführungsleistung umsatzsteuerlich zu würdigen?

Student: Hier ist zunächst zu prüfen, ob ihr Kollege nach dem Gesamtbild der Verhältnisse selbständig ist. Falls dies der Fall ist, muss für die Bejahung eines Leistungsaustauschs ein Sonderentgelt vorliegen. Dies ist bei einer Aufwandsbuchung zu bejahen.

Prüfer: Sehr schön! Nun zu einem anderen Aspekt. Aufgrund des Gesellschaftsvertrags und der entsprechenden Handelsregistereintragung bin ich als Kommanditist zu einer Einlage in Höhe von 30.000 € verpflichtet. Ich habe davon aber erst 10.000 € erbracht. In welchem Umfang hafte ich mit meinem Privatvermögen für Schulden der KG?

Student: Ich glaube in Höhe Ihrer Einlage von 30.000 €.

Prüfer: Denken Sie noch einmal genau nach, ich habe von meiner Einlage einen Teilbetrag von 10.000 € eingezahlt.

Student: Dann erstreckt sich Ihre Haftung wohl auf den Betrag der noch ausstehenden Einlage von 20.000 €.

Prüfer: Richtig! Nehmen Sie an unsere KG erwirtschaftet im ersten Jahr einen Verlust. An diesem Verlust bin ich mit einem Betrag von 40.000 € beteiligt. Welche einkommensteuerlichen Folgen hat das für mich?

Student: Der Verlust wird einheitlich und gesondert festgestellt und dabei auf die Gesellschafter verteilt. Das Betriebsfinanzamt der KG teilt dann ihrem Wohnsitzfinanzamt ihren Verlustanteil mit und dieser wird im Rahmen ihrer ESt-Veranlagung berücksichtigt.

Prüfer: Was verstehen Sie unter „berücksichtigt"?

Student: Es erfolgt ein Ausgleich mit anderen Einkunftsarten.

Prüfer: In welcher Höhe?

Student: Das ist ein Fall von § 15a EStG.

Prüfer: Sehr gut! In welcher Höhe ist mein Verlustanteil gem. § 15a EStG ausgleichsfähig?

Student: Grundsätzlich in Höhe des Kapitalkontos von 10.000 €.

Prüfer: Sie sagen grundsätzlich; gibt es im vorliegenden Fall irgendwelche Besonderheiten?

Student: Aufgrund der bestehenden Außenhaftung in Höhe von 20.000 € besteht in dieser Höhe eine weitere Ausgleichfähigkeit des Verlustes. Somit sind von ihrem Verlust von 40.000 € insgesamt 30.000 € ausgleichsfähig.

Prüfer: Sehr gut! Ist der nicht ausgleichsfähige Verlust in Höhe von 10.000 € für mich verloren?

Student: Nein, es handelt sich um einen sog. „verrechenbaren Verlust". Dieser wird vom Betriebsfinanzamt gesondert festgestellt und kann in den Folgejahren berücksichtigt werden.

Prüfer: In welcher Weise kann dieser verrechenbare Verlust in den Folgejahren berücksichtigt werden?

Student: Er ist mit künftigen Gewinnanteilen aus dem KG-Anteil zu verrechnen.

Prüfer: Mit allen Gewinnen aus diesem KG-Anteil?

Student: Nein, nur mit den Gewinnanteilen aus der ersten Stufe der additiven Gewinnermittlung.

Prüfer: Sehr schön! Würden Sie den Begriff der „additiven Gewinnermittlung" bitte etwas näher erläutern?

Student: Die erste Stufe der additiven Gewinnermittlung betrifft Gewinne aus dem Gesamthandsbereich. Auf der zweiten Stufe werden die Sondervergütungen bzw. die Sonderbetriebseinnahmen und Sonderbetriebsausgaben erfasst.

Prüfer: Gut! Welche Bilanzen der KG betreffen die erste und welche Bilanzen die zweite Stufe der additiven Gewinnermittlung?

Student: Auf der ersten Stufe sind die Gesamthandsbilanz und die Ergänzungsbilanzen und auf der zweiten Stufe die Sonderbilanzen angesiedelt.

Prüfer: Sehr schön! Können Sie mir kurz den Unterschied zwischen einer Ergänzungsbilanz und einer Sonderbilanz erklären?

Student: In einer Sonderbilanz steht das Sonderbetriebsvermögen, also Wirtschaftsgüter im Eigentum eines Mitunternehmers, welche z.B. der Personengesellschaft dienen. Ergänzungsbilanzen hingegen betreffen das Gesamthandsvermögen. In Ihnen erscheinen Korrekturen zur Gesamthandsbilanz.

Prüfer: Richtig! Wie kann eine Ergänzungsbilanz beispielsweise zustande kommen?

Student: Zum Beispiel dadurch, dass bei Gründung der Personengesellschaft ein Mitunternehmer ein Einzelunternehmen einbringt.

Prüfer: Ich greife Ihren Gedanken einmal auf und entwickele unseren kleinen Restaurantfall weiter. Mein Kollege hatte bisher bereits als Einzelunternehmer ein Restaurant betrieben. Dieses bringt er nun in die KG ein. Wie kann er zivilrechtlich die Vermögensgegenstände und Schulden des Betriebs auf die KG übertragen?

Student: Im Wege der Einzelrechtsnachfolge oder im Wege der Gesamtrechtsnachfolge.

Prüfer: Gut! Wie kann es zu einer Gesamtrechtsnachfolge kommen?

Student: Im Wege einer Umwandlung nach dem UmwG.

Prüfer: Richtig! Welche Umwandlungsformen sind hier denkbar?

Student: Zum Beispiel eine Verschmelzung.

Prüfer: Was passiert im Rahmen einer Verschmelzung?

Student: Der übertragende Rechtsträger geht unter. Ich möchte mich korrigieren, eine Verschmelzung ist natürlich nicht möglich. Vielleicht eine Ausgliederung.

Prüfer: Gut! Wie funktioniert eine Ausgliederung?

Student: Ihr Kollege gliedert aus seinem gesamten Vermögen das Einzelunternehmen aus und überträgt dieses gegen Gewährung von Gesellschaftsrechten auf die KG.

Prüfer: Gut! Notieren Sie sich bitte folgende Daten: Der Buchwert des Einzelunternehmens meines Kollegen betrug 200.000 €, der gemeine Wert 300.000 €. Worin besteht der Differenzbetrag zwischen den beiden Werten?

Student: Es handelt sich um die stillen Reserven der Aktiva.

Prüfer: Ich ergänze den Sachverhalt dahin gehend, dass die stillen Reserven der Aktiva 70.000 € betragen sollen. Worin besteht der Restbetrag in Höhe von 30.000 €?

Student: Es handelt sich wohl um den Firmenwert des Einzelunternehmens.

Prüfer: Gut! Mit welchem Wert erscheint das Einzelunternehmen in der Eröffnungsbilanz der KG?

Student: Die KG hat gem. § 24 UmwStG ein Wahlrecht zwischen dem Buchwert und dem gemeinen Wert.

Prüfer: Ja, in etwa, würden Sie Ihre Aussage bitte etwas präzisieren?

Student: Grundsätzlich ist das Einzelunternehmen mit dem gemeinen Wert anzusetzen. Auf Antrag ist auch der Ansatz des Buchwerts oder eines Zwischenwerts möglich.

Prüfer: Genau! Vorausgesetzt die KG möchte den Buchwert ausweisen, wie erfolgt der konkrete Ansatz in ihrer Steuerbilanz?

Student: Die KG könnte in der steuerlichen Hauptbilanz den gemeinen Wert ansetzen. In diesem Fall entspräche das Kapitalkonto des einbringenden Gesellschafters dem tatsächlichen Wert des eingebrachten Betriebs. Dann müssten die stillen Reserven einschließlich des Firmenwerts in einer negativen Ergänzungsbilanz des einbringenden Gesellschafters ausgewiesen werden, um den gewünschten Buchwertansatz zu erreichen.

Prüfer: Schön, das wäre eine Möglichkeit. Welche einkommensteuerlichen Folgen hat der Wertansatz durch die KG für den einbringenden Gesellschafter?

Student: Für den einbringenden Gesellschafter stellt der Wertansatz den Veräußerungspreis im Rahmen von § 16 EStG dar.

Prüfer: Wie hoch wäre der Veräußerungsgewinn im vorliegenden Fall beim Ansatz des gemeinen Werts und in welcher Höhe wäre dieser zu versteuern?

Student: Der Veräußerungsgewinn beträgt 100.000 €. Die weitere Versteuerung hängt davon ab, ob Ihr Kollege das 55. Lebensjahr vollendet hat oder ob er dauernd berufsunfähig ist. In diesem Fall käme der Freibetrag gem. § 16 Abs. 4 EStG in Höhe von 45.000 € zum Abzug.

Prüfer: Richtig! Das Alter meines Kollegen wollen wir nicht näher untersuchen. Zurück zu den möglichen Rechtsformen für unser Restaurant. Sie haben bisher die GbR und die KG vorgeschlagen. Sind weitere Möglichkeiten denkbar?

Student: Vielleicht eine GmbH, das hätte den Vorteil dass Sie beide Ihre Haftung beschränken könnten.

Prüfer: Wie kommt ein GmbH-Gesellschaftsvertrag zustande?

Student: GmbH-Gesellschaftsverträge bedürfen einer notariellen Beurkundung.

Prüfer: Das ist zutreffend! Welche Einlagen könnten wir im Rahmen der Gründung leisten?

Student: Geld oder Sachen.

Prüfer: Kommt auch eine Dienstleistung in Betracht?

Student: Nein, das geht nur bei Personengesellschaften.

Prüfer: Richtig! Welches Kapital ist für eine GmbH-Gründung erforderlich?

Student: Das Mindeststammkapital beträgt 25.000 €, davon müssen nach dem GmbHG ein Viertel, mindestens aber 12.500 € direkt erbracht werden.

Prüfer: Ist auch ein geringeres Stammkapital denkbar?

Student: Vielleicht wenn Sie sich für eine Unternehmergesellschaft haftungsbeschränkt entscheiden.

Prüfer: Gut! Mein Kollege möchte im Rahmen der GmbH-Gründung sein bisheriges Einzelunternehmen einbringen. Ist diese Einbringung zum Buchwert möglich?

Student: Ja, es handelt sich um einen Fall des § 20 UmwStG. Die Vorschrift sieht grundsätzlich den Ansatz des gemeinen Werts vor, allerdings ist auf Antrag auch ein Buchwertansatz möglich.

Prüfer: Schön! Welche einkommensteuerliche Bedeutung hat die Wahlrechtsausübung hier für den einbringenden Gesellschafter?

Student: Auch hier stellt der Wertansatz der Gesellschaft für den einbringenden Gesellschafter den Veräußerungspreis für sein Einzelunternehmen gem. § 16 EStG dar.

Prüfer: Richtig! Kennen Sie eine weitere einkommensteuerliche Folge?

Student: Der Wertansatz der GmbH entspricht den Anschaffungskosten des Gesellschafters für den neu erworbenen GmbH-Anteil.

Prüfer: Gut! Wann haben die Anschaffungskosten des Anteils eine steuerliche Bedeutung?

Student: Bei einer späteren Anteilsveräußerung werden die Anschaffungskosten im Rahmen von § 17 EStG dem Veräußerungspreis gegenübergestellt, um zum Veräußerungsgewinn zu gelangen.

Prüfer: Richtig! Abschließende Frage: In welcher Höhe wirken sich die Anschaffungskosten auf die Höhe des Veräußerungsgewinns nach § 17 EStG aus?

Student: Nach § 3c EStG können die Anschaffungskosten nur zu 60 % berücksichtigt werden, da im Rahmen von § 17 EStG das Teileinkünfteverfahren zur Anwendung kommt.

Prüfer: Das ist zutreffend. Die Prüfung im Fach BdG ist damit beendet. Vielen Dank!

Schlusswort

Prüfungsvorsitzender: Vielen Dank für diese hervorragende Prüfung. Ohne das Prüfungsergebnis vorwegzunehmen, möchte ich Ihnen im Voraus schon einmal für das Bestehen der Laufbahnprüfung gratulieren. Der Prüfungsausschuss (die Autoren) wünschen Ihnen für die spätere Arbeit im Finanzamt viel Erfolg. Denken Sie immer daran, dass das Lernen mit dem Bestehen der Prüfung nicht vorbei ist. Die korrekte Anwendung der ständig sich ändernden Steuergesetze verlangt von Ihnen eine permanente Weiterbildung. Dass Sie dazu bereit und auch zum Selbststudium in der Lage sind, haben Sie schon damit bewiesen, dass Sie das Buch »Prüfungstraining zum Diplom-Finanzwirt« gekauft und, was noch wichtiger ist, auch durchgearbeitet haben. Für Kritik, Anregungen und auch Lob sind die Prüfer, sprich Autoren; jederzeit dankbar.

Vielen Dank für Ihr Interesse und noch einmal viel Erfolg für das Bestehen Ihrer Laufbahnprüfung und im Berufsleben wünschen zum Schluss die Autoren:

Martin Durm
Thomas Kremer
Jörg Ramb
Silke Sager
Norbert Wirfler

Stichwortverzeichnis

Symbole

§ 6b-Rücklage 153

A

Ablaufhemmung
- nach § 171 Abs. 4 AO 71
- nach § 171 Abs. 10 Satz 1 AO 85

Abtretung der Forderungen 111
Abzinsung 56
Additive Gewinnermittlung 171
AfA 54
- -Bemessungsgrundlage 138, 155
- -Fehler 153

Aktien 140
Altlasten Grund und Boden 58
Änderung
- des Einkommensteuerbescheides 90
- des Feststellungsbescheides 87
- gem. § 172 Abs. 1 Nr. 2a AO 71
- gem. § 173 Abs. 1 Nr. 1 AO 87
- gem. § 174 Abs. 4, Abs. 5 AO 87
- gem. § 175 Abs. 1 Nr. 1 AO 84
- nach § 129 Satz 1 AO 71, 86
- wegen neuer Tatsachen gem. § 173 Abs. 1 AO 70

Änderungsbescheid 71, 84
Androhung des Zwangsgeldes 72
Annexsteuern 148
Ansatz des Gebäudes, fortgeführte Anschaffungs- oder Herstellungskosten nach § 6 Abs. 1 Nr. 1 S. 1 EStG 152
Anschaffungskosten 174
- des Grund und Bodens 152
- Höhe des Veräußerungsgewinns nach § 17 EStG 174
- Waren 151

Anzahlung 101
Arbeitnehmer 147
Arbeitslohn 148
- aus einem früheren Dienstverhältnis 148

Arbeitszimmer als Kinderzimmer 100
Auflösende Bedingung 158
Auflösung
- durch Liquidation 109

Aufschiebende Bedingung 158
Aufteilung
- nach dem Verhältnis der Nutzflächen 41

Ausschlussumsatz 100
Außenanlagen 101
Auswirkungen der Insolvenzeröffnung 91

B

B2B-Umsätze 164
B2C-Umsätze 164
Barwert
- der Ratenzahlungen 134

Begünstigte Vermögensübertragung 150
Bekanntgabe des Feststellungsbescheids 85
Bemessungsgrundlage
- für die AfA 155

Berechnung
- der Steuer nach vereinnahmten Entgelten 98

Berichtigung
- -sbetrag 110
- -sobjekt 109
- -szeitraum 109

Beschwer gem. § 350 AO 72
Besteuerungsgrundsätze 160
Betrieb
- -sprüfung 152
- -sverpachtung im Ganzen 149
- -svorrichtung 101

Betriebsaufgabe 149
Bewegte Lieferung 98
Bewertung
- eines bebauten Grundstücks 152

BGB-Gesellschaft 169
Bilanz
- -änderung nach § 4 Abs. 2 S. 2 EStG 152
- -ansatz KG-Anteil 140
- -berichtigung 54, 152
- -position, kein Wirtschaftsgut 153

Buchwert 41, 173
Büroausstattung 44

C

Computerhardware
- Nutzungsdauer 45

D

Darlehen 43, 57
Dienstleistungen auf dem Gebiet der PC-Software 107
Disagio 57
Drittaufwand 54
Drittschuldnererklärung 90
Dualismus der Einkünfteberechnung 146

E

Ehegattengrundstück 53
Eigenschaft von Mitunternehmern 149
Eigentumsvorbehalt 167
Einbau einer Feuerlöschanlage 41
Einbringung
- einer Einzelfirma 109
- zum Buchwert 174

Einkünfte
- aus dem Grundstücksverkauf 4
- aus Gewerbebetrieb nach § 15 Abs. 1 Nr. 1 EStG 148

– aus GmbH-Beteiligungen 5
– aus Kapitalvermögen 135
– aus Vermietung und Verpachtung 7
Einlagen 137
Einspruch 86
– gegen Feststellungsbescheide 84
Eintritt der Gesamtrechtsnachfolge 146
Einzelrechtsnachfolge 172
Entgelt für die Grundstücksveräußerung 102
Entnahme
– eines Unternehmensgegenstandes 109
Erbauseinandersetzung innerhalb eines Zeitraums von sechs Monaten nach dem Erbfall 149
Erbengemeinschaft 147
Erbenhaftung des § 1967 Abs. 1 BGB 146
Erblasser, Betriebsverpachtung 149
Ergänzungsbilanz 172
Erhaltene Anzahlung 151
Erhebliche Härte 157
Eröffnung eines Insolvenzverfahrens 91
Erste Stufe der additiven Gewinnermittlung 137
Erzwingung der Abgabe der Drittschuldnererklärung 90

F

Fahrten des Unternehmers zwischen Wohnung und Betriebsstätte 113
Fälligkeit 159
Fehlerhafter Bilanzansatz 57, 152
Festsetzungsverjährung 70
Feststellung
– -sbescheide 84
– -sfrist 87
– -sverjährung 85
Fiktive Lieferung 100
Firmenwert 110, 111
Folgen des Tods beim Erblasser sowie beim Erben 145
Forderungsverzicht 137
Funktionsgleichheit des Ersatzwirtschaftsguts 154
Fußstapfentheorie 146

G

Gebäude 53, 136
– -teile 41
Geldentnahme 156
Gemeiner Wert 173
Gesamtrechtsnachfolge 145, 172
– des § 45 Abs. 1 AO 146
Geschäftsführung
– -sbefugnis 170
– -sleistung 170
– -svergütung 137
Geschäftsveräußerung im Ganzen 110, 165
– i.S.d. § 1 Abs. 1a UStG 97
Gesellschaftsvertrag 169
Gesetzmäßigkeit der Besteuerung 160
Gewährung von Gesellschaftsrechten 112
Gewerbebetrieb, größerer 170
Gewinnausschüttung 138
Gewinnerhöhende Auflösung der Rücklage gem. § 6b Abs. 3 Satz 4 EStG 154
GmbH
– -Beteiligungen 2
– -Gesellschaftsvertrag 173
– -Gründung, Kapital 173
Grundsatz
– der Bilanzierungsvorsicht 151
– der Einzelbewertung 152
– der Gewährung rechtlichen Gehörs 161
– der Gleichmäßigkeit der Besteuerung 160
Grundstück 40
Grundstücksteil 40
– von untergeordneter Bedeutung i.S.d. R 4.2 Abs. 8 EStR 153
Grundstücksverkauf 1
Grund und Boden 55
– Anschaffungskosten 152
Güterbeförderung an einen Unternehmer 111
Gutschrift 100

H

Handelsgesellschaft 169
Handelsgewerbe 170
Handelsregister 169
Hinterbliebenenbezüge 148

I

Immobiliarvollstreckung 90
Imparitätsprinzip 151
Insolvenz
– -antrag 91, 92
– -tabelle 91
Inventar 152
Inventur 152
Investitionsabzugsbetrag 154, 155

J

Jahresüberschuss
– der GmbH 140

K

Kapital
– -gesellschaften 170
Kasse 111
Kaufmann 170
KG 169
– Unterschiede zu einer GbR 169
Kinderfreibetrag 9

Klausuren 1
Kleinunternehmer 165
Kollision von Ermittlungspflicht und Mitwirkungspflicht 161
Kommanditist 169
- Einlage 171
- Haftung 171
- Verlust 171
Komplementär 169
Kopplungseffekt 57, 155
Korrektur
- nach § 173 Abs. 1 Nr. 1 AO 89
- von Steuerbescheiden 161
- wegen geänderten Grundlagenbescheides 85
Korrespondenzprinzip bei Versorgungsleistungen 150

L
Lebenslängliche Rente 149
Leistungsgebot 160
Lieferung
- der Betriebsvorrichtung 101
- des Grund und Bodens 101
- oder sonstige Leistung? 163
Lohnsteuer
- -abzug, Merkmale für den 148
- -bescheinigung 147
- Einbehalt für einen Verstorbenen 147

M
Masseforderungen 91
Maßgeblichkeit 58
Mietforderungen 90
Mindestbemessungsgrundlage 113
Mindeststammkapital 174
Mitunternehmeranteil 134
Mitunternehmerschaft 148
Mündliche Prüfung
- Abgabenrecht 157
- Besteuerung der Gesellschaften 169
- Bilanzsteuerrecht und betriebliches Rechnungswesen 151
- Steuern vom Einkommen und Ertrag 145
- Umsatzsteuer 163

N
Nachträgliche Herstellungskosten 41
Nachträgliches Bekanntwerden einer Tatsache 71
Nebenbestimmung 158
Negative Ergänzungsbilanz 173
Nicht steuerbare Geschäftsveräußerung im Ganzen nach § 1 Abs. 1a Satz 1 UStG 109
Nichtsteuerbare Vermögensumschichtung 145
Niedrigerer Teilwert 151
Notwendiges Betriebsvermögen nach R 4.2 Abs. 7 EStR 152
Notwendiges Privatvermögen 153
Nutzung des Arbeitszimmers 100

O
Option
- zur Regelbesteuerung 165
- zur Steuerpflicht nach § 9 Abs. 1 UStG 100
Ort
- der fiktiven Lieferung 100, 109
- der jeweiligen sonstigen Leistung 99
- der Lieferung 101
- der sonstigen Leistung 163
- der steuerpflichtigen sonstigen Leistung 164

P
Personelle Verflechtung 137
Persönliche Einkommensteuerpflicht des Erblassers 146
Pfändung
- der Mietforderungen 90
- einer Vase 73
- -spfandrecht 91
Pkw
- Privatnutzung 112
- Vermietung gegen Sonderentgelt an die KG 113
Privatanteil nach der 1 %-Methode 113
Privateinlage i.S.d. § 4 Abs. 1 S. 8 EStG 155
Private Nutzung des Einfamilienhauses 99
Privatschuld 155
Prüfungsklausur
- aus dem Gebiet Abgabenrecht 81
- aus dem Gebiet Besteuerung der Gesellschaften 132
- aus dem Gebiet Bilanzsteuerrecht und Betriebliches Rechnungswesen 51
- aus dem Gebiet Umsatzsteuer 107

Q
Quellentheorie 146

R
Ratenzahlungen 135
Realisationsprinzip 151
Rechnungen i.S.d. § 14 UStG 100
Rechtmäßigkeit der Einkommensteuerbescheide 66
Regelbesteuerung 98
Reinvermögenszuwachstheorie 145
Reinvestition 153, 154
- -sabsicht 154
Restbuchwert 155
Reverse-Charge-Verfahren 99, 101, 111, 164
Risikomanagement 160
Rückstellung 58

S

Sachleistungsverpflichtung 58
Sachliche Einkommensteuerpflicht 145
Sachliche Steuerpflicht 145
Sachliche Verflechtung 137
Sammelposten gem. § 6 Abs. 2a EStG 45, 154
Säumniszuschläge 160
Schattenrechnung 54, 55, 153
Scheinbare Durchbrechung des Bilanzenzusammenhangs 56, 153
Schlusswort 175
Schriftstellerische Tätigkeit 99
Schuldbefreiung 110
Schuldzinsen 58, 155
Sonder-AfA nach § 7g Abs. 5 EStG 155
Sonderbetriebsausgabe 135
Sonderbetriebsvermögen 138
Sonderbilanz 138, 172
Sondervergütung
– i.S.v. § 15 Abs. 1 Nr. 2 EStG 170
Sonstige Leistung 99, 113, 163
– in Deutschland steuerbar? 163
Spenden 9
Spiegelbildmethode 140
Statthaftigkeit der Einsprüche 72
Steuer
– -abzug nach den steuerlichen Merkmalen des Verstorbenen 147
– -befreiung des § 4 Nr. 9 Buchstabe a UStG 100
– -bescheid, Änderung wegen unlauterer Mittel wie arglistige Täuschung 90
– -bilanz, keine Teilwertabschreibung 151
– -freie fiktive Lieferung eines Grundstücks 100
– -liche Nebenleistungen 159
– -licher Gesamtgewinn 139
– -schuldner 102
– -verkürzung 89
Steuerhinterziehung 72, 88
– gem. § 370 Abs. 1 Nr. 1 AO 88
– i.S.d. § 370 Abs. 1 Nr. 2 AO 76
Steuerschuldner 101, 102
Stundung 157
– Hinausschieben der Fälligkeit 159
– mit Auflage 159
– rechtmäßige 159
– -sbedürftigkeit 157
– -swürdigkeit 157
– -szinsen 158
– Wegfall automatischer 158
– Widerruf 159
– Wirkung 158

T

Tatsächliche Verständigungen 161
Teileinkünfteverfahren 135, 174
Teilleistungen 168
Teilwert
– -abschreibung 58, 140
– größer als Anschaffungskosten 151
Tilgung
– der Betriebsschuld 155
– der Verbindlichkeit 56
Treu und Glauben 161

U

Überpfändung 74
Übertragung
– des Firmenwerts 111
Übertragung einer Beteiligung 5
Übungsklausur
– aus dem Gebiet Abgabenrecht 65
– aus dem Gebiet Besteuerung der Gesellschaften 118
– aus dem Gebiet Bilanzsteuerrecht und Betriebliches Rechnungswesen 37, 81
– aus dem Gebiet Steuern vom Einkommen und Ertrag 1
– aus dem Gebiet Umsatzsteuer 96
Umkehr der Steuerschuldnerschaft nach § 13b UStG 164
Umsatzsteuer
– -pflicht, Option 99
Umwandlungsformen 172
Unbewegliches, abnutzbares Anlagevermögen 53
Unentgeltlicher Gesamtrechtsnachfolger des Erblassers 145
Unentgeltliche Überlassung eines bebauten Grundstücks 109
Unrichtiger Steuerausweis 102
Unternehmensvermögen 99
Unternehmereigenschaft 112
Unterschiede
– zwischen der § 6b-Rücklage und der Rücklage für Ersatzbeschaffung 154
– zwischen einer Bilanzberichtigung und einer Bilanzänderung 152
– zwischen einer Ergänzungsbilanz und einer Sonderbilanz 172
Untersuchungsgrundsatz gem. § 88 AO 161
Unwirksamwerden der Pfändung 91

V

Veräußerung
– bestimmter begünstigter Wirtschaftsgüter 153
Veräußerung eines Grundstücks
– aufgedeckte stillen Reserven 40
Veräußerungsgewinn 173

Verbindlichkeit 56, 111
Verbraucherinsolvenzverfahren 91
Verfügungsverbot 91
Verhältnis zwischen Handels- und Steuerbilanz 151
Verkauf
- bebautes Grundstück 101
- eines Einfamilienhauses 99
Verkürzung der Steuer gem. § 370 Abs. 4 Satz 1 AO 75
Verlustanteil gem. § 15a EStG 171
Vermietung 113
- Bürogebäude 2
- eines Pkw an eine KG gegen Sonderentgelt 110
- -stätigkeit 137
Vermietung Bürogebäude 2
Vermögensübertragung 145
- unentgeltliche 150
Verpächterwahlrecht 149
Verrechenbarer Verlust 171
Verschmelzung 172
Versorgungsbezüge 148
Versorgungsfreibetrag 148
Versorgungsleistungen 149
- die auf die Lebenszeit des Empfängers gezahlt werden 149
Verspätungszuschläge 159
Verwaltungsakt
- Änderung oder Aufhebung 159
- Bindungswirkung 159
- Fehler 161
Verwirklichung des Steueranspruchs i.S.d. § 19 EStG 147
Vollstreckung
- Aufschub 157
- Schonfrist 74
- -sstelle 157
- Verbot 91
- Voraussetzungen 74
Voraussetzungen
- für die Steuerbarkeit 163
Vorbehalt der Nachprüfung 152
- Wegfall 71
Vorsatz 75
- und grobe Fahrlässigkeit 87
Vorsteuer
- -abzug 100, 102, 112
- aus dem Grundstückserwerb 100

W
Wertansatz der GmbH 174
Widerruf der Nichtveranlagungsbescheinigung 73
Wirtschaftsgut 153

Z
Zahlungsverzug 157
Zivilrechtliche Gesamtrechtsnachfolge 145
Zufluss
- -prinzip des § 11 Abs. 1 EStG 147
Zuflussbesteuerung 7
Zulässigkeit eines Einspruchs 84
Zuschlag zum Versorgungsfreibetrag 148
Zuwendung i.S.d. § 12 Nr. 2 EStG 150
Zwangsgeld 159
- -androhung 72
- -festsetzung 73
Zwangsgeldfestsetzung 73

Paket Vorbereitung auf die mündliche Steuerberaterprüfung 2022/2023

Umfang: 4 Bücher mit insg. 1.420 Seiten
Preis: 204,90 €
ISBN: 978-3-95554-823-0
6. Auflage

6. Aufl. 2022

Seefelder, Betriebserwerb durch Auffanggesellschaft

Umfang: 106 Seiten
Preis: 39,95 €
ISBN: 978-3-95554-289-4
1. Auflage

von Cölln, Veräußerung einer Immobilie im Umsatzsteuerrecht

Umfang: 136 Seiten
Preis: 39,90 €
ISBN: 978-3-95554-672-4
1. Auflage

Ossola-Haring, Vererbung von GmbH-Anteilen

Umfang: 108 Seiten
Preis: 39,90 €
ISBN: 978-3-95554-765-3
2. Auflage

Ratjen/Sager/Schimpf, Abgabenordnung und Finanzgerichtsordnung, Steuern und Finanzen, Band 7

Umfang: 544 Seiten
Preis: 49,90 €
ISBN: 978-3-95554-740-0
5. Auflage

Dauber u.a., Vereinsbesteuerung Kompakt

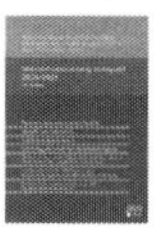

Umfang: 988 Seiten
Preis: 109,90 €
ISBN: 978-3-95554-762-2
13. Auflage

13. Aufl. 2022

Seefelder, Sanierungsplan, Finanzierung, Bewertung und Sanierung von Unternehmen, Bd. 5

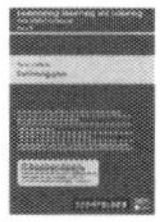

Umfang: 120 Seiten
Preis: 29,90 €
ISBN: 978-3-95554-343-3
1. Auflage

Radeisen, Erbschaftsteuer und Bewertung, Steuern und Finanzen in Ausbildung und Praxis, Bd. 3

Umfang: 372 Seiten
Preis: 49,90 €
ISBN: 978-3-95554-597-0
4. Auflage

Seefelder, Die Wahl der richtigen Rechtsform, Rechtsformen und Musterverträge im Gesellschaftsrecht, Bd. 9

Umfang: 158 Seiten
Preis: 29,95 €
ISBN: 978-3-95554-255-9
1. Auflage

Voos, Betriebswirtschaft und Recht in der mündlichen Steuerberaterprüfung 2022/2023

Umfang: 150 Seiten
Preis: 44,90 €
ISBN: 978-3-95554-826-1
2. Auflage

2. Aufl. 2022

Seefelder, Wie Sie Ihre Kanzlei vernichten ohne es zu merken

Umfang: 204 Seiten,
Preis: 49,90 €
ISBN: 978-3-95554-816-2
3. Auflage

3. Aufl. 2022

Seefelder, Die GmbH & Co. KG auf Aktien, Rechtsformen und Musterverträge im Gesellschaftsrecht, Bd. 5

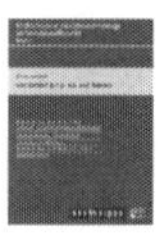

Umfang: 104 Seiten
Preis: 29,95 €
ISBN: 978-3-95554-252-8
1. Auflage

Traub, Abenteuer Steuerberaterprüfung

Umfang: 96 Seiten
Preis: 29,90 €
ISBN: 978-3-95554-709-7
1. Auflage

Jauch/Ramb, Ausbildungstraining zum Finanzwirt Laufbahnprüfung 2022/2023, Steuern und Finanzen in Ausbildung und Praxis, Bd. 13

Umfang: 172 Seiten
Preis: 39,95 €
ISBN: 978-3-95554-821-6
6. Auflage

6. Aufl. 2022

Fränznick (Hrsg.), Die schriftliche Steuerberaterprüfung 2022/2023

Umfang: 394 Seiten
Preis: 64,90 €
ISBN: 978-3-95554-790-5
13. Auflage

13. Aufl. 2022

Seefelder, Die Stille Gesellschaft, Rechtsformen und Musterverträge im Gesellschaftsrecht, Bd. 8

Umfang: 118 Seiten
Preis: 29,95 €
ISBN: 978-3-95554-251-1
1. Auflage

Schneider, Familie und Steuern

Umfang: 152 Seiten
Preis: 39,90 €
ISBN: 978-3-95554-708-0
1. Auflage

Bernhagen u.a., Falltraining Einkommensteuerrecht, Fälle und Lösungen zum Steuerrecht, Bd. 1

Umfang: 224 Seiten
Preis: 49,90 €
ISBN: 978-3-95554-731-8
4. Auflage

Blankenhorn, Gewerbesteuer, Steuern und Finanzen in Ausbildung und Praxis, Bd. 14

Umfang: 188 Seiten
Preis: 44,90 €
ISBN: 978-3-95554-802-5
4. Auflage

4. Aufl. 2022

Dauber/Ulbrich, Körperschaftsteuer und Gewerbesteuer für Vereine

Umfang: 124 Seiten
Preis: 39,90 €
ISBN: 978-3-95554-711-0
2. Auflage

Hoffmann, Lernstrategien für das Jura-Studium

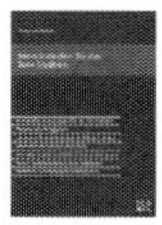

Umfang: 188 Seiten
Preis: 49,90 €
ISBN: 978-3-95554-730-1
1. Auflage

Durm u.a., Prüfungstraining zum Diplom-Finanzwirt Laufbahnprüfung 2022/2023, Steuern und Finanzen in Ausbildung und Praxis, Bd. 12

Umfang: 200 Seiten
Preis: 39,95 €
ISBN: 978-3-95554-820-9
6. Auflage

6. Aufl. 2022

Rhode/Krennrich-Böhm, Teilung einer Arztzulassung/Jobsharing

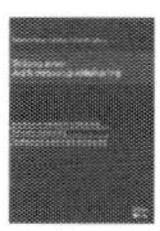

Umfang: 80 Seiten
Preis: 49,90 €
ISBN: 978-3-95554-618-2
1. Auflage

Preißer u.a., Umwandlungsrecht

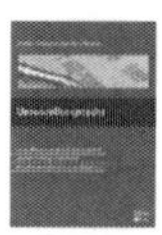

Umfang: 122 Seiten
Preis: 29,90 €
ISBN: 978-3-95554-721-9
1. Auflage

Fritz, Wie Sie Ihre Familie zerstören ohne es zu merken

Umfang: 168 Seiten
Preis: 39,90 €
ISBN: 978-3-95554-117-0
2. Auflage

Fritz, Wie Sie Ihr Vermögen vernichten ohne es zu merken

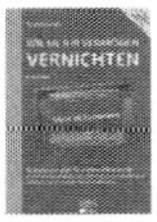

Umfang: 238 Seiten
Preis: 39,90 €
ISBN: 978-3-95554-510-9
4. Auflage

Preißer u.a., Umwandlungsrecht/Umwandlungssteuerrecht, Steuern und Finanzen in Ausbildung und Praxis, Bd. 15

Umfang: 310 Seiten
Preis: 49,90 €
ISBN: 978-3-95554-671-7
1. Auflage

Birgel, Datenzugriffsrecht auf digitale Unterlagen

Umfang: 90 Seiten
Preis: 49,90 €
ISBN: 978-3-95554-845-2
2. Auflage

2. Aufl. 2023

Seefelder, Die GmbH & Co. KG, Rechtsformen und Musterverträge im Gesellschaftsrecht, Bd. 4

Umfang: 112 Seiten
Preis: 29,95 €
ISBN: 978-3-95554-250-4
1. Auflage

Ackermann/Petzoldt, Erbrecht, Grundzüge des Rechts für Finanzwirte/Diplom-Finanzwirte/Bachelor of Laws, Bd. 1

Umfang: 108 Seiten
Preis: 29,90 €
ISBN: 978-3-95554-494-2
1. Auflage

Hoffmann, Effektive und effiziente Vorbereitung auf die Steuerberaterprüfung, Vorbereitung auf die Steuerberaterprüfung, Bd. 6

Umfang: 188 Seiten
Preis: 49,90 €
ISBN: 978-3-95554-438-6
1. Auflage

Elvers, Abrechnung für Zahnarztpraxen Kompakt

Umfang: 106 Seiten
Preis: 49,90 €
ISBN: 978-3-95554-550-5
2. Auflage

Fleischhauer, Die Erfolgsspaltung vor und nach BilRUG

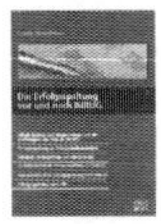

Umfang: 102 Seiten
Preis: 49,90 €
ISBN: 978-3-95554-242-9
1. Auflage

Kamchen, Besteuerung und Bilanzierung von Bitcoin & Co.

Umfang: 120 Seiten
Preis: 24,90 €
ISBN: 978-3-95554-619-9
1. Auflage

Zielke, Wissenschaftliches Arbeiten durch plagiatfreies Ableiten

Umfang: 156 Seiten
Preis: 15,90 €
ISBN: 978-3-95554-806-3
1. Auflage

Neu 2022

Zielke, Übungsbuch Wissenschaftliches Arbeiten durch plagiatfreies Ableiten

Umfang: 108 Seiten
Preis: 15,90 €
ISBN: 978-3-95554-807-0
1. Auflage

Neu 2022

Paket Wissenschaftliches Arbeiten durch plagiatfreies Ableiten

Umfang: 2 Bücher mit 264 Seiten
Preis: 29,90 €
ISBN: 978-3-95554-808-7
1. Auflage

Neu 2022

Szczesny, Körperschaftsteuer, Steuern und Finanzen in Ausbildung und Praxis, Bd. 5

Umfang: 436 Seiten
Preis: 54,90 €
ISBN: 978-3-95554-843-6
4. Auflage

4. Aufl. 2023

Müller, Forderungsmanagement für KMU nach dem Minimalprinzip

Umfang: 168 Seiten
Preis: 29,90 €
ISBN: 978-3-95554-170-5
1. Auflage

Patt, Checkliste Einbringung eines Betriebs, Teilbetriebs oder Mitunternehmeranteils in eine Personengesellschaft (§ 24 UmwStG)

Umfang: 78 Seiten
Preis: 29,90 €
ISBN: 978-3-95554-633-5
1. Auflage

Patt, Checkliste Spaltung einer Körperschaft

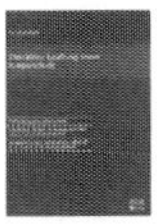

Umfang: 64 Seiten
Preis: 29,90 €
ISBN: 978-3-95554-635-9
1. Auflage

Fränznick, Falltraining Bilanzsteuerrecht, Fälle und Lösungen zum Steuerrecht, Bd. 2

Umfang: 392 Seiten
Preis: 49,90 €
ISBN: 978-3-95554-815-5
6. Auflage

6. Aufl. 2022

Schinkel, Wirtschaftsmediation und Verhandlung

Umfang: 264 Seiten
Preis: 59,90 €
ISBN: 978-3-95554-176-7
2. Auflage

Dauber, Verträge für Arztpraxen

Umfang: 126 Seiten
Preis: 49,90 €
ISBN: 978-3-95554-575-8
1. Auflage

Benz, Wie Apotheken funktionieren

Umfang: 266 Seiten
Preis: 49,90 €
ISBN: 978-3-95554-498-0
1. Auflage

Grobshäuser/Metzing, Falltraining Internationales Steuerrecht, Fälle und Lösungen zum Steuerrecht, Bd. 8

Umfang: 100 Seiten
Preis: 49,90 €
ISBN: 978-3-95554-429-4
1. Auflage

Patt, Checkliste Umwandlung einer Personengesellschaft in eine Kapitalgesellschaft oder Genossenschaft (§§ 20, 25 UmwStG)

Umfang: 78 Seiten
Preis: 29,90 €
ISBN: 978-3-95554-634-2
1. Auflage

Feindt, Businesspläne für Ärzte und Zahnärzte Kompakt

Umfang: 128 Seiten
Preis: 49,90 €
ISBN: 978-3-95554-184-2
2. Auflage

Neumann, Falltraining Lohnsteuer, Fälle und Lösungen zum Steuerrecht, Bd. 7

Umfang: 124 Seiten
Preis: 49,90 €
ISBN: 978-3-95554-798-1
2. Auflage

2. Aufl. 2022

Wermke u.a., Praxishandbuch Mediation

Umfang: 232 Seiten
Preis: 34,90 €
ISBN: 978-3-95554-171-2
3. Auflage

Radeisen, Falltraining Umsatzsteuer, Fälle und Lösungen zum Steuerrecht, Bd. 6

Umfang: 272 Seiten
Preis: 49,90 €
ISBN: 978-3-95554-704-2
5. Auflage

5. Aufl. 2022

Wermke u.a., Exzellente Kommunikation im Wirtschaftsleben

Umfang: 170 Seiten
Preis: 44,90 €
ISBN: 978-3-95554-371-6
1. Auflage

Gieske, Gesetzliche Betreuung – Fluch oder Segen?

Umfang: 170 Seiten
Preis: 24,90 €
ISBN: 978-3-95554-620-5
1. Auflage

Seefelder, Die Gesellschaft bürgerlichen Rechts (GbR), Rechtsformen und Musterverträge im Gesellschaftsrecht, Bd. 3

Umfang: 132 Seiten
Preis: 39,90 €
ISBN: 978-3-95554-793-6
2. Auflage

2. Aufl. 2022

Hoffmann, Mandanten gewinnen – Akquisitionsstrategien für Steuerberater, Rechtsanwälte und Wirtschaftsprüfer

Umfang: 194 Seiten
Preis: 59,90 €
ISBN: 978-3-95554-519-2
1. Auflage

von Eitzen/Zimmermann, Bilanzierung nach HGB und IFRS

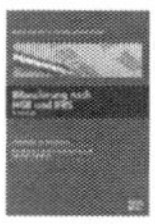

Umfang: 384 Seiten
Preis: 44,90 €
ISBN: 978-3-95554-623-6
4. Auflage

Uppenbrink/Frank, Haftungsrisiken für Steuerberater und Wirtschaftsprüfer bei insolvenzgefährdeten Mandaten

Umfang: 104 Seiten
Preis: 49,90 €
ISBN: 978-3-95554-497-3
1. Auflage

Laoutoumai, Gewinnspiele auf Websites und Social-Media-Plattformen

Umfang: 174 Seiten
Preis: 99,95 €
ISBN: 978-3-95554-283-2
1. Auflage

Ossola-Haring, Vermögensübertragung und Nießbrauch

Umfang: 96 Seiten
Preis: 39,90 €
ISBN: 978-3-95554-431-7
1. Auflage

Hoffmann, Lernstrategien für die erfolgreiche Prüfungsvorbereitung

Umfang: 184 Seiten
Preis: 54,90 €
ISBN: 978-3-95554-848-3
2. Auflage

2. Aufl. 2023

Uppenbrink, Sanierungsmandate aus Bankensicht: MaRisk – (Problem-) Kreditbearbeitung

Umfang: 122 Seiten
Preis: 49,90 €
ISBN: 978-3-95554-407-2
1. Auflage

Laoutoumai/Sanli, Startups und Recht

Umfang: 230 Seiten
Preis: 49,90 €
ISBN: 978-3-95554-386-0
1. Auflage

Deussen, Jahresabschluss und Lagebericht

Umfang: 248 Seiten
Preis: 49,90 €
ISBN: 978-3-95554-363-1
4. Auflage

Ewerdwalbesloh, Betriebswirtschaftliche Grundlagen und Finanzierung für Arztpraxen, Zahnarztpraxen und Heilberufler Kompakt

Umfang: 132 Seiten
Preis: 49,90 €
ISBN: 978-3-95554-319-8
2. Auflage

Hendricks/Preuss, Die Betriebsaufspaltung

Umfang: 166 Seiten
Preis: 54,90 €
ISBN: 978-3-95554-381-5
1. Auflage

Formularsammlung zur Bearbeitung von Sanierungs-/Insolvenzmandaten

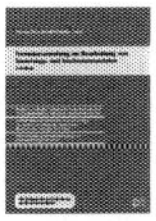

Umfang: 540 Seiten
Preis: 199,90 €
ISBN: 978-3-95554-190-3
2. Auflage

Ackermann, Verluste bei beschränkter Haftung nach § 15a EStG

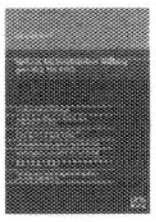

Umfang: 184 Seiten
Preis: 69,90 €
ISBN: 978-3-95554-355-6
1. Auflage

Dauber, Investitionen und Investitionsplanung für Ärzte, Zahnärzte und Heilberufler

Umfang: 82 Seiten
Preis: 49,90 €
ISBN: 978-3-95554-393-8
1. Auflage

Hellerforth, Immobilienmanagement Kompakt

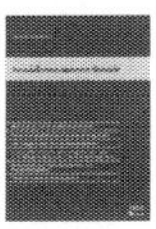

Umfang: 270 Seiten
Preis: 59,90 €
ISBN: 978-3-95554-284-9
1. Auflage

Posdziech, Aktuelle Schwerpunkte der GmbH-Besteuerung

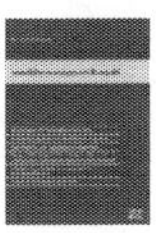

Umfang: 380 Seiten
Preis: 69,90 €
ISBN: 978-3-95554-425-6
3. Auflage

Held/Stoffel, Die Besteuerung der Zahnärzte Kompakt

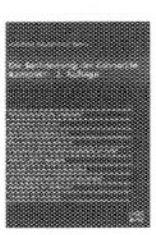

Umfang: 168 Seiten
Preis: 49,90 €
ISBN: 978-3-941480-86-5
2. Auflage

Ackermann, Sachenrecht,
Grundzüge des Rechts für Finanzwirte/Diplom-Finanzwirte/Bachelor of Laws, Bd. 2

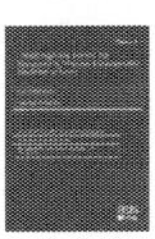

Umfang: 138 Seiten
Preis: 29,90 €
ISBN: 978-3-95554-365-5
1. Auflage

Uppenbrink/Frank, Sanierung von Arzt-, Zahnarzt-, Heilberuflerpraxen und Apotheken Kompakt

Umfang: 116 Seiten
Preis: 49,90 €
ISBN: 978-3-95554-306-8
2. Auflage

Hild, Steuerabwehr aufgrund eines Steuerstrafverfahren

Umfang: 254 Seiten
Preis: 69,90 €
ISBN: 978-3-95554-432-4
1. Auflage

Poll u.a., Die Bewertung von Krankenhäusern Kompakt

Umfang: 186 Seiten
Preis: 69,90 €
ISBN: 978-3-95554-129-3
2. Auflage

Hendricks/Schlegel, Die Partnerschaftsgesellschaft für Arztpraxen

Umfang: 66 Seiten
Preis: 29,90 €
ISBN: 978-3-95554-413-3
1. Auflage

Wendland, Die wichtigsten Buchungssätze für Ärzte (SKR 03)

Umfang: 118 Seiten
Preis: 29,90 €
ISBN: 978-3-95554-324-2
1. Auflage

Neudert, Steuerstrafrecht Kompakt

Umfang: 94 Seiten
Preis: 29,90 €
ISBN: 978-3-95554-227-6
1. Auflage

Patt, Umstrukturierungen von betrieblichen Unternehmen

Umfang: 214 Seiten
Preis: 49,90 €
ISBN: 978-3-95554-259-7
1. Auflage

Held/Bergtholdt, Erfolgreiche Praxisführung/Checklisten zur Praxisführung für Arzt- und Zahnarztpraxen Kompakt

Umfang: 140 Seiten
Preis: 49,90 €
ISBN: 978-3-95554-305-1
2. Auflage

Radeisen/Lehmann, Erbschaftsteuer und Bewertung, Vorbereitung auf die schriftliche Steuerberaterprüfung, Bd. 9

Umfang: 374 Seiten
Preis: 59,90 €
ISBN: 978-3-95554-598-7
1. Auflage

Fleischhauer/Grabe, Umsatzrealisierung und Erlösabgrenzung nach IFRS 15, IAS 11 und HGB

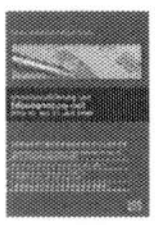

Umfang: 194 Seiten
Preis: 59,90 €
ISBN: 978-3-95554-285-6
1. Auflage

Feindt, Besteuerung internationaler Arbeitnehmertätigkeit Kompakt

Umfang: 160 Seiten
Preis: 59,90 €
ISBN: 978-3-95554-137-8
1. Auflage

Heßeling, Internetsuchmaschinen im Konflikt mit dem Urheberrecht

Umfang: 216 Seiten
Preis: 99,90 €
ISBN: 978-3-95554-006-7
1. Auflage

Zielke, Scientific work through plagiarism-free deduction

Umfang: 214 Seiten
Preis: 25,90 €
ISBN: 978-3-95554-818-6
1. Auflage

Neu 2023

Zielke, Exercise book Scientific work through plagiarism-free deduction

Umfang: 134 Seiten
Preis: 25,90 €
ISBN: 978-3-95554-819-3
1. Auflage

Neu 2023

Zielke, Package Scientific work through plagiarism-free deduction

Umfang: 2 Bücher mit 348 Seiten
Preis: 48,90 €
ISBN: 978-3-95554-817-9
1. Auflage

Neu 2023

Zielke, Deutsch Lernen für eine erfolgreiche Karriere

Umfang: 180 Seiten
Preis: 24,90 €
ISBN: 978-3-95554-835-3
1. Auflage

Neu 2023

Zielke, Übungsbuch Deutsch Lernen für eine erfolgreiche Karriere

Umfang: 120 Seiten
Preis: 24,90 €
ISBN: 978-3-95554-837-7
1. Auflage

Neu 2023

Zielke, Paket Deutsch Lernen für eine erfolgreiche Karriere

Umfang: 2 Bücher mit 300 Seiten
Preis: 45,90 €
ISBN: 978-3-95554-835-3
1. Auflage

Neu 2023

HDS Verlag

Die Bücher des HDS-Verlags sind auch als E-Book (Download für zwei Endgeräte wie PC, Mac, Laptop, Apple iPad, Android Tablet PC) sowie zusätzlich als Online-Leseversion verfügbar.

Alle E-Books können Sie unserem E-Book-Shop unter: https://hds-verlag.ciando.com bestellen. Alle Bücher können Sie bestellen unter:

Karl-Benz-Str. 19/1, 71093 Weil im Schönbuch
Tel: 07157/65162 – Fax: 07157/620294
E-Mail: info@hds-verlag.de
Internet: www.hds-verlag.de